改革开放的总设计师

1978—1997 年的邓小平

张金才 著

人民出版社

张 金 才

1968年生，山东德州人。2003年毕业于中国人民大学中共党史系，获法学博士学位。现任中国社会科学院当代中国研究所政治史研究室主任、研究员、中国社会科学院大学博士生导师。主要从事中国当代政治史研究，方向为新中国法治建设史及邓小平、陈云思想生平研究。出版《中国法治建设40年（1978—2018）》《邓小平与陈云的世纪历程》等学术专著7部；合编《中华人民共和国政治史（1949—2019）》、合著《1977—1982：实现转折，打开新路》等。

目　录

第一章

伟大的历史转折

1978 年 12 月 18 日至 22 日召开的中共十一届三中全会，"实现了新中国成立以来党的历史上具有深远意义的伟大转折"[①]。这次全会是中国改革开放的开端，也是邓小平政治生涯中一个新的更高的起点。此后他成为党的第二代中央领导集体的核心，并团结带领全党和全国各族人民开创了中国特色社会主义伟大事业，开启了改革开放和社会主义现代化建设的伟大征程。

中共十一届三中全会之所以能够实现伟大的历史转折，邓小平之所以能够经过这次全会成为党的第二代中央领导集体的核心，与他在这次全会及此前的中央工作会议上发挥的不可替代的关键作用密不可分。如果没有邓小平在关键时刻的指导和推动，这次伟大的历史转折就不可能顺利实现，也就不可能开启中国改革开放和社会主义现代化建设的新时期。

邓小平在中共十一届三中全会及此前的中央工作会议上发挥的关键作用，主要体现在以下三个方面：

一是提出会议主题。

全会之前召开的中共中央工作会议，本来是一次主要讨论经济工作的

---

① 《中共中央关于党的百年奋斗重大成就和历史经验的决议》，人民出版社 2021 年版，第 15 页。

会议。这次会议的原定议题有三项：一是讨论如何进一步贯彻执行以农业为基础的方针，尽快把农业生产搞上去；二是商定 1979、1980 两年国民经济计划的安排；三是讨论李先念在国务院经济工作务虚会上的讲话。

在 11 月 10 日的开幕会上，主持会议的华国锋在宣布上述三项议题之后说："中央政治局决定，在讨论上面这些议题之前，先讨论一个问题，这就是：要在新时期总路线和总任务的指引下，从明年一月起，把全党工作的着重点转移到社会主义现代化建设上来，动员全党、全军和全国各族人民，同心同德，鼓足干劲，全力以赴，为加快我国社会主义现代化建设而奋斗。"他指出："中央政治局常委和中央政治局一致认为，适应国内外形势的发展，及时地、果断地结束揭批'四人帮'的群众运动，把全党工作的着重点转移到社会主义现代化建设上来，是完全必要的。""这是一个关系全局的问题，是我们这次会议的中心思想。"会议要求，头两三天讨论全党工作着重点转移问题。这以后，再讨论前面所讲的三项议题，这些讨论也都要围绕着全党工作着重点转移到社会主义现代化建设上来这个中心问题来进行。①

由此可见，将讨论全党工作重点转移问题作为这次会议的主题是中央政治局的决定。而中央政治局的这个决定，是根据邓小平的提议作出的。所以在确定中央工作会议主题方面邓小平发挥了关键作用。正是根据邓小平的提议确定的这个会议主题，为伟大历史转折的实现创造了重要前提。如果不是以讨论全党工作重点转移问题为主题，而是仅讨论原定的三项具体经济问题，这次中央工作会议及此后的中共十一届三中全会实现伟大的历史转折显然是不可能的。

粉碎"四人帮"以后，在全党和全国开展一场揭批"四人帮"的群众运动是必要的。如果不把"四人帮"批深批透，把他们的反革命罪行彻底清算，把他们的帮派体系彻底摧垮，他们在各方面的流毒和影响就不能肃

---

① 《陈云传》（四），中央文献出版社 2015 年版，第 1487 页。

清，已经取得的胜利就不能巩固和发展。但当揭批查运动基本达到目的后，华国锋还在坚持"以揭批'四人帮'为纲"，并提出"抓纲治国"要搞好几年，迟迟不把工作重点转移到经济建设上来。这就违背了广大干部群众的要求和心愿。

邓小平一贯重视经济建设。他在第三次复出后不久，就积极倡导要实现党的工作重心的转移。1977年8月23日，邓小平在中共中央军委座谈会上讲话时指出："某一个时期总有某一个时期的纲，某一个部门总有某一个部门的纲。就当前来说，揭批'四人帮'的斗争是我们的纲，一定要把这场斗争进行到底，但总要有一个时间限制。"①同年11月，他在广州视察时更加明确地指出，我们以揭批林彪、"四人帮"为纲可以。但是很快要转，要结束，要转到经济建设上来，再不能提"以阶级斗争为纲"了。②

1978年9月，邓小平在东北视察工作时，再次提出要及时结束揭批"四人帮"的群众运动，尽快把工作着重点转移到四个现代化建设上来。9月17日，他在沈阳军区的讲话中指出，批林彪也好，批"四人帮"也好，怎样才叫搞好了，要有几条标准。对搞运动，你们可以研究，什么叫底？永远没有彻底的事。运动不能搞得时间过长，过长就厌倦了。究竟搞多久，你们研究。有的单位，搞得差不多了，就可以结束。③10月3日下午，同胡乔木、邓力群、于光远谈话时说，揭批"四人帮"运动总有个底，总不能还搞三年五年吧！要区别一下哪些单位可以结束，有百分之十就算百分之十，这个百分之十结束了，就转入正常工作，否则你搞到什么时候。④

10月11日，邓小平在中国工会第九次全国代表大会开幕式致词中重

---

① 《邓小平年谱》第4卷，中央文献出版社2020年版，第186—187页。

② 张树军：《邓小平与中共十一届三中全会》，《百年潮》2018年第12期。

③ 《邓小平年谱》第4卷，中央文献出版社2020年版，第382—383页。

④ 《邓小平年谱》第4卷，中央文献出版社2020年版，第394页。

申了这个意见。他说:"很明显,林彪、'四人帮'在工人队伍中所散布的流毒和造成的恶果,还要下很大的功夫去肃清,整顿队伍的工作还要在每个企业中完全落实。我们一定要把揭批'四人帮'的斗争进行到底。但是同样很明显,这个斗争在全国广大范围内已经取得决定性的胜利,我们已经能够在这一胜利的基础上开始新的战斗任务。"① 这里所说的"新的战斗任务",就是指经济建设。

邓小平关于及时实现工作重点转移的重要提议,得到华国锋的高度重视及中共中央政治局的一致同意。华国锋对为他起草中共十一届三中全会讲话稿的李鑫说,不要再强调揭批"四人帮"第三战役了,现在要强调经济建设。李鑫问,第三战役不是政治局决定的吗?华国锋回答说,邓小平同志在沈阳讲了这个问题,政治局都同意。②

会议开始后,从 11 月 11 日起,各组开始讨论党的工作重点转移问题。与会者纷纷发言,表示拥护中央政治局的这一决策,认为当前全国人民迫切要求加速实现四个现代化,国际形势也非常有利,中央及时地、果断地结束揭批"四人帮"的群众运动,是适时的、正确的,也是完全必要的。

在讨论中,与会者回顾并总结了新中国成立后在工作重点转移问题上的经验教训,畅谈了对于工作重点转移的意义的认识。主要的观点是:这是一个根本的转折,是一场根本改变我国经济和技术落后面貌、进一步巩固无产阶级专政的伟大革命。这场革命规模的巨大,变化的广泛、激烈、深刻,任务的繁重、紧迫,意义的深远,都不下于我们党过去领导的任何革命,某些方面还要超过过去的革命。这场革命不仅在经济上、技术上是伟大的、广泛的、艰巨的,在思想上也将有极其深刻的变化,并且必然会反映到党内来。在党内,将有正确认识与错误认识的斗争,先进与落后的斗争。我们应当认清形势,解放思想,克服僵化观念,站在这场伟大革命

---

① 《邓小平文选》第 2 卷,人民出版社 1994 年版,第 135 页。

② 转引自程中原:《与哈佛学者对话当代中国史》,人民出版社 2009 年版,第 97 页。

的前列。许多与会者结合本地区、本部门的实际情况，畅谈了实施工作重点转移的打算。①

实行全党工作重点转移，实际上是党的政治路线的根本转变。要实现这个转变，必然要涉及党的思想路线和组织路线问题，涉及如何甩掉历史包袱、轻装前进的问题，也涉及如何为实现全党工作重点转移创造一个安定团结的政治局面的问题。在讨论工作重点转移时，许多与会者注意到还存在大量历史遗留问题需要解决，"文化大革命"中提出的许多错误观点还没有澄清，许多重大冤假错案还没有平反。因此，在讨论中，许多与会者围绕工作重点转移，提出要把揭批查运动的遗留问题解决好，继续平反冤假错案，搞清楚"文化大革命"中的一些大是大非问题，很好地总结"文化大革命"的教训，把该解决的问题解决好。陈云在 11 月 12 日的发言中，就一次提出了六个应该由中央考虑并作出决定的历史遗留问题，引起强烈反响。同时，与会者还就全面拨乱反正、实行改革开放以及端正思想路线和组织路线等一系列重大问题进行了深入讨论，提出了意见和建议。

在中央工作会议充分讨论的基础上，中共十一届三中全会决定适应国内外形势的发展，及时地、果断地决定结束全国范围的大规模的揭批林彪、"四人帮"的群众运动，从 1979 年起，把全党工作的着重点和全国人民的注意力转移到社会主义现代化建设上来。围绕工作重点转移问题，全会相应地作出了一系列重大决策。由此可见，正是由于邓小平提出全党工作重点转移的重大倡议，才使得原先只讨论经济工作的中央工作会议增加了这项议题。正是这项议题的增加，引发了一系列大是大非问题的讨论，从而改变了会议的主题，使中共十一届三中全会开成了具有伟大历史转折意义的会议。

二是引导会议进程。

邓小平因 11 月 5 日出访东南亚泰国、马来西亚、新加坡，11 月 14

---

① 张树军：《邓小平与中共十一届三中全会》，《百年潮》2018 年第 12 期。

日才回国,所以没有参加中共中央工作会议开幕会。但他回国后,很快就把注意力放到会议上,并在许多场合和关键节点发表了一系列重要谈话,引导和推动着会议的进程。

邓小平回国的当天,经中共中央政治局常委批准,中共北京市委宣布:1976年清明节,广大群众到天安门广场悼念我们敬爱的周总理,完全是出于对周总理的无限爱戴、无限怀念和深切哀悼的心情;完全是出于对"四人帮"祸国殃民的滔天罪行深切痛恨,它反映了全国亿万人民的心愿。广大群众沉痛悼念敬爱的周总理,愤怒声讨"四人帮",完全是革命行动。对于因悼念周总理、反对"四人帮"而受到迫害的同志要一律平反,恢复名誉。15日,《北京日报》首先刊登这个消息。16日,《人民日报》刊登题为《天安门事件完全是革命行动》的新华社通稿。

11月25日,华国锋在中央工作会议第三次全体会议上,代表中央政治局讲话,正式为天安门事件平反。他说:"粉碎'四人帮'以后不久,中央就着手解决在天安门事件和这一类事件中革命群众被迫害的问题。""但是,问题解决得还不彻底,还没有为天安门事件的性质平反。中央认为,天安门事件完全是革命的群众运动,应该为天安门事件公开彻底平反。"[1] 这是在中央工作会议期间发生的一件大事,得到了群众的热烈拥护,在国内外引起强烈反响,有力地推进了历史遗留问题的解决和中央工作会议的进程。

在华国锋讲话的当天,中共中央政治局常委听取中共北京市委和共青团中央几位负责人关于天安门事件平反后群众反映的汇报,邓小平代表中共中央政治局常委发表了重要谈话。针对天安门事件平反后群众中出现的一些问题,邓小平强调要通过深入细致的思想工作,对群众进行积极的引导和教育,不能和群众对立。[2] 天安门事件的平反,势必会涉及对毛泽

---

① 《陈云传》(四),中央文献出版社2015年版,第1498页。
② 《邓小平年谱》第4卷,中央文献出版社2020年版,第435页。

东的评价问题，社会上也出现了一股否定毛泽东和毛泽东思想的错误思潮。对此，邓小平在谈话中明确表示，毛主席的伟大功勋是不可磨灭的。毛主席的旗帜是全党全军全国各族人民团结的旗帜，也是国际共产主义运动的旗帜，一定要高举毛主席的伟大旗帜不动摇。他指出，要以马克思主义的态度对待毛泽东，不能要求伟大领袖、伟大人物、思想家没有缺点错误，并明确表示，中国人民永远不会做赫鲁晓夫全盘否定斯大林那样的事情。① 对于有的人提出的一些历史问题，邓小平一方面表示有些历史问题要解决，这样有利于人们放下包袱、轻装前进。但同时又指出，对于一些一时不容易搞清楚的问题不必勉强去解决，可以往后放一下，甚至留给下一代人去解决，以便集中精力做好眼前的事情，这样才符合党和人民的根本利益。② 邓小平在谈话中强调了维护安定团结的稳定局势的重要性，指出安定团结是实现四个现代化的必要政治条件，是引进新技术和利用外资的必要政治环境，维护安定团结的政治局面是中央的战略部署，是大局，一切工作都要从这个大局着眼，要服从和服务于这个大局，不能破坏安定团结的局面。解决历史遗留问题也是为了创造一个安定团结的稳定局势，把各种积极因素调动起来。③

在这次谈话中，邓小平从为实现四个现代化创造一个安定团结的稳定局势出发，提出了处理历史遗留问题和科学评价毛泽东的原则和立场，对如何引导广大群众团结一致向前看提出了明确要求。这些重要意见是邓小平代表中共中央政治局常委提出的，表明他在中央核心领导层中已开始发挥主导作用。

11 月 26 日和 27 日，邓小平先后会见日本民社党委员长佐佐木良作和美国专栏作家诺瓦克，对他在 25 日谈话中提出的意见和主张作了进一步的阐述。在会见佐佐木良作时，邓小平就客人关心的平反冤假错案问题

①《邓小平年谱》第 4 卷，中央文献出版社 2020 年版，第 435 页。
②《邓小平年谱》第 4 卷，中央文献出版社 2020 年版，第 435 页。
③《邓小平年谱》第 4 卷，中央文献出版社 2020 年版，第 435—436 页。

发表了意见。他指出，天安门事件等一些事情过去处理得不正确，当然应该实事求是地加以纠正。这是符合我们党和毛泽东同志历来所提倡的有错必纠的方针的。勇于纠正错误，这是有信心的表现。邓小平还说，我们处理这些历史遗留问题就是要把过去的问题了结一下，目的是使大家心情舒畅，引导全国人民向前看，一心一意搞四化。① 在会见诺瓦克时，邓小平重点谈了客人关心的对毛泽东和毛泽东思想的评价问题。他明确指出："中国人民都知道，没有毛泽东主席就没有新中国。这个历史是抹不掉的。"② 关于对毛泽东思想的评价问题，邓小平指出，要按照毛泽东所一贯倡导的反对本本主义的原则来对待毛泽东思想，不能搞照抄照搬某句话，不能要求任何伟大的人物、伟大的领袖每句话在任何时候都是适用的，而是要完整地、准确地掌握和运用毛泽东思想。③

这些谈话虽然是对外宾讲的，但对中央工作会议上关于解决历史遗留问题以及如何评价毛泽东等问题的讨论，也有着重要的引导作用。事实上，邓小平等中央政治局常委在 11 月 27 日晚听取中央工作会议各组召集人汇报时，就有人提出邓小平 11 月 26 日同日本民社党佐佐木良作谈话的十九条可否向干部传达、并根据谈话精神向群众做工作的问题。邓小平作了回应，认为那个十九条对谈话内容的概括基本正确，并进一步谈了如何评价毛泽东的问题。他指出："毛主席的伟大功勋是不可磨灭的。没有毛主席，就没有新中国。毛主席的伟大，怎么说也不过分，不是拿语言可以形容得出来的。"④ 邓小平同时指出："毛主席不是没有缺点错误的，我们不能要求伟大领袖、伟大人物、思想家没有缺点错误，那样要求就不是马克思主义者。毛主席讲马克思、列宁写文章就经常自己修改嘛。对毛主席的缺点错误，这个问题是不能回避的，在党内还是讲一讲好。外国人问我，

---

① 《邓小平年谱》第 4 卷，中央文献出版社 2020 年版，第 436、437 页。
② 《邓小平年谱》第 4 卷，中央文献出版社 2020 年版，第 438 页。
③ 《邓小平年谱》第 4 卷，中央文献出版社 2020 年版，第 438 页。
④ 《邓小平年谱》第 4 卷，中央文献出版社 2020 年版，第 441 页。

对毛主席的评价，可不可以像对斯大林评价那样三七开？我肯定地回答，不能这样讲。党中央、中国人民永远不会干赫鲁晓夫那样的事。"①

在这次会上，邓小平还对各组反映的其他问题发表了重要意见。在华东组提出"二月兵变"需要澄清时，邓小平指出，我那时就说，这个事不可能。当时我是总书记，但调两个团到北京也不行。那时规定，调一个连，归大军区管，调一个营，归军委、总参谋部管。在华东组提出对"一月风暴"的评价问题迟讲不如早讲时，邓小平指出，"一月风暴"问题，势必要解决，还是早一点讲好。就西南组提出为天安门事件、"六十一人叛徒集团"、"二月逆流"和彭德怀、陶铸冤案等问题平反，势必涉及对毛主席的评价问题，建议中央应有一个统一的说法时，邓小平指出，毛主席那时身体不好，连华国锋同志也不能见到他。在中南组提出康生的问题时，针对《五一六通知》附件二讲《二月提纲》是背着康生搞的这一说法，邓小平指出，他是《二月提纲》的组织人之一。在谈到对中央几个有错误的领导人如何处理的问题时，邓小平指出，现在国际上就看我们有什么人事变动，加人可以，减人不行，管你多大问题都不动，硬着头皮也不动。这是大局。好多外国人要和我们做生意，也看这个大局。②邓小平对这些大家普遍关心但又比较复杂和敏感的问题一一给出的明确答复，为各组在讨论时正确把握这些问题提供了指导思想。这些意见在会上传达后，对会议的进程起到了重要的引导和推动作用。

鉴于会议已开了二十天，为将代表们的注意力从历史遗留问题和几位中央领导同志所犯错误等问题转到讨论经济问题上来，12月1日，邓小平等中共中央政治局常委召集部分大军区司令员和省委第一书记开会，通过他们向会议打招呼。邓小平在会上着重谈了中央对人事问题的意见。

他从维护国内安定团结的政治局面和给国际上一个安定团结形象的需

---

① 《邓小平年谱》第 4 卷，中央文献出版社 2020 年版，第 441 页。
② 《邓小平年谱》第 4 卷，中央文献出版社 2020 年版，第 440—441 页。

要出发，提出任何人只能上，不能下，加人可以，减人不行，对犯了错误的那几个同志可以批评，但不能动，现有的中央委员有的可以不履行职权，不参加会议活动，但不除名，以免给人权力斗争的错觉，并强调这是一个大局。①关于谁上的问题，邓小平说："至少加三个政治局委员。太多，也不恰当，不容易摆平。少了也不好。"加什么人呢？他说："陈云，兼纪委书记，邓大姐，胡耀邦。够格的人有的是，如王胡子，也够格。有两个方案，一是三个人，一是四个人。"他接着说："党章规定，中央委员会不能选中央委员，想开个例，补选一点中央委员，数目也不能太多。有几个第一书记还不是中央委员，如习仲勋、王任重、周惠，还有宋任穷、韩光、胡乔木、陈再道。这样，就舒畅了，将来追认就是了。"②邓小平提出的增加中央政治局委员和补选中央委员的方案和名单，是对中央工作会议期间代表们酝酿和讨论的结果进行的回应和确认。

邓小平的讲话在各组传达后，与会者一致表示拥护。中央关于人事安排的问题基本上确定下来，并开始转入经济问题的讨论。

由上可见，邓小平从 11 月 14 日出访回国后，根据中央工作会议上出现的新问题和社会上出现的一些新情况，代表中共中央政治局常委发表了一系列重要讲话。这些讲话为全国人民正确理解中央决策起了积极作用，也对中央工作会议的进程发挥了重要的引导和推动作用，显示他在中共中央政治局常委中已居于主导地位。

三是发表主题讲话。

12 月 13 日，在中共中央工作会议闭幕会上，邓小平发表了《解放思想，实事求是，团结一致向前看》的著名讲话。这篇讲话为中共十一届三中全会实现伟大的历史转折奠定了重要的思想理论基础。

这篇讲话从很早即开始准备，是在邓小平的亲自主持下起草完成的。

---

① 《陈云传》（四），中央文献出版社 2015 年版，第 1500—1501 页。
② 《陈云传》（四），中央文献出版社 2015 年版，第 1500—1501 页。

1978 年 10 月底，邓小平约胡乔木到家中谈准备在中共中央工作会议上的讲话稿的起草问题。关于这篇讲话的主题，邓小平一开始就明确提出要论述全党工作重点的转移。邓小平要胡乔木先按这个思路起草，等他赴泰国、马来西亚、新加坡三国访问回来之后再详谈。随后，胡乔木即带领国务院研究室写作组的同志着手起草讲话稿。11 月 8 日，即中共中央工作会议开幕前两天，讲话稿写成，送邓小平处。11 月 14 日，邓小平出访归来。这时，中共中央工作会议已开了四天。邓小平看过稿子后，于 16 日把胡乔木找到家中，详细地谈了修改意见。按照邓小平的意见，胡乔木又经过三天修改，形成讲话初稿，送给邓小平。①19 日完成的修改稿，主要阐述了工作重点转移的意义和怎样实现转移问题，其中提出要解放思想，调动一切积极因素，改革不适应生产力需要的生产关系和上层建筑。②

中共中央工作会议开始后，会场形势的急剧变化使工作重点转移问题变得不那么突出了，而真理标准问题、发扬民主问题、团结一致向前看的问题和经济管理体制问题等则变得突出起来，迫切需要党的领导人抓住时机，把这些问题讲深讲透，以利于在历史转折关头为全党指明前进方向。在这样的情况下，邓小平决定他的讲话稿要重起炉灶。

12 月 2 日，邓小平约见胡耀邦、胡乔木、于光远，谈重新起草中央工作会议闭幕会讲话稿问题。根据中央工作会议上出现的新问题，邓小平提出讲话稿的主要内容要转到反映真理标准问题、发扬民主问题、团结一致向前看的问题和经济管理体制问题上。此前，邓小平亲笔拟出讲话提纲："一、解放思想，开动机器。理论的重要。实践是检验真理的标准——争论的必要。实事求是，理论和实际相结合，一切从实际出发。全党全民动脑筋。二、发扬民主，加强法制。民主集中制的中心是民主，特别是近一时期。民主选举，民主管理（监督）。政治与经济的统一，目前

① 朱佳木著：《我所知道的十一届三中全会后》，当代中国出版社 2008 年版，第 126 页。
② 《邓小平年谱》第 4 卷，中央文献出版社 2020 年版，第 432 页。

一时期主要反对空头政治。权力下放。千方百计。自主权与国家计划的矛盾，主要从价值法则、供求关系（产品质量）来调节。三、向后看为的是向前看。不要一刀切。解决遗留问题要快，要干净利落，时间不宜长。一部分照正常生活处理。不可能都满意。要告诉党内外，迟了不利。安定团结十分重要，要大局为重。犯错误的，给机会。总结经验，改了就好。四、克服官僚主义、人浮于事。一批企业做出示范。多了人怎么办，用经济方法管理经济，扩大管理人员的权力。党委要善于领导，机构要很小。干什么？学会管理，选用人才，简化手续，改革制度（规章）。五、允许一部分先好起来。这是一个大政策。干得好的要有物质鼓励。国内市场很重要。六、加强责任制，搞几定。从引进项目开始，请点专家。七、新的问题。人员考核的标准。多出人员的安置（开辟新的行业）。"① 之后，起草组根据邓小平谈话精神和所拟提纲开始起草讲话稿。

后来，邓小平又在12月5日和9日，先后两次约见胡乔木等起草组成员，谈讲话稿的修改问题，并就民主等问题发表了重要意见。邓小平指出："应该允许出气，出气是对没有民主的惩罚。有了正常的民主，大字报也就少了。建立健全民主与法制，实行经济民主，用经济的办法管经济，责任到人，做到有职有责有权。没有民主培养不出人才。"② 这些重要意见，后来都体现到了讲话稿中。

12月13日，在中共中央工作会议闭幕会上，邓小平发表了这一具有重要历史意义的讲话。讲话共分四个部分：

第一，解放思想是当前的一个重大政治问题。邓小平在讲话中强调了解放思想的重要性，分析了一些领导干部思想僵化的原因，列举了思想僵化的表现和危害，高度评价了真理标准问题的讨论对促进全党解放思想的重大意义，指出真理标准问题的争论"是个思想路线问题，是个政治问题，

---

① 《邓小平年谱》第4卷，中央文献出版社2020年版，第445—446页。
② 《邓小平年谱》第4卷，中央文献出版社2020年版，第448页。

是个关系到党和国家的前途和命运的问题"①。

第二，民主是解放思想的重要条件。邓小平指出，要解放思想，必须发扬民主，真正实行民主集中制，尤其是在当前的情况下，特别需要强调民主。邓小平着重讲了发扬经济民主的问题，强调要给厂矿企业和生产队以更多的经营管理自主权，充分调动国家、地方、企业和劳动者四方面的积极性，以利于提高劳动生产率。邓小平联系民主强调了加强法制的重要性，指出："为了保障人民民主，必须加强法制。必须使民主制度化、法律化，使这种制度和法律不因领导人的改变而改变，不因领导人的看法和注意力的改变而改变。"②

第三，处理遗留问题为的是向前看。邓小平指出，这次会议解决了一些历史遗留问题，目的是为了引导大家向前看，顺利实现全党工作重心的转变。针对解决历史问题中涉及到的对毛泽东的评价问题，邓小平明确指出："没有毛主席就没有新中国"③。对国际国内都很关心的"文化大革命"的评价问题，邓小平也提出了原则意见。他说："文化大革命已经成为我国社会主义历史发展中的一个阶段，总要总结，但是不必匆忙去做。"④

第四，研究新情况，解决新问题。讲话重点谈了研究和解决管理方法、管理制度、经济政策这三方面的问题。在管理方法上，讲话强调要特别注意克服官僚主义，指出"如果现在再不实行改革，我们的现代化事业和社会主义事业就会被葬送"⑤。在管理制度上，讲话强调要特别注意加强责任制。在经济政策上，讲话强调要允许一部分人"收入先多一些，生活先好起来"，并说："这是一个大政策，一个能够影响和带动整个国民经济的政策"。⑥

邓小平的这篇重要讲话，以"解放思想，实事求是，团结一致向前看"

① 《邓小平文选》第 2 卷，人民出版社 1994 年版，第 143 页。
② 《邓小平文选》第 2 卷，人民出版社 1994 年版，第 146 页。
③ 《邓小平文选》第 2 卷，人民出版社 1994 年版，第 148 页。
④ 《邓小平文选》第 2 卷，人民出版社 1994 年版，第 149 页。
⑤ 《邓小平文选》第 2 卷，人民出版社 1994 年版，第 150 页。
⑥ 《邓小平文选》第 2 卷，人民出版社 1994 年版，第 152 页。

为主题，针对中共中央工作会议上大家讨论比较集中、反映比较强烈的真理标准问题、发扬民主问题、解决历史遗留问题和经济管理体制问题等，及时回应了与会人员的普遍关切，提出了认识和处理这些问题的指导方针和基本原则，对于凝聚全党共识、顺利实现工作重点转移发挥了重要的引领作用。

12月18日至22日，邓小平出席中共十一届三中全会。在全会上，邓小平没有再发表讲话，但他在中央工作会议上发表的讲话，实际上成为全会的主题报告。全会在邓小平中央工作会议讲话精神的指引下实事求是地解决重大历史遗留问题，同时又研究新情况，解决新问题，作出了实行改革开放等一系列关系党和国家前途命运的重大决策，取得一系列具有深远历史意义的重大成果，实现了伟大的历史转折。全会指出，现在就应当适应国内外形势的发展，及时地、果断地结束全国范围的大规模的揭批林彪、"四人帮"的群众运动，把全党工作的着重点和全国人民的注意力转移到社会主义现代化建设上来。实现四个现代化，要求大幅度地提高生产力，也就必然要求多方面地改变同生产力发展不适应的生产关系和上层建筑，改变一切不适应的管理方式、活动方式和思想方式，因而是一场广泛、深刻的革命。全会果断地停止使用"以阶级斗争为纲"的错误口号，作出了实行经济体制改革的决策，提出了加强社会主义民主和健全社会主义法制的任务。这次全会标志着党重新确立了马克思主义的思想路线、政治路线和组织路线，实现了新中国成立以来党和国家历史上具有深远意义的伟大转折，开启了中国社会主义现代化建设和改革开放新的历史时期。经过这次全会，邓小平成为党的第二代中央领导集体的核心。

第二章

访问美国

　　应美国总统卡特的邀请，邓小平于 1979 年 1 月 28 日至 2 月 5 日对美国进行了为期 8 天的正式友好访问。这是中华人民共和国成立后中国领导人第一次访问美国，受到美国政府和人民的热烈欢迎。此访进一步加强了中美双方的了解，推动了中美关系的发展。

　　邓小平是在中美建交谈判期间接受卡特总统的访美邀请的。中美两国在发表关于建立外交关系的联合公报时，对外宣布了邓小平将要访美的消息。卡特总统在 1978 年 12 月 15 日晚 9 时（北京时间 16 日上午 10 时）为宣布美中建立外交关系发表的电视讲话中说："为了加强和促进中华人民共和国和美国之间的这种新关系的好处，我高兴地宣布，邓小平副总理已接受我的邀请，于（明年）1 月底访问华盛顿。他的访问将使我们两国政府有机会就全球性的问题进行磋商，并为加强世界和平事业开始一起工作。"① 中国政府在 1978 年 12 月 16 日就中美两国建立外交关系发表的声明中宣布，为促进中美两国人民的友谊和两国良好关系的进一步发展，应美国政府的邀请，中华人民共和国国务院副总理邓小平将于 1979 年 1 月对美国进行正式访问。②

---

① 《卡特总统发表电视讲话宣布美中建立外交关系　美国政府就美中互相承认并建立外交关系发表声明》，《人民日报》1978 年 12 月 17 日。

② 《就中美两国建立外交关系我国政府发表声明》，《人民日报》1978 年 12 月 17 日。

卡特总统和邓小平副总理在中美建交时互致对方的贺电中，均表示了对邓小平访美的重视和期待。卡特在 1978 年 12 月 31 日致邓小平的贺电中说："美国人民和我本人都期待着你即将进行的对美国的访问。在华盛顿我们可以认真地交谈全球性的和双边的问题。在一起我们可以利用你的访问所提供的机会来建立起我们两国人民之间的建设性的经久关系。"① 邓小平在 1979 年 1 月 1 日致卡特的贺电中说："我期待着本月底访美期间同阁下会晤，并把中国人民的友好情谊带给美国人民。"② 同日，邓小平在美国驻中国联络处为中美建交举行的招待会上说："不久我将应卡特总统的邀请，对美国进行正式访问。我希望通过与美国领导人和美国人民的直接接触和会谈，进一步促进中美两国人民的了解和友谊，以及两国在科学技术、经济、文化等多种领域的友好联系与合作。"③

行前，邓小平在 1979 年 1 月多次会见美国访华代表团，就中美关系、中国解决台湾问题的方式以及其他地区和国际问题发表看法。

1 月 2 日，邓小平会见美国众议院银行、财政和城市事务委员会访华团，就中美建交、解决台湾问题的方式及中美贸易等问题发表谈话。邓小平表示，我们欢迎美国政治家们，同时也欢迎包括不赞成中美建交在内的美国人士都来中国看看，以增进两国和两国人民之间的了解。这对发展我们两国关系是极其重要的。通过访问、接触了解中国，或许有助于他们观点的改变。在谈到台湾问题时，邓小平指出，中美建交，实现两国关系正常化的关键问题是台湾问题。从根本上说，台湾是中国的一部分，不能有"两个中国"或"一个半中国"。正是在这样的基础上，中美双方达成了一致意见，实现了两国关系正常化。中美建交以后，美国政府断绝了同台湾的外交关系，但仍保持民间关系。剩下的问题是，中国自己来解决台湾回归祖国、中国统一的问题。我们对台湾问题的解决是采取现实态度的。邓

① 《卡特总统致电华总理和邓副总理祝贺美中建交》，《人民日报》1979 年 1 月 1 日。
② 《邓小平年谱》第 4 卷，中央文献出版社 2020 年版，第 461 页。
③ 《邓小平年谱》第 4 卷，中央文献出版社 2020 年版，第 462 页。

小平还指出，中美贸易有广阔的前景，但是也存在一些障碍。既然两国关系正常化了，这些障碍就应排除。比如最惠国待遇问题解决了，障碍就减少了。①

1月5日，邓小平会见在中美建交之际来华的27名美国记者，并接受采访。邓小平在谈话中指出，我们多次声明，台湾回归祖国，完成祖国统一大业，这完全是中国的内政。正是在这个基础上，我们实现了同美国关系的正常化。当然，在双方达成建交协议的时候，卡特总统曾表示一种愿望，希望能够用和平方式解决台湾问题。我们注意到这个愿望，但是我们同时也表示这是中国的内政问题。我们当然力求用和平方式来解决台湾回归祖国的问题，但是究竟可不可能，这是一个很复杂的问题。在这个问题上，我们不能承担这么一个义务：除了和平方式以外不能用其他方式来实现统一祖国的愿望。我们不能把自己的手捆起来，如果我们把自己的手捆起来，反而会妨碍和平解决台湾问题这个良好愿望的实现。②

1月9日，邓小平会见萨姆·纳恩率领的美国参议院代表团。在回答关于中美进行合作、缓和所谓的朝鲜地区紧张局势问题时指出，我们没有这种印象，即那里存在什么紧张局势，存在朝鲜民主主义人民共和国发动进攻的问题。我们相信并且一贯支持金日成主席提出的自主和平统一朝鲜的方针。过去金日成力求同南朝鲜当局进行直接谈判，以后南朝鲜当局中断了谈判，现在金日成仍然希望恢复这个谈判。我们希望美国直接同朝鲜民主主义人民共和国对话。你们在对话中，更可以了解双方的立场。在回答关于台湾问题时指出，我们不能承担不使用武力解决台湾问题的义务。我们如果承担了这个义务，等于把自己的手捆起来，蒋经国、台湾当局就有恃无恐，可能导致根本不同我们谈判，导致和平解决台湾问题成为不可能。所以我们不能把自己的手捆起来，捆起来不利于用和平方式解决

---

① 《邓小平年谱》第4卷，中央文献出版社2020年版，第462—463页。
② 《邓小平年谱》第4卷，中央文献出版社2020年版，第464—465页。

问题。统一台湾后,首先台湾的社会制度不变,生活方式不变。这是我们真实的政策。台湾拥有它自己的权力,台湾的武装可以不解除,只是它要把所谓的"中华民国"旗帜去掉。如果台湾人民感到它的现行制度要保持一百年,也可以。在回答关于国防现代化问题时指出,国防现代化,基础主要是工业、农业、科学技术现代化。我们资源应用的重点还是在工业、农业、科学技术方面。①

1月24日,邓小平会见美国时代出版公司总编辑多诺万和《时代》杂志驻香港分社社长克拉克。在谈到美苏战略核武器协定时,邓小平说,我们不反对签订协定。我们的头脑是清醒的,人们不要把希望寄托在这上面。谋求世界和平,签订这些协定不如中美关系正常化,也不如中日和平友好条约的签订。我们相信,中美关系正常化能为美国用先进的东西帮助我们实现四个现代化创造更有利的条件。这点对美国来说也是有利的。在谈到台湾问题时,邓小平说,我们的政策和原则合情合理。我们尊重台湾的现实。台湾当局作为一个地方政府拥有它自己的权力,就是它可以有自己一定的军队,同外国的贸易、商业关系可以继续,民间交往可以继续,现行的政策、现在的生活方式可以不变,但必须是在一个中国的条件下。这个问题可以长期来解决。中国的主体,也就是大陆,也会发生变化,也会发展起来。总的要求就是一条,一个中国,不是"两个中国",爱国一家。②

邓小平在上述会见中就中国解决台湾问题的方式、中美合作、美苏战略核武器协定等各方关心的问题发表的谈话,有助于美国政府和民众了解中国在这些问题上的看法,有助于美国公众对邓小平的到来有所准备,为其访美起到了吹风和铺垫作用。

邓小平的即将到访引起美国各界的极大关注。1979年1月上旬,邓

---

① 《邓小平年谱》第4卷,中央文献出版社2020年版,第467—468页。
② 《邓小平年谱》第4卷,中央文献出版社2020年版,第473—474页。

小平被美国《时代》周刊评为 1978 年度世界风云人物。《时代》周刊 1979 年第 1 期序言说：一个崭新中国的梦想者——邓小平向世界打开了"中央之国"的大门。这是人类历史上气势恢宏、绝无仅有的一个壮举！①

1979 年 1 月 28 日，中国农历大年初一，邓小平和夫人卓琳离开北京前往美国进行正式访问。随行人员有国务院副总理方毅、外交部长黄华等众多官员。当天下午②，邓小平抵达华盛顿安德鲁斯空军基地，受到美国副总统蒙代尔、国务卿万斯等的欢迎。

当晚，邓小平出席美国总统国家安全事务助理布热津斯基举行的家宴。这是邓小平和布热津斯基 1978 年 5 月 21 日在北京会谈时当面约定的。布热津斯基还请了万斯、奥克森伯格等作陪。邓小平夫妇虽然旅途劳顿，但在整个晚宴上兴致都很高。在这次非正式交谈中，邓小平对布热津斯基说，他希望和总统有一个小范围的私下会晤，谈一谈越南的事情。③

1 月 29 日上午 10 时，卡特总统在白宫南草坪为邓小平举行正式的欢迎仪式。卡特在致辞中说，昨天是你们春节的开始，是走亲访友的时刻，也是团聚和和解的时刻。对于我们两国来说，今天是和解的时刻，是久已关闭的窗户重新打开的时刻。我们期望，中美关系正常化能够帮助我们一同走向一个多样化的和平世界。邓小平致答辞说，中美关系正常化的意义远远超出两国关系的范围。位于太平洋两岸的两个重要国家发展友好合作关系，对于促进太平洋地区和世界的和平，无疑地将是一个重要因素。中美关系正处在一个新的起点，世界形势也在经历着新的转折。中美两国是伟大的国家，中美两国人民是伟大的人民，两国人民的友好合作，必将对世界形势的发展产生积极的深远的影响。④

---

① 《邓小平年谱》第 4 卷，中央文献出版社 2020 年版，第 468 页。

② 此为美国华盛顿时间，以下邓小平在美国访问期间所用时间均为华盛顿时间。

③ 本章有关邓小平访美的内容，参见黄华著：《亲历与见闻——黄华回忆录》，世界知识出版社 2007 年版，第 251—256 页；[美] 傅高义著：《邓小平时代》，冯克利译，生活·读书·新知三联书店 2013 年版，第 333—341 页。以下不再一一作注。

④ 《邓小平年谱》第 4 卷，中央文献出版社 2020 年版，第 476 页。

欢迎仪式后，邓小平在白宫同卡特举行了首次会谈。两人先寒暄了几句。卡特说，1949年4月，他作为一名年轻的潜艇军官曾经在青岛待过。邓小平说，我们的部队当时已经包围了那个城市。会谈中，双方就国际问题交换了意见。卡特介绍了他对国际形势的看法，强调美国感到有责任帮助世界人民改善生活质量，其内容包括政治参与、免于本国政府的迫害、摆脱外来强权。邓小平在发言中指出，我们的看法是，整个世界局势是不安宁的。如果要创造一个有利于和平、安全、稳定的世界，就应认真对待国际局势。就中国来说，我们不希望打仗。我们的目标是实现四个现代化，这就需要有一个比较长的和平环境。①

中午，万斯国务卿为邓小平举行午宴。邓小平在祝酒时说，中美关系正常化是中美两国人民的共同胜利，因为它符合两国人民的共同愿望和利益，而且对于世界的和平和稳定十分重要。②

下午，邓小平同卡特再次举行会谈，继续就国际问题交换意见。在卡特提到朝鲜问题时，邓小平指出，最近朝鲜民主主义人民共和国提出重新恢复南北对话，并提出了具体建议，他们也希望同美国谈判。鉴于上次南朝鲜政府拒绝谈判的经验，他们希望南北朝鲜对话不只是政府参加，双方各政党、民间代表人物、社会团体也参与。我们认为，中美双方，包括日本，可以推动朝鲜双方和平商谈。中国的立场是支持朝鲜提出的自主和平统一祖国的立场，但我们不干涉他们的内部事务。在谈到美苏限制战略武器协议时，邓小平说，我们不反对美苏签订这种协议，这种协议甚至是必要的，但我们认为重要的是要做扎扎实实的工作。③

此前，1月5日，邓小平访美前曾会见金日成特使金永南，听取他转达金日成希望邓小平访问美国时向美国政府介绍朝鲜政府关于促进朝鲜自主和平统一方案的口信。邓小平表示，关于朝鲜问题，我访问美国时是会

① 《邓小平年谱》第4卷，中央文献出版社2020年版，第476页。

② 《邓小平年谱》第4卷，中央文献出版社2020年版，第476页。

③ 《邓小平年谱》第4卷，中央文献出版社2020年版，第476—477页。

做工作的。① 在这次会谈中，邓小平对朝鲜问题表达了上述意见。

1月29日晚，卡特总统和夫人举行盛大国宴欢迎邓小平和夫人。卡特在祝酒词中说："在争取自由的革命中诞生的美国是一个只有二百年独立历史的年轻的国家，但是，我们的宪法是世界上最古老的仍在继续生效的成文宪法。有四千年文字记载历史的中国文明是世界上最古老的文化之一，但是，作为一个现代国家，中国还是很年轻的。我们能够互相学到很多东西。"② 邓小平在答辞中说，我们两国曾在三十年间相互处于隔绝和对立的状态，现在这种不正常的局面终于过去了。我们两国社会制度不同，意识形态不同，但是两国政府都意识到，两国人民的利益和世界和平的利益要求我们从国际形势的全局，用长远的战略观点来看待两国关系。正是因为这样，我们顺利地达成了实现关系正常化的协议。不仅如此，还在关于建交的联合公报中庄严地作出承诺，任何一方都不应当谋求霸权，并且反对任何国家或国家集团建立霸权。这一承诺，既约束了我们自己，也使我们对世界的和平和稳定增添了责任感。我们相信，中国人民和美国人民的友好合作，不仅有利于两国的发展，也必将成为维护世界和平和促进人类进步的强大因素。③

宴会结束后，邓小平在卡特的陪同下，观看了在肯尼迪中心举办的文艺表演。邓小平发表了简短讲话，指出，艺术是使各国人民增进了解、消除隔阂的最好的办法。④ 当邓小平走上台去亲吻演唱中国歌曲的小演员时，不少观众被感动得热泪盈眶。

1月30日上午，邓小平同卡特举行第三次会谈，重点讨论双边关系问题。卡特仍强调美国对中国和平解决台湾问题的关切。邓小平说，我们讲过的话是负责的。中国人不会把自己的手捆起来，因为这有助于和平解

① 《邓小平年谱》第4卷，中央文献出版社2020年版，第465页。

② 《卡特总统举行国宴欢迎邓副总理》，《人民日报》1979年1月31日。

③ 《邓小平年谱》第4卷，中央文献出版社2020年版，第477页。

④ 《邓小平年谱》第4卷，中央文献出版社2020年版，第477页。

决台湾问题。① 他还指出，美国可以推动台湾当局同我们谈判，在和平解决问题上作出贡献，而不要使他们翘尾巴，有恃无恐。会谈中，双方同意成立联合经济委员会、签订中美航空协定和海运协定。

在第二、三次的会谈中，双方还就越南在苏联支持下入侵柬埔寨的问题交换了意见。邓小平说明了要对越南进行惩罚性打击的计划。他解释说，苏联和越南在东南亚的野心造成严重威胁，这将以越南占领柬埔寨作为起点。邓小平说，必须打破苏联的如意算盘，适当地给越南一个小小的教训。卡特建议中国不要这样做。邓小平解释了他为何要坚持自己的决定。他说如果中国这一次不给苏联一个教训，苏联就会像利用古巴那样利用越南。邓小平访美后不久，美国就发出警告说，苏联如果开始利用越南的金兰湾作为海军基地，将是严重的挑衅行为。这使苏联在 2 月的中越冲突中对于站在越南一边变得更加谨慎。

第三次会谈结束后，邓小平和卡特一起同记者见面。卡特说，我们的讨论是深远、坦率、诚恳、亲切而和谐的，极其有益和有建设性的。我们已经建立了今后进行经常磋商的关系。这对美国和中国人民有很大益处。这是美国最有历史意义的事件。他还说，已经取得的进展使得将来有希望受益更大。② 邓小平说，这次访问，使我更加坚信：中美两国和两国人民在各个领域——政治、经济、科技、文化——的合作有广阔发展前途。③

1 月 31 日，邓小平和卡特在白宫共同签署了《中美科学技术合作协定》和《文化合作协定》。方毅和黄华同美方相应官员分别签署了中美《教育、农业、空间方面合作的谅解备忘录》换文，《高能物理方面合作的协议》以及《建立领事关系和互设总领馆的协议》。签字后，邓小平和卡特都作了简短致辞。

---

① 《邓小平年谱》第 4 卷，中央文献出版社 2020 年版，第 477 页。

② 《卡特总统和邓副总理一致认为两天会谈极其有益和有建设性》，《人民日报》1979 年 1 月 31 日。

③ 《邓小平年谱》第 4 卷，中央文献出版社 2020 年版，第 477 页。

卡特说："有一个强大而稳固的、对世界事务作出建设性贡献的中国，是符合我们的利益的；有一个参与全球性事务的、自信而强大的美国，也是符合中国的利益的。""过去三天内我们所共同取得的成就是异乎寻常的"，"我们已经为朝着建立一种更坚定、更富有建设性和更有希望的关系前进绘制了一条新的和不可逆转的航线。"卡特宣布，在不久的将来，美国将在上海和广州开设领事馆，中国将在休斯敦和旧金山开设领事馆；数百名美国学生将去中国学习，数百名中国学生将到美国进修。①

邓小平在讲话中说："我们刚刚完成了一项有意义的工作，但是这不是一个结束，而是一个开始。我们曾经预期在中美关系正常化以后，两国的友好合作将在广泛的领域里迅速地开展。今天所签订的协定就是我们的第一批成果。在我们两国之间还有许多合作的领域有待我们去开辟，许多渠道有待我们去沟通，我们还要继续努力。"②

在签字现场，一位美国记者问邓小平：你们当初决定与美国实现关系正常化时，你在国内有没有遇到政治上的反对势力？邓小平回答：有！在中国的一个省台湾，遇到了激烈的反对。人们为邓小平机智和幽默的回答齐声喝彩并报以热烈掌声。

2月1日上午，在邓小平结束对华盛顿访问之际，中华人民共和国和美利坚合众国就邓小平访问美国发表《联合新闻公报》。《公报》指出，中美双方的会谈是友好的、诚挚的、建设性的和富有成果的。双方在许多方面有相同的利害关系和相似的观点。重申，中美双方反对任何国家和国家集团谋求霸权或支配别国，决心为维护国际和平、安全和民族独立做出贡献。两国社会制度不同不应妨碍彼此加强友好关系和合作。还指出，双方同意为互派常驻新闻记者提供方便，并同意签订贸易、航空、海运

---

① 《邓副总理和卡特总统签署中美科技合作协定和文化协定并发表讲话》，《人民日报》1979年2月2日。

② 《邓小平年谱》第4卷，中央文献出版社2020年版，第481—482页。

协定。①

　　在访问华盛顿期间，邓小平同美国各界人士进行了广泛接触。他在讲话中一再表示希望中美两国人民能千秋万代地友好下去，能在维护和平和发展经济这两大方面开展合作。他还反复指出中美关系的不断发展，一定会对太平洋地区以至世界的局势产生深远的积极影响。邓小平的这些讲话，在美国各界和各阶层人士中都引起了良好的反响。

　　1月30日，邓小平应邀前往美国国会。中午出席美国参议院外交委员会举行的午餐会，随后同美国参议院、众议院议员谈话。邓小平说，我们不再用"解放台湾"这个提法了。只要台湾回归祖国，我们将尊重那里的现实和现行制度。我们一方面尊重台湾的现实，另一方面一定要使台湾回到祖国的怀抱。② 议员们纷纷拿着以邓小平画像为封面的《时代》周刊1979年第1期请他签名留念，邓小平热情地满足了他们的愿望。

　　下午，邓小平出席美国众议院国际关系委员会举行的茶话会。邓小平说，他访问美国的目的之一是"加深两国人民彼此间的了解"。"我们感到在这方面的收获是很大的。"他说："不仅中美两国人民的利益，而且世界人民的利益都要求我们这两个大国能够永远友好下去。诸位先生同我们一样，肩负着对促进世界和平与安全的重任，我们愿意与诸位一起为尽到我们的责任而努力。"众议院议长奥尼尔说，邓副总理的访问标志着美中关系的一个新的转折点。他说，美国人民支持美中关系正常化，并保证要为促进中华人民共和国和美国之间的新关系而努力。③

　　晚上，邓小平出席了两场由美国社会团体举办的招待会。在出席美国外交政策协会、国立美术馆、美中关系全国委员会、与中华人民共和国学术交流委员会、亚洲协会和中国理事会等六个团体联合举行的招待会时，

① 《邓小平年谱》第4卷，中央文献出版社2020年版，第482页。
② 《邓小平年谱》第4卷，中央文献出版社2020年版，第478页。
③ 《邓副总理与美国参议员共进午餐并出席众议院国际关系委员会茶话会》，《人民日报》1979年2月1日。

邓小平阐述了中国对世界形势、中美关系和台湾问题的立场和政策。他指出，美国人民是伟大的人民。美国人民对人类的文明和世界的进步做出了杰出的贡献。中国人民对美国人民一向怀有友好的感情，对你们那种实干和创新的精神深为钦佩。你们有许多东西值得我们学习。中美两国人民的友谊是深厚的。今后，随着经济和文化交流的日益增多，友好往来的日益频繁，我们之间的友谊一定能够获得更大的发展。中美两国社会制度不同，意识形态也有根本区别。但是，在当今的世界上，我们之间有着不少共同点。我们两国人民的利益和世界和平的利益，都要求我们从世界的全局着眼，用长远的政治和战略观点来看待和处理中美关系。这是我们友好相处和广泛合作的重要基础。中美两国之间的经济往来，对于双方都有好处。同时，提请大家注意中美关于建立外交关系的联合公报重申的上海公报中关于反对谋求霸权的各项原则，他强调，这对我们双方是一个约束，对各国人民是一个保证，对霸权主义是一个遏制。我们两国都信守自己的承诺，就可以对维护亚洲、太平洋地区以至世界的和平和安全起到积极的作用。在谈到台湾问题时，邓小平指出，统一祖国，这是全体中国人民的夙愿。我想，曾经在一百多年前经受过国家分裂之苦的美国人民，是能够理解中国人民统一祖国的民族愿望的。至于用什么方式解决台湾归回祖国的问题，那是中国的内政。按照我们的心愿，我们完全希望用和平方式来解决这个问题，因为这对国家对民族都比较有利，这在我们的人大常委会《告台湾同胞书》中已经说得很清楚了。应该说，中美关系正常化以后，这种可能性将会增大。当然，这并不完全取决于我们单方面的愿望，还要看形势的发展。①

接下来，邓小平出席了美中人民友好协会和全美华人协会举行的招待会。在会上，邓小平向多年来为增进中美友谊和实现中美关系正常化而努力的美国朋友和华侨表示衷心感谢，并重申中国希望和平解决台湾问题。

---

① 《邓小平年谱》第 4 卷，中央文献出版社 2020 年版，第 478—479 页。

他指出，中国政府在解决台湾问题的时候，一定考虑到台湾的现实，重视台湾人民的意见，实行合情合理的政策。统一祖国是全体中国人民包括台湾同胞在内的共同愿望。我们关怀台湾同胞，寄希望于台湾广大同胞；我们也寄希望于台湾当局，希望台湾当局以民族大义为重，正视现实。这样，台湾回归祖国就比较能够顺利地实现。①

当晚，邓小平还出席了中国驻美大使柴泽民举行的盛大招待会，并同共和党议员富布莱特和民主党议员曼斯菲尔德亲切交谈。美国记者埃德加·斯诺的夫人海伦·斯诺远道来华盛顿出席招待会，并把毛泽东1937年介绍她去太行根据地给邓小平的信亲自交给了他。

1937年5月初，海伦·斯诺只身到延安采访。她见到了毛泽东、周恩来、朱德等中共中央领导人，遗憾的是没见到当时在云阳镇红军前敌总指挥部驻地的任弼时和邓小平。海伦于8月19日找到毛泽东，说服他允许她去前线采访并答应为她"写一封证明信给前线的邓小平"。毛泽东在信中写道："弼时、小平同志：斯洛（诺）夫人随军赴战地担任向外国通讯的工作，请你们给她以帮助，生活费等事请为解决。"当海伦带着毛泽东的这封亲笔信赶到云阳时，邓小平已随部队出发赴山西抗日前线。四十二年后，海伦把毛泽东的这封信亲自交给了邓小平。她后来在回忆录中写道："邓小平的名字写在这封信上是意味深长的。这意味着他当时被看作是一位特殊的负责人，毛泽东本人信得过，才把一个外国女记者的人身安全及其工作问题托付给他。"②

邓小平1月31日的日程安排照样很满。早晨，他在下榻的宾馆同美国政府官员及卡特的高级助手共进早餐。上午，邓小平接受美国费城坦普尔大学授予的名誉法律博士学位，并致答词：这不仅是给我个人的荣誉，也是美国人民对中国人民友好和尊重的表示。坦普尔大学已经有上百年的

---

① 《邓小平年谱》第4卷，中央文献出版社2020年版，第479页。

② 《邓小平传（1904—1974）》（上），中央文献出版社2014年版，第268—269页。

历史，为美国以及其他国家造就了许多人才，在美国国内外享有很高的声誉。坦普尔大学又是以主张学术自由著称的。我认为，这是贵校的事业兴旺发达的一个重要因素。你们把名誉博士学位授给像我这样一个信仰马克思主义和毛泽东思想的人，也足以说明这一点。为了实现四个现代化的宏伟目标，我们主要依靠过去三十年建立起来的基础和积累起来的建设经验，同时也特别注意加强同世界各国的经济、文化和科技交往。美国作为当今世界上经济发达的国家，在工农业生产和科学技术的很多领域领先，在经济管理和教育事业方面也有很多成就。我认为，进一步发展我国人民同美国人民的友谊，向美国人民学习，完全符合中国人民的利益。中国人民深信，把自己的社会主义制度的优越性同经济发达国家的先进科学技术和经济管理、人才培养等方面的先进经验结合起来，对于加快实现四个现代化具有重要的意义。①

接下来，邓小平会见了美国前总统尼克松，并就共同关心的问题交换意见。邓小平指出，在尼克松、毛主席、周总理，还有基辛格博士的努力下，开始了实现中美关系正常化的进程，尽管时间稍长了一点，但也还不晚。邓小平对尼克松提出的中国不仅应注意强调培养高级教授、律师、哲学家，还应重视培养工农业技术人员的建议表示赞同，并指出，这正是我们需要注意的方面。不仅要培养技术专家，还要培养管理人员。管理是一门专门的学问，这是我们最薄弱的一个环节。②邓小平专门安排时间会见尼克松，是为代表中国人民向这位在恢复中美邦交上作出贡献的前总统表达谢意。

接下来，邓小平参观了林肯纪念堂，并在大理石座像下献花圈。林肯是美国第十六届总统，他为解放黑奴而进行的英勇斗争赢得了美国和其他国家许多人的尊敬。纪念堂负责人向邓小平赠送了一本《亚伯拉罕·林

① 《邓小平年谱》第4卷，中央文献出版社2020年版，第479—480页。
② 《邓小平年谱》第4卷，中央文献出版社2020年版，第480页。

肯传》。

接下来，邓小平参观了美国宇航博物馆，并进入阿波罗 11 号指令舱，听取宇航员柯林斯介绍他 1969 年乘坐这个座舱飞往月球的情况。邓小平用手摸了一下从月球上带回来的石块。博物馆馆长齐塞因对他说："先生，你接触到月球啦。"邓小平高兴地笑了起来。

邓小平中午和下午的日程是同媒体接触。中午，他同《华盛顿邮报》、《纽约时报》、《洛杉矶时报》、《基督教科学箴言报》、《芝加哥论坛报》、《时代》、《新闻周刊》、《美国新闻与世界报道》、美联社、合众国际社和《华尔街日报》的新闻工作者共进午餐，并回答他们提出的问题。邓小平指出，中国实现四个现代化政策的持续性，不是由个人因素决定的，关键在于这些政策是否正确，人民是否赞成，对人民是否有好处。如果这些政策是正确的，对人民有好处，又得到人民的支持，政策的持续就有了根本的保证。既然我们现在执行的政策是正确的，可以肯定，这些政策会继续下去。又指出，中国有许多商品可以出口，我们有煤、有色金属、稀有金属、化工产品、轻工业产品。我们同美国如果用补偿贸易的方式，美国提供资金、技术，我们完全可以用我们的产品偿还。[1]

下午，邓小平接受美国广播电视界评论员的采访。他指出，我这次访问美国肩负着三项使命：第一是向美国人民转达中国人民的情谊；第二是了解美国人民，了解你们的生活，了解你们建设的经验，学习一切对我们有用的东西；第三是同贵国的领导人就发展两国关系和维护世界和平和安全问题广泛地交换意见。我可以告诉美国公众，我同卡特总统和其他美国领导人两天会谈的结果，是令人满意的。他还宣布，卡特总统已接受华国锋总理的邀请，在适当的时候正式访问中国。[2] 有记者问，除了友谊和善意以外，你最希望在这次美国之行中得到什么？邓小平说，通过这次访

---

① 《邓小平年谱》第 4 卷，中央文献出版社 2020 年版，第 481 页。

② 《邓小平年谱》第 4 卷，中央文献出版社 2020 年版，第 481 页。

问，主要是由于中美关系正常化，希望我们之间的政治、经济、科学和技术、文化以及其他领域关系的发展，能有广阔的前景。

当晚，在结束对华盛顿访问之前，邓小平在中国驻美联络处举行盛大招待会，答谢美国政府和人民的热情款待。他在讲话中指出，这几天我们亲身感受到的美国人民的友谊给我们留下了永远难忘的印象。我们富有成果的访问，使我们毫不怀疑，中美两国人民的友谊和两国在各个领域的合作必将不断发展，结出丰硕的果实。① 蒙代尔副总统说，邓副总理的访问对美中关系的发展是一个巨大贡献。他表示相信，两国政府领导人之间的会晤使彼此间的了解更为明确和广泛了。他期待两国将在更广泛的领域内进一步合作。②

邓小平结束对华盛顿的访问后，还访问了亚特兰大、休斯敦和西雅图这三个城市。

2月1日上午，邓小平离开华盛顿，抵达佐治亚州首府亚特兰大。亚特兰大是佐治亚州最大的城市，是卡特总统的故乡。行前，邓小平会见了美国前国务卿基辛格博士，并共进早餐。中午，邓小平出席美国南部地区国际问题研究中心和亚特兰大商会联合举行的千人午宴。他在讲话中指出，美国人民二百年来艰苦创业，实现了工农业和科学技术的现代化。特别是你们称作阳光地带的南部地区，近三十年获得了迅速的发展。你们有许多东西值得我们借鉴，我们愿意向你们学习。③ 下午，邓小平参观了福特汽车公司的一个汽车装配厂。这是福特汽车公司一家最先进的汽车厂。接下来，邓小平拜谒了美国黑人领袖马丁·路德·金的陵墓并献花圈。随后，在马丁·路德·金中心同其家属见面。马丁·路德·金夫人向邓小平赠送了一张马丁·路德·金的照片和两本有关他的生活和工作的书。

晚上，邓小平出席佐治亚州州长乔治·巴斯比举行的有美国十七位州

① 《邓小平年谱》第4卷，中央文献出版社2020年版，第482页。
② 《邓副总理举行盛大答谢招待会》，《人民日报》1979年2月2日。
③ 《邓小平年谱》第4卷，中央文献出版社2020年版，第483页。

长参加的晚宴。他在同十七位州长见面时说，美国南方在过去是比较落后的，而现在已成为发展经济的标兵。我们很愿意同你们南方各州进行有效的合作。我同卡特总统的富有成果的会谈表明，美中两国有许多共同之处，今后的任务是要扩大两国在各个领域的合作。① 晚宴后，邓小平同美国前国务卿迪安·腊克斯进行了会谈。

2月2日上午，邓小平离开亚特兰大前往得克萨斯州休斯敦市访问。休斯敦是美国南部最大的城市。邓小平在欢迎仪式上说，得克萨斯州以它的石油和其他工业而在美国居于重要地位。我们来这里同朋友们会面，学习你们的先进技术。② 上午，邓小平参观了休斯敦附近的林登·约翰逊航天中心，会见美国首批宇航员之一的约翰·格伦并登上航天飞机模型座舱，坐在乘务员的位置上，操纵精密的装置。之前，伍德科克曾在1月1日问邓小平，他访美时想看些什么，邓小平立刻回答说，他想看一看太空探勘设备和其他先进技术。这个航天中心占地650公顷，是美国国家航空和航天局所属的11个研究机构之一，有工作人员1万名，负责进行载人航天飞行。在1961年到1974年期间，总共进行过31次载人航天飞行，12名宇航员曾在月球着陆，另有10名宇航员曾绕月飞行。

晚上，邓小平观看了马术竞技表演。马术表演是美国体育运动中独具一格的项目，它包括男骑士表演驯马、驯野牛、套牛和女骑士驯马。它同垒球和篮球一起，是美国对世界体育运动的三大贡献。竞技表演前，邓小平应邀乘上一辆19世纪的公共马车，绕场一周，并接受主人赠送的一枚骑士纪念章和一头小牛。邓小平将主人赠送的牛仔帽戴在头上，向在场的美国人挥动帽子致意。这种入乡随俗的做法，立即得到在场群众的欢呼。

2月3日上午，邓小平继续在休斯敦访问。早上，他同美国西南地区的报纸、杂志主编和发行人共进早餐。席间，他在回答有关中美两国贸易

---

① 《邓小平年谱》第4卷，中央文献出版社2020年版，第483页。
② 《邓小平年谱》第4卷，中央文献出版社2020年版，第484页。

前景问题时说，中美贸易不是几百万美元，而是几十亿美元，甚至是几百亿美元的事。他还说，目前中国同美国政府和公司在石油工业和其他领域的合作问题的谈判还在进行中，进展并不算慢。邓小平在回答有关农产品进口问题时说，在近期内，至少在三五年内，中国还要增加农产品主要是粮食的进口。这有利于中国农业现代化。① 上午，邓小平参观了休斯工具公司。该公司以生产钻头为主并兼营其他石油、天然气勘探设备，其产品的质量和销售范围在世界同类企业中都处于领先地位。在公司领导人的陪同下，邓小平参观了公司下属工厂的实验室和几个主要车间。

下午，邓小平离开休斯敦，抵达华盛顿州西雅图市访问。这是他对美国正式访问的最后一站。西雅图是美国西海岸第二大海港。它以其绮丽的风光和飞机工业而闻名于世。

2月4日晨，邓小平会见了美国参议员亨利·杰克逊。中午，邓小平出席美国联合航空公司总经理爱德华·卡尔森和波音飞机公司董事长桑顿·威尔逊举行的午宴，并致答词。他指出，太平洋再也不应该是隔开我们的障碍，而应该是联系我们的纽带。中国人民在争取本世纪末实现四个现代化的努力中，有许多方面要向创造先进的工业文明的美国人民请教。这也是我们这次访问的目的之一。我们亲自来看了看，感到很有收获。中美两国在经济、文化、科技等领域里存在着广泛交流和合作的余地。②

下午，邓小平参观了波音七四七飞机装配厂，观看一架接近完工的巨型喷气式客机着陆排挡的操作测试。在厂房外面，他登上一架已出售准备起飞的巨型喷气式客机参观。参观结束时邓小平表示，看到了一些很新颖的东西。③ 下午，邓小平还会见了旅居西雅图市的华侨代表。晚上，邓小平出席了西雅图商业界举行的宴会。

2月5日上午，邓小平结束对美国的正式友好访问，乘专机飞离西雅

---

① 《邓小平年谱》第 4 卷，中央文献出版社 2020 年版，第 484 页。

② 《邓小平年谱》第 4 卷，中央文献出版社 2020 年版，第 484—485 页。

③ 《邓小平年谱》第 4 卷，中央文献出版社 2020 年版，第 485 页。

图回国。他在机场发表告别讲话时指出，中美两国之间一度中断的联系恢复了。我们面前展现了两国人民广泛合作的前景。现在中美两国之间政府一级来往的障碍已经排除，人民之间的来往可以更加频繁、更加密切，我们希望美国各界朋友多到中国来走走看看。中国的大门对一切朋友都是敞开的。①离开西雅图之前，邓小平还为在纽约出版的《美洲华侨日报》题词："愿你们为增进中美两国人民的友谊作出更大的努力。愿你们为祖国的社会主义建设，为台湾归回祖国、实现统一祖国大业，作出更多的贡献。"②

在离开美国时，邓小平致电卡特，对所受到的盛情款待再次表示感谢。他指出，这次访问增进了双方的相互了解，加强了中美两国人民之间的友谊，中美两国关系将会在新的历史条件下得到重大的发展。这对于我们两国，对于整个世界，都具有重要的意义。③归国途中，邓小平又对日本进行了为期两天的访问。2月8日下午，邓小平结束对美国的八天正式访问，乘专机回到北京。

邓小平访美取得圆满成功。此访加强了中美双方的了解，增进了中美两国人民的友谊，促进了两国在科学技术、经济、文化等多种领域的合作，推动了中美关系的发展，使中美关系进入一个广阔发展的新阶段。邓小平的这次出访为中国的改革开放和现代化建设创造了良好的外部环境和国际条件，意义重大，影响深远。这是邓小平对中美关系和中国经济社会发展作出的重大历史贡献，在其外交生涯中也占有重要地位。④

---

① 《邓小平年谱》第4卷，中央文献出版社2020年版，第485—486页。

② 《邓小平年谱》第4卷，中央文献出版社2020年版，第485页。

③ 《邓小平年谱》第4卷，中央文献出版社2020年版，第486页。

④ 邓小平访美后不久，在1979年2月27日会见美国财政部长布卢门撒尔时说，出访美国后，我出国的任务基本上就完成了。《邓小平年谱》第4卷，中央文献出版社2020年版，第490页。

第三章

提出坚持四项基本原则

坚持四项基本原则，即坚持社会主义道路，坚持无产阶级专政，坚持共产党的领导，坚持马列主义、毛泽东思想。这是邓小平1979年3月30日在中共中央召开的理论工作务虚会上的讲话中，针对当时社会上出现的摆脱中国共产党的领导、反对社会主义道路等右的错误思潮而提出的。他在这篇重要讲话中强调的四项基本原则，在实践中逐步成为党的基本路线的两个基本点之一，并作为立国之本写入党章和宪法，为中国改革开放和社会主义现代化建设的健康发展创造了稳定的社会环境，提供了根本的政治保证。

1979年1月18日至4月3日（2月16日至3月27日休会）召开的党的理论工作务虚会，是中共中央根据党的十一届三中全会的决定举行的。

自1978年5月开展真理标准问题大讨论以来，党内外思想空前活跃。许多人提出一系列重大理论问题，但在有些问题上各执己见，未能充分展开讨论和得出正确结论。在这样的情况下，时任中共中央副主席的叶剑英在9月下旬的中共中央政治局常委会上，提议仿照国务院经济工作务虚会的做法，召开一次理论工作务虚会，把搞理论工作的同志召集到一起，让大家把不同意见摆出来，在充分民主讨论的基础上统一认识，把这个问题解决一下。① 中共中央政治局其他常委都赞成这样办，认为开这样一个会议很有必要。10 月 14 日，邓小平在同解放军总政治部主任韦国清谈话时说，叶剑英提议召开理论工作务虚会，索性摆开来讲，免得背后讲，这样好。②

拟议中的理论工作务虚会，本来准备是很快就要召开的。但当时邓小平刚出访朝鲜归来，正在东北视察，中央主要领导人 10 月出国访问活动又较多，于是中央决定理论工作务虚会推迟到中共十一届三中全会后举行。12 月 13 日，在中央工作会议闭幕会上，华国锋正式宣布了中央政治局关于召开理论工作务虚会的决定。他说，在这次会议上，同志们对"实践是检验真理的唯一标准"问题，摆出了许多情况，提出了不少问题，对一些同志提出了不少批评意见，为召开理论务虚会创造了有利条件。由于这次中央工作会议的议题多，时间有限，这方面的问题不可能花很多时间来解决。中央政治局同志意见，还是按照叶帅的提议，在党的十一届三中全会之后，专门召开一次理论务虚会，进一步把这个问题解决好。中央相信，由这一次中央工作会议和党的十一届三中全会的精神作指导，这个问题一定能够解决好。③

党的理论工作务虚会分两个阶段举行。第一阶段从 1979 年 1 月 18 日开到 2 月 15 日（1 月 27 日至 2 月 1 日春节休会），由中共中央宣传部和中国社会科学院联合召开，地点在北京友谊宾馆。参加会议的 160 多人主要是中央和北京地区思想理论界的代表，各省市派来一位联络员。第二阶段从 3 月 28 日开到 4 月 3 日，改由中共中央主持。出席会议的有四百多人，除第一阶段的与会者之外，增加了地方和军队主管宣传工作的干部。

在理论工作务虚会的第一阶段，大家敞开思想，各抒己见，就一系列

① 《三中全会以来重要文献选编》（上），中央文献出版社 2011 年版，第 45 页。

② 《邓小平年谱》第 4 卷，中央文献出版社 2020 年版，第 401 页。

③ 转引自韩洪洪著：《胡耀邦在历史转折关头（1975—1982）》，人民出版社 2009 年版，第 161—162 页。

思想理论问题展开讨论，提出了不少值得注意、需要研究的问题，总的说来开得是有成绩的。邓小平这期间虽然主要忙于出访美国等其他重要事务，但他对理论工作务虚会的召开十分关注，几次对会议作出指示。1月18日，也就是会议开幕当天，从邓小平家来到会场的周扬传达了邓小平对这次会议的指示："不要设禁区。不要下禁令。"1月22日，胡耀邦又传达了邓小平对务虚会的几点意见："要敞开思想谈。真理标准问题还有多少谈的，可以谈得快些。理论问题很多，没有说清楚。例如：民主、法制问题、经济管理问题。'文化大革命'也可以谈，是否采用那种方法？'无产阶级专政下继续革命'的问题也可以讨论。今后不要提'高举毛主席的旗帜'，应提'高举毛泽东思想的旗帜'。"1月27日，也就是第一阶段会议春节休会后第一天、邓小平动身前往美国访问的前一天，胡耀邦等人向邓小平汇报了关于会议的讨论情况。邓小平听取汇报后，要求会议讨论民主问题，并写出文章。邓小平说，十月革命后六十多年，民主没有搞好。今年上半年要写出一篇二三万字的大文章。五四发表，从世界历史发展与人类社会的趋势，讲清楚民主的发生和发展。①

从上述指示可以看出，邓小平是鼓励与会者畅所欲言的，甚至连当时还比较敏感的"文化大革命"和民主等问题他都认为可以讨论，充分体现了邓小平作为政治家的胸襟和气度。这与他在1978年中央工作会议上提出的"解放思想，开动脑筋，实事求是，团结一致向前看"的指导方针是完全一致的。

理论工作务虚会是在中共十一届三中全会闭幕后不久召开的。在三中全会和此前的中央工作会议上，大家解放思想，畅所欲言，充分恢复和发扬了党的民主传统，开得生动活泼，而且全会决定，一定要把这种风气扩大到全党、全军和全国各族人民中去。受三中全会精神的鼓舞，又有邓小

---

① 转引自韩洪洪著：《胡耀邦在历史转折关头（1975—1982）》，人民出版社2009年版，第169、170页。

平要"敞开思想谈"的号召，务虚会参加者畅所欲言，各抒己见，对新中国成立后的许多思想理论问题，如新中国成立三十年来党的路线问题、社会主义时期的阶级斗争问题、无产阶级专政下继续革命的理论问题、民主与法制问题、领袖与群众的关系问题、经济理论问题、国际问题以及正确对待毛泽东思想问题等，进行了广泛深入的讨论。与会者在解放思想、实事求是思想路线的指引下，围绕上述思想理论问题，说了许多以前想说而不敢说出的意见，突破了许多条条框框和禁区，提出了不少新的看法和观点，对"两个凡是"和教条主义思想僵化现象进行了尖锐的批评。这对于全面推进拨乱反正，加快实行改革开放，正确总结历史经验，具有积极意义。

但务虚会在思想理论问题的讨论中，特别是在对毛泽东和毛泽东思想的评价问题上，少数人也有片面、偏颇以至错误的观点，出现了怀疑以至否定社会主义制度、无产阶级专政、党的领导、马列主义毛泽东思想和毛泽东的错误倾向。这些错误观点和倾向，和当时社会上出现的错误思潮互相影响，严重威胁了安定团结的政治局面和全党工作重心的顺利转移，因而引起了邓小平的警觉。

还在理论工作务虚会召开之前，社会上就出现了少数人闹事现象。闹事的起因大多是"文化大革命"遗留下来的问题，如知青回城问题，冤假错案平反问题，以及一些经济要求等。有些坏人趁机煽动，使事态不断扩大，以至发展到游行示威、冲击和包围党政机关等。邓小平3月30日在务虚会上的讲话中，指出了这一时期闹事情况的严重性。他说："最近一段时间内，在一些地方出现了少数人的闹事现象。有些坏分子不但不接受党和政府的负责人的引导、劝告、解释，并且提出种种在目前不可能实现的或者根本不合理的要求，煽动、诱骗一部分群众冲击党政机关，占领办公室，实行静坐绝食，阻断交通，严重破坏工作秩序、生产秩序和社会秩序。""不但如此，他们还耸人听闻地提出什么'反饥饿'、'要人权'等口号，在这些口号下煽动一部分人游行示威，蓄谋让外国人把他们的言论行动拿到世界上去广为宣传。"①

与此同时，社会上也出现了一股右的错误思潮。极少数人利用党进行拨乱反正的时机，打起"民主自由"、"解放思想"的旗号，散布否定共产党的领导、反对社会主义制度和毛泽东思想的资产阶级自由化言论。有的甚至成立非法组织，出版地下刊物，在全国各地串联，还有的同海外敌对势力相勾结，企图挑起更大事端。在 30 日的讲话中，邓小平列举了这股错误思潮的一些极端表现。他指出："有个所谓'中国人权小组'，居然贴出大字报，要求美国总统'关怀'中国的人权。""有个所谓'解冻社'，发表了一个宣言，公开反对无产阶级专政，说这是分裂人类的。"又指出："上海有个所谓'民主讨论会'，其中有些人诽谤毛泽东同志，打出大幅反革命标语，鼓吹'万恶之源是无产阶级专政'，要'坚决彻底批判中国共产党'。他们认为资本主义比社会主义好，因此中国现在不是搞四个现代化的问题，而是应当实行他们的所谓'社会改革'，也就是搞资本主义那一套。他们公开声言，他们的任务就是要解决'四人帮'没有解决的那些'走资派'。他们中间有的人要求到外国去'政治避难'，有的人甚至秘密同蒋特机构发生联系，策划破坏活动。"②在理论工作务虚会召开期间，这股错误思潮泛滥的情况有增无减，而且有不断蔓延之势。

对于这股错误思潮，党内个别同志没有看清其本质和严重危害，甚至直接间接地加以某种程度的支持。在理论工作务虚会上，也有一些同志对这股错误思潮的严重性和危险性认识不足，缺乏警惕，甚至提出一些怀疑、削弱以至否定党的领导、社会主义制度和无产阶级专政的错误言论，提出一些不利于正确评价毛泽东和毛泽东思想的错误观点。比如有人提出"不能认为我们的经济制度已经是社会主义的了"；有人说邓小平在 1978 年中央工作会议上的评语"没有毛主席就没有新中国"过头了；还有人提

---

① 《邓小平文选》第 2 卷，人民出版社 1994 年版，第 173 页。

② 《邓小平文选》第 2 卷，人民出版社 1994 年版，第 173、174 页。

出"无产阶级专政是一个正在消亡中的国家而不是一个不断强化的国家"等。这些错误观点通过各种途径传播到社会上，成为一部分闹事分子的借口和护身符，直接间接地助长了这股右的思潮的泛滥。

"西单民主墙"是务虚会讨论比较多的一个问题。对这个问题，多数同志看得比较清楚。但也有一些与会者没有看到它的性质前后起了变化，有少数人还高度评价、积极支持性质已经起了变化的"西单民主墙"，认为它是"社会主义民主的里程碑"。有一个小组竟然一致认为"西单民主墙"是中国民主生活的生动体现，并向中共中央正式建议将劳动人民文化宫开放为人民自由发表言论的场所。这些问题，暴露了思想理论界的软弱涣散，也暴露了不少同志在错误思潮面前缺乏辨别力，丧失战斗力。这种情况如果任其发展，必将破坏中国社会主义现代化建设所需要的稳定的政治局面，造成极为严重的后果。

1979年2月上旬，邓小平访美归来，部署了对越自卫反击战以后，即把注意力转到国内政治理论战线。他了解了社会上右倾思潮蔓延的情况，看了理论工作务虚会的简报，感到问题已相当严重，决定要在理论工作务虚会上讲话，强调坚持四项基本原则，击退从右面来的错误思潮。

3月27日，邓小平就准备在理论工作务虚会上的讲话稿问题，同胡耀邦、胡乔木等谈话。针对党内和社会上出现的资产阶级自由化倾向，邓小平明确指出，四个坚持，坚持社会主义道路，坚持无产阶级专政，坚持党的领导，坚持马列主义、毛泽东思想的基本原理，现在该讲了。他重点强调了民主集中制问题，指出，民主和法制问题，要展开讲。要讲民主与集中的关系，眼前利益与长远利益、个人利益与国家利益的关系。讲民主，要结合分析几个非法组织的活动来讲，讲清楚什么是社会主义民主。结论是，不搞四个坚持行吗？不严肃对待社会上的坏人行吗？这样讲可能比较有力量，针对性较强。空泛的语言多了，针对性就不突出，也缺乏说服力，缺乏动员的力量。又指出，要发扬民主，充分发挥人民的智慧，调动人民的积极性。只有在民主的基础上，才能克服官僚主义、长官意志。但是，没有民主基础上的高度集中，就不能做到这些。讲党的领导，强调要有统一领导，要有权威。没有党的统一领导，就没有效率。有了党的统一领导，只要这种领导是正确的，我们的调整会快，建设速度会快。不统一，一事无成。列宁非常强调集中统一，强调纪律。我们的革命战争，也是在高度集中、高度纪律下打胜的。没有党中央、国务院，能解决全国性的问题吗？

邓小平在谈话中提出一个重要思想，就是思想理论界要引导人们团结一致向前看，一心一意奔向四个现代化。他指出，思想理论界应有一个主导思想。理论工作的主导思想、中心任务是要引导人们向前看。他批评理论界有那么一种倾向，就是迷恋于算旧账。对三中全会的精神宣传得少，还出现了一些似是而非的提法，甚至是偏激的提法。这样不好，不利于团结一致向前看，不利于调动人民的积极性，不利于一心一意奔向四个现代化。他说，为什么不多宣传党的好的传统？如守纪律、艰苦奋斗等。为什么我们的电影不搞这些题材，加以艺术概括？传统教育包括守纪律、勤劳、顾大局的教育。他强调，理论要为政治服务。国内现在最大的政治是团结一致向前看，一心一意奔向四个现代化。搞四个现代化，我们会遇到许多困难，要使群众做好准备。许多新的问题，需要理论界去研究，去回答，现在缺少这样的理论家。

邓小平还对如何教育引导群众提出意见和要求。他说，要动员群众同这些坏人作斗争。到底是社会主义公有制好，还是资本主义私有制好？只要我们的工作搞得好，按经济规律搞建设，肯定社会主义公有制比资本主义私有制好，社会主义比资本主义好。要把少数坏人和群众分开来。受蒙蔽的群众大多是青年人，他们不懂我们党的历史、革命的历史，没有经过艰苦岁月的锻炼，加上"四人帮"的毒害、腐蚀，很多事情不明了，觉悟不高。要教育他们在处理个人的问题、个人的困难、个人的利益时，应该从大局着眼。他们的困难，国家一下子解决不了，应该给国家时间，先把经济调整好，这样才有希望。不然，国家就要延缓建设速度。① 这次谈话的主要意见和精神，后来都被写进了邓小平的讲话稿中。

3月28日，理论工作务虚会复会。3月30日，邓小平在会上发表讲话，旗帜鲜明地提出要坚持四项基本原则。

邓小平的讲话分为三个部分：一、形势和任务；二、实现四个现代化必须坚持四项基本原则；三、思想理论工作的任务。核心内容是第二部分。

邓小平明确指出，中央认为，我们要在中国实现四个现代化，必须在思想政治上坚持四项基本原则。这是实现四个现代化的根本前提。这四项是：第一，必须坚持社会主义道路；第二，必须坚持无产阶级专政；第三，必须坚持共产党的领导；第四，必须坚持马列主义、毛泽东思想。

接下来，邓小平具体分析了提出这四项基本原则的原因和背景。他指出，这四项基本原则并不是新的东西，是我们党长期以来所一贯坚持的。中央认为今天还是有很大的必要来强调宣传这四项基本原则，是因为一方面，党内有一部分同志还深受林彪、"四人帮"极左思潮的毒害，有极少数人甚至散布流言蜚语，攻击中央在粉碎"四人帮"以来特别是三中全会以来所实行的一系列方针政策违反马列主义、毛泽东思想；另一方面，社会上有极少数人正在散布怀疑或反对这四项基本原则的思潮，而党内也有个别同志不但不承认这种思潮的危险，甚至直接、间接地加以某种程度的支持。邓小平认为，这两种思潮都是反对四项基本原则的，只不过一个是从"左"面来反对，一个是从右面来反对。因此，必须一方面继续坚定地肃清"四人帮"的流毒，帮助一部分还在中毒的同志觉悟过来，并且对极少数人所散布的诽谤党中央的反动言论给予痛击；另一方面用巨大的努力同怀疑四项基本原则的思潮作坚决的斗争。

在本次讲话中，邓小平着重对从右面来怀疑或反对四项基本原则的思

---

① 《邓小平年谱》第4卷，中央文献出版社2020年版，第498—500页。

潮进行了有理、有力的批判。

关于为什么必须坚持社会主义道路，邓小平从三个方面进行了论述，并对一些人散布的所谓社会主义不如资本主义、社会主义公有制不如资本主义私有制的错误言论进行了彻底的批驳。邓小平指出，首先，只有社会主义才能救中国，这是中国人民从五四运动到现在六十年来的切身体验中得出的不可动摇的历史结论。中国离开社会主义就必然退回到半封建半殖民地。中国绝大多数人决不允许历史倒退。其次，社会主义的中国在经济、技术、文化等方面现在还不如发达的资本主义国家，这是事实。但这不是社会主义制度造成的，从根本上说，是解放以前的历史造成的，是帝国主义和封建主义造成的。社会主义革命已经使我国大大缩短了同发达资本主义国家在经济发展方面的差距。再次，社会主义制度当然要比资本主义制度好。社会主义国家所以在某些情况下也犯严重错误，甚至出现林彪、"四人帮"的破坏这种严重曲折，固然有主观的原因，根本上还是旧社会长时期历史遗留的影响造成的，这种影响不可能在一个早上就用扫帚扫光。我们依靠社会主义制度，用自己的力量比较顺利地战胜了林彪、"四人帮"，使国家很快又走上了安定团结、健康发展的道路。社会主义经济是以公有制为基础的，生产是为了最大限度地满足人民的物质、文化需要，而不是为了剥削。由于社会主义制度的这些特点，我国人民能有共同的政治经济社会理想，共同的道德标准。以上这些，资本主义社会永远不可能有。邓小平从社会主义和资本主义相比较的角度，论述了为什么必须坚持社会主义道路，批驳了怀疑或否定社会主义制度的错误言论，讲得很有道理和说服力。

关于为什么必须坚持无产阶级专政，邓小平从民主和专政两个方面进行了论述。他指出，无产阶级专政对于人民来说就是社会主义民主，是工人、农民、知识分子和其他劳动者所共同享受的民主，是历史上最广泛的民主。没有民主就没有社会主义，就没有社会主义的现代化。他同时指出：发展社会主义民主，决不是可以不要对敌视社会主义的势力实行无产阶级专政。在社会主义社会，仍然有反革命分子，有敌特分子，有各种破坏社会主义秩序的刑事犯罪分子和其他坏分子，有贪污盗窃、投机倒把的新剥削分子，并且这种现象在长时期内不可能完全消灭。同他们的斗争不同于过去历史上的阶级对阶级的斗争（他们不可能形成一个公开的完整的阶级），但仍然是一种特殊形式的阶级斗争，或者说是历史上的阶级斗争在社会主义条件下的特殊形式的遗留。对于这一切反社会主义的分子仍然必须实行专政。不对他们专政，就不可能有社会主义民主。

关于为什么必须坚持共产党的领导，邓小平以林彪、"四人帮"踢开党委闹革命的反面教训论述了这个问题。他指出，没有中国共产党，就没有社会主义的新中国。林彪、"四人帮"的倒行逆施所以不但引起全党而且引起全国人民的坚决反抗，正是因为他们踢开了久经考验并与人民群众建立了血肉联系的领导者中国共产党。而粉碎"四人帮"以后特别是三中全会以后党的威信在全国人民中所以普遍提高，正是因为全国人民把他们对于前途的一切希望寄托在党的领导上。邓小平彻底批驳了借口党犯过错误而要求削弱甚至取消党的领导的思潮和言论。他指出，党的领导当然不会没有错误，而党如何才能密切联系群众，实施正确的和有效的领导，也还是一个必须认真考虑和努力解决的问题，但是这决不能成为要求削弱和取消党的领导的理由。我们党经历过多次错误，但是我们每一次都依靠党而不是离开党纠正了自己的错误。今天的党中央坚持发扬党的民主和人民民主，并且坚决纠正过去所犯的错误。在这样的情况下，竟然要求削弱甚至取消党的领导，更是广大群众所不能容许的。这事实上只能导致无政府主义，导致社会主义事业的瓦解和覆灭。

关于为什么必须坚持马列主义、毛泽东思想，邓小平结合中国新民主主义革命和社会主义建设的历史，科学地回答了这个问题，有力地驳斥了在这个问题上的错误思潮。他指出，中国反帝反封建革命经历过无数次悲惨的失败，是毛泽东思想才使约占全人类四分之一的中国人民找到正确的革命道路，并在 1949 年获得全国解放，在 1956 年基本上完成社会主义改造。这一系列伟大的胜利不但根本改变了中国的命运，也改变了世界的形势。毛泽东在他的晚年提出了关于三个世界划分的战略思想，并且亲自开创了中美关系和中日关系的新阶段，从而为世界反霸斗争和世界政治前途创造了新的发展条件。我们能在今天的国际环境中着手进行四个现代化建设，不能不铭记毛泽东的功绩。邓小平进一步指出，毛泽东思想过去是中国革命的旗帜，今后将永远是中国社会主义事业和反霸权主义事业的旗帜，我们将永远高举毛泽东思想的旗帜前进。

邓小平总结说，为了实现四个现代化，必须坚持社会主义道路，坚持无产阶级专政，坚持共产党的领导，坚持马列主义、毛泽东思想。如果动摇了这四项基本原则中的任何一项，那就动摇了整个社会主义事业，整个现代化建设事业。①

在讲话的第三部分，邓小平提出了思想理论工作的任务。他指出，马克思主义的思想理论工作是不能离开现实政治的。解放思想，就是要运用马列主义、毛泽东思想的基本原理，研究新情况，解决新问题。深入研究中国实现四个现代化所遇到的新情况、新问题，并且作出有重大指导意义的答案，这将是我们思想理论工作者对马克思主义的重大贡献，对毛泽东思想旗帜的真正高举。对四项基本原则，要根据新的丰富的事实作出新的有说服力的论证，这既是重大的政治任务，又是重大的理论任务。这决不是改头换面地抄袭旧书本所能完成的工作，而是要费尽革命思想家心血的崇高的创造性的科学工作。

邓小平在讲话中还谈了对几个理论问题的看法。关于社会主义社会的基本矛盾和目前时期的主要矛盾，邓小平指出，还是按照毛泽东在《关于正确处理人民内部矛盾的问题》一文中的提法比较好，即"在社会主义社会中，基本的矛盾仍然是生产关系和生产力之间的矛盾，上层建筑和经济基础之间的矛盾"。从二十多年的实践看来，这个提法比其他的一些提法

----

① 《邓小平文选》第 2 卷，人民出版社 1994 年版，第 164—173 页。

妥当。至于什么是目前时期的主要矛盾，也就是目前时期全党和全国人民所必须解决的主要问题或中心任务，由于三中全会决定把工作重点转移到社会主义现代化建设方面来，实际上已经解决了。我们的生产力发展水平很低，远远不能满足人民和国家的需要，这就是我们目前时期的主要矛盾，解决这个矛盾就是我们的中心任务。关于社会主义社会的阶级斗争问题，邓小平指出："社会主义社会中的阶级斗争是一个客观存在，不应该缩小，也不应该夸大。实践证明，无论缩小或者夸大，两者都要犯严重的错误。至于整个社会主义社会历史时期是否始终存在某种阶级斗争"，"不是只靠引证前人的书本所能够解决的，大家可以继续研究"。①

邓小平的这篇讲话，为理论工作务虚会作了总结，为思想理论工作指明了方向。从4月1日起，理论工作务虚会分组讨论邓小平的讲话。大家认为，邓小平的讲话深刻地指出了当前我们全党的工作，特别是思想理论战线上的一些根本性问题，对于我们坚定不移地贯彻中共十一届三中全会的方针具有重大指导意义。邓小平提出坚持四项基本原则完全正确，意义重大，不能有丝毫动摇。

4月上旬，中共中央通过报刊社论、评论员文章等形式传达了邓小平讲话的主要内容，广大干部群众联系实际学习贯彻这篇讲话精神。与此同时，党和政府一方面采取切实措施，逐步解决知识青年回城、平反冤假错案等问题，落实各项政策；另一方面，中央国家机关作出维护社会安定的各项规定，用法制手段坚决打击煽动闹事、反对四项基本原则的坏分子和刑事犯罪分子，社会秩序、生产秩序和工作秩序基本恢复稳定。

但思想战线上否定四项基本原则的错误思潮并未从此销声匿迹，而是在后来又不断地以各种不同的形式表现出来。每当出现否定四项基本原则的错误思潮，邓小平都是最先站出来，号召全党理直气壮地宣传和坚持四项基本原则，同各种错误思潮作斗争，排除资产阶级自由化对改革开放和

---

① 《邓小平文选》第2卷，人民出版社1994年版，第181—182页。

社会主义现代化建设的干扰。邓小平在 1979 年 3 月理论工作务虚会上提出的坚持四项基本原则，作为反对资产阶级自由化的有力武器，为改革开放和社会主义现代化建设创造了稳定的社会环境，提供了可靠的政治保证。

第四章

平反冤假错案

复查和平反"文化大革命"中及"文化大革命"前的冤假错案，是中共十一届三中全会后拨乱反正工作的一项重要内容，也是实现和巩固安定团结政治局面的迫切需要。在这项工作中，邓小平发挥了重要的领导和推动作用。经过三年多的努力，一大批在"文化大革命"中及"文化大革命"前遗留下来的冤假错案得到平反，有力地调动了广大干部群众的积极性，促进了全党工作重点的转移。

平反冤假错案工作，在粉碎"四人帮"后不久即在局部开始了。只是由于受"两个凡是"错误思想的束缚，这项工作进展得比较缓慢。邓小平复出后，从解决党的组织路线的高度，多次强调要加快平反冤假错案工作，并身体力行地提出对一些案件进行复查和平反的意见。他就"六十一人叛徒集团"案以及陶铸、老舍等同志的平反问题作出指示或亲自过问，促成了这些问题的解决，推动了平反冤假错案工作的进程。

"六十一人叛徒集团"案是一起影响较大的案件。1936 年 4 月，在全国抗日救亡运动高涨的形势下，中共中央北方局为了开展工作，解决干部缺乏问题，报请中共中央批准，指示薄一波等 61 人可以履行国民党规定的手续出狱。对这件事，中共中央早已作过结论，没有当作问题。"文化大革命"开始后，林彪、康生、江青等于 1967 年 3 月将薄一波等 61 人定为"叛徒集团"，制造了"六十一人叛徒集团"冤案。粉碎"四人帮"以后，中央组织部着手复查这一案件，但遇到了中央专案领导小组的阻碍。关键时刻，邓小平对这项工作给予有力支持。1978年6月25日，他在一份关于所谓"六十一人叛徒集团"案的申诉材料上批示："这个问题总得处理才行。这也是一个实事求是的问题。"①11月3日，中央组织部完成对"六十一人叛徒集团"案的审查，并于11月20日正式向中央提交报告，证明把薄一波等61人定为叛徒集团是不正确的，所谓"六十一人叛徒集团"是一起重大错案。12月，中共中央批准中央组织部《关于"六十一人案件"的调查报告》，为这一错案平反。

陶铸，曾任中共中央中南局第一书记、国务院副总理、中共中央书记处常务书记兼中央宣传部部长、中共中央政治局常委。"文化大革命"中遭受迫害，1969年11月逝世。为给陶铸平反，邓小平付出了努力。1978年4月和11月，邓小平两次对陶铸问题作出批示。4月下旬，邓小平阅陈云建议复查陶铸问题的信，作出批示："我总觉得对陶铸的结论过重，建议由中组部复查。"11月下旬，邓小平审改中央专案审查小组第一办公室《关于陶铸问题的审查结论》，将标题改为《关于陶铸同志问题的报告》，并在最后一段中增写："总的说来，陶铸同志在监狱斗争是坚决的，几十年的工作，对党对人民是有贡献的，过去定为叛徒是不对的，应予平反。对他的结论，应请中央组织部拟出，报中央审定。"②当年12月，中共中央为陶铸平反。在邓小平的推动下，陶铸冤案终于得到昭雪。

老舍，原名舒庆春，字舍予，作家。曾任全国政协常委、中国文学艺术界联合会副主席、中国作家协会副主席、北京市文学艺术界联合会主席。"文化大革命"中遭受迫害，1966年8月含冤逝世。1977年8月13日，邓小平就老舍夫人胡絜青请求尽快给老舍作结论一事，作出批示："对老舍这样有影响有代表性的人，应当珍视。由统战部或北京市委作出结论均

---

① 《邓小平年谱》第4卷，中央文献出版社2020年版，第332页。
② 《邓小平年谱》第4卷，中央文献出版社2020年版，第304页。

可，不可拖延。"①1978年6月3日，北京市在八宝山革命公墓为老舍举行了骨灰安放仪式。邓小平送了花圈。

中共十一届三中全会后，邓小平作为党的第二代中央领导集体的核心，对平反冤假错案工作高度重视，并积极支持。他指出："我们的原则是'有错必纠'。凡是过去搞错了的东西，统统应该改正。"② 在邓小平的领导和推动下，这项工作进入了新的更大规模的阶段。

1978年12月24日，也就是中共十一届三中全会闭幕后的第二天，党和国家领导人以及首都各界群众代表二千多人，在北京人民大会堂举行彭德怀、陶铸追悼大会。邓小平代表中共中央为彭德怀致悼词，对他的一生给予高度评价，为他平反，恢复名誉。邓小平在悼词中指出，彭德怀是我党的优秀党员、老一辈无产阶级革命家，是平江起义的主要领导者、红三军团的创立者，是党、国家和军队的杰出领导人，曾担任过党政军的许多重要职务，是国内和国际著名的军事家和政治家。他在林彪、"四人帮"的迫害下，于1974年11月29日在北京逝世。今天，党中央本着实事求是的精神，认真落实党的政策，给彭德怀同志做出了全面公正的评价，为他恢复了名誉。他热爱党，热爱人民，忠诚于伟大的无产阶级革命事业。他作战勇敢，耿直刚正，廉洁奉公，严于律己，关心群众，从不考虑个人得失。他不怕困难，勇挑重担，对革命工作勤勤恳恳，极端负责。他在近半个世纪的革命斗争中，南征北战，历尽艰险，为中国革命战争的胜利，为人民军队的成长壮大，为保卫和建设社会主义祖国，做出了卓越的贡献。③

后来，邓小平在他主持制定的《关于建国以来党的若干历史问题的决议》中又指出，庐山会议后期，毛泽东同志错误地发动了对彭德怀同志的批判，进而在全党错误地开展了"反右倾"斗争。八届八中全会关于所谓

① 《邓小平年谱》第4卷，中央文献出版社2020年版，第183页。
② 《邓小平文选》第2卷，人民出版社1994年版，第147页。
③ 《邓小平年谱》第4卷，中央文献出版社2020年版，第458页。

"彭德怀、黄克诚、张闻天、周小舟反党集团"的决议是完全错误的。①

1979年是大规模平反冤假错案全面展开的一年。这一年，在邓小平的直接过问或批示下得到平反的有张闻天、萧劲光、贾拓夫和吴晗等。

张闻天在1959年的庐山会议上同彭德怀、黄克诚、周小舟一道被错误地打成"反党集团"。"文化大革命"中又遭到错误的批判。1976年7月1日，他在江苏无锡含冤逝世。中共十一届三中全会后，中共中央为张闻天平反。

1979年8月25日，张闻天追悼会在北京人民大会堂隆重举行。邓小平代表中共中央致悼词，介绍张闻天的革命经历和历史功绩，充分肯定他的一生"是革命的一生，是忠于党、忠于人民的一生"。邓小平在悼词中指出，张闻天是我党的优秀党员，是我党在一个相当长时期的重要领导人。在我党具有重大历史意义的遵义会议上，他根据中国革命实践的检验和自己的亲身体会，决然摒弃了王明的"左"倾路线，站到了毛泽东同志正确路线的一边，拥戴毛泽东同志对全党和全军的领导。现在，党中央为张闻天同志一生的革命活动，作出了全面、公正的评价，决定为他平反和恢复名誉。林彪、"四人帮"一伙强加在张闻天同志身上的一切诬陷不实之词都应统统推倒。②

萧劲光在新中国成立后长期担任海军司令员。"文化大革命"初期，迫于当时的形势，给林彪写过一封信，"内容都是检讨自己的错误"。这封信，在批林整风运动中成为萧劲光上了林彪"贼船"的所谓"罪证"。1978年8月，萧劲光给主持中共中央军委工作的叶剑英写信，要求把"四人帮"强加给他的所谓上林彪"贼船"的罪名推倒。叶剑英在信上批示："萧劲光同志是一位很老的同志，信上所提问题应予重新考虑，作出正确结论。"并将信批送邓小平。邓小平阅信后批示："同意叶帅意见，请国清

---

① 《三中全会以来重要文献选编》（下），中央文献出版社2011年版，第139页。
② 《邓小平年谱》第4卷，中央文献出版社2020年版，第546—547页。

（指韦国清——引者注）同志办理。"①但在办理萧劲光问题平反的过程中，遇到了当时主持海军工作的领导人的阻挠。

1979年1月，萧劲光再次提出平反的问题。1月8日，中共海军党委就为萧劲光平反、建议撤销所谓萧"上了林彪贼船"错误结论一事给中共中央写报告。报告说：最近，萧劲光同志向叶剑英、邓小平副主席写信，要求撤销给他的"上了林彪贼船"的错误结论。叶、邓副主席同意予以解决。根据叶、邓副主席的批示，海军党委常委讨论了这个问题。我们认为，1972年7月到1973年2月召开的海军党委四届五次全会扩大会议，强加给萧劲光同志"上了林彪贼船"的结论，是"四人帮"倒行逆施的做法。我们建议党中央撤销对萧劲光同志的错误结论。1月12日，邓小平在中共海军党委关于为萧劲光平反的报告中加写"在那次会议上（指海军党委四届五次全会扩大会议——引者注）萧劲光同志是受'四人帮'迫害的"。此前，邓小平曾到医院看望萧劲光。②

经过叶剑英、邓小平等多次过问，1979年5月，中共中央批准印发了1979年第19号文件，明确指出："萧劲光同志是受林彪、'四人帮'打击迫害的，所谓上'贼船'问题完全是张春桥蓄意制造的一桩冤案，应当予以彻底平反。"③萧劲光平反后，于5月26日致信邓小平。信中说，我这次犯病承蒙您亲自来医院看望并多次关心我的平反问题，甚是感激。④

贾拓夫，曾任中共中央委员、国家计划委员会副主任、全国政协常委。1959年被错划为右倾机会主义分子。"文化大革命"中遭受迫害，1967年5月逝世。1978年11月22日，邓小平就《情况汇编》反映的贾拓夫子女提出申诉一事，作出批示："这是又一个标兵。建议由中组部或

---

① 《叶剑英年谱（1897—1986）》（下），中央文献出版社2007年版，第1150页。

② 《邓小平年谱》第4卷，中央文献出版社2020年版，第469页。

③ 《叶剑英年谱（1897—1986）》（下），中央文献出版社2007年版，第1150页。

④ 《邓小平年谱》第4卷，中央文献出版社2020年版，第517页。

中央检委复议。"①1979年5月，经中共中央批准，中央组织部为贾拓夫平反。1980年3月20日，贾拓夫追悼会在北京举行，邓小平出席。

吴晗，历史学家。曾任全国政协常委、北京市副市长、北京市历史学会会长、中国民主同盟中央副主席兼中国民主同盟北京市委主任委员。"文化大革命"中遭受迫害，1969年10月11日，因所谓"三家村"案被迫害致死。1978年11月底，邓小平阅公安部报送的关于刘斐、黄药眠、千家驹对当前一些问题的反映，并就千家驹要求为吴晗平反一事，作出批示："吴晗应该平反。"②1979年9月，吴晗冤案得到平反。

进入1980年，平反冤假错案工作迈出新的步伐。这一年，最引人注目的是在邓小平的领导和推动下，中共十一届五中全会通过了为刘少奇平反的决议。

刘少奇是伟大的马克思主义者和无产阶级革命家，是受到全党和全国各族人民爱戴的、久经考验的、卓越的党和国家领导人。"文化大革命"初期，刘少奇被当作"党内最大的走资本主义道路的当权派"，受到错误批判和斗争。1968年10月中共八届十二中全会错误地通过所谓《关于叛徒、内奸、工贼刘少奇罪行的审查报告》，决定把刘少奇永远开除出党，撤销其党内外一切职务，成为中国共产党历史上最大的冤案。1969年11月，刘少奇在河南开封含冤病故。

中共十一届三中全会后，随着大规模平反冤假错案工作的全面展开，党内外越来越多的人向中共中央提出，要对刘少奇案件重新进行审查。邓小平积极推动刘少奇案件的复查和平反工作。

1978年12月24日，邓小平在一封要求为刘少奇平反的人民来信上批示："政治局各同志阅，中组部研究。"③

1979年2月5日，国家地质总局局长、前交通部部长孙大光致信胡

① 《邓小平年谱》第4卷，中央文献出版社2020年版，第434页。
② 《邓小平年谱》第4卷，中央文献出版社2020年版，第444页。
③ 《邓小平年谱》第4卷，中央文献出版社2020年版，第458页。

耀邦并中共中央,建议重新审议刘少奇一案。胡耀邦将信转报华国锋、叶剑英、邓小平、李先念、陈云、汪东兴批阅。此后中共中央作出决定,由中共中央纪律检查委员会和中共中央组织部共同成立刘少奇案件复查组,开始对中共八届十二中全会提出的刘少奇的各项"罪状"进行复查。能不能公开为刘少奇这样重大的冤案平反,对中国共产党来说是一个严峻的考验。不少人对为刘少奇平反心存这样那样的疑虑,政治局内部也有人对平反持消极和反对态度。关键时刻,邓小平对于复查刘少奇案件给予了有力而坚定的支持。他明确指出:"勇于纠正错误,这是有信心的表现。"①

在邓小平的领导和推动下,复查组对中共八届十二中全会通过的所谓《关于叛徒、内奸、工贼刘少奇罪行的审查报告》中提出的问题,进行了逐项调查核实,向中共中央作出详尽确切的复查情况报告,用可靠的事实全部推翻了强加给刘少奇的罪名。中共中央政治局一致同意这个复查报告,据此作出关于为刘少奇平反的决议草案。

1980年2月23日至29日,中共十一届五中全会在北京召开。全会的一项重要议程就是讨论通过关于为刘少奇平反的决议。在讨论中,有人提出为刘少奇平反的决议要不要写他也犯过错误的问题。对此,邓小平明确表示要实事求是。他说,今天倒是议了一个重要原则问题。实事求是可不容易。写上这样的语句不会给人们说这是贬低少奇同志,不可能这样理解。少奇同志与一般人不同,在给他作的平反决议中如果没有这样的内容,会给人一个印象,就是所有错误都是毛主席一个人的。这不是事实。我们犯的错误比少奇同志犯的错误多。总要承认他也有错误就是了。这也是个党风问题。②2月29日,邓小平在全会第三次全体会议上的讲话中再次指出:"为少奇同志平反的决议讲,文化大革命前,党犯过一些错误,

① 《邓小平年谱》第4卷,中央文献出版社2020年版,第436页。
② 《邓小平年谱》第4卷,中央文献出版社2020年版,第604页。

少奇同志和其他同志一样，也犯过一些错误。我看这样讲好，符合实际。不要造成一个印象，好像别人都完全正确，唯独一个人不正确。""我们既然说毛泽东同志都会犯错误，少奇同志就没有错误呀？其他同志就不犯错误呀？平反的决议这样评价少奇同志，可以使党内党外、国内国外进一步认识到，中国共产党是实事求是的，是敢于面对现实讲真话的。否则不合乎事实。"①为刘少奇平反，不仅仅是为他个人恢复名誉，同时也是恢复我们党实事求是的优良作风。邓小平支持在刘少奇平反的决议中写他也犯过错误，有利于在全党树立敢于面对现实的良好风气，有利于恢复我们党实事求是的优良传统。

2月29日，中共十一届五中全会经过认真讨论，一致通过关于为刘少奇平反的决议，决定撤销中共八届十二中全会通过的审查报告和错误决议，恢复刘少奇作为伟大的马克思主义者和无产阶级革命家、党和国家的重要领导人的名誉；因刘少奇问题受株连造成的冤假错案，由有关部门予以平反。全会公报指出："五中全会为刘少奇同志平反，不仅是为了刘少奇同志个人，而且是为了使党和人民永远记取这个沉痛的教训，用一切努力来维护、巩固、完善社会主义民主和社会主义法制，使类似刘少奇同志和其他许多党内外同志的冤案永远不致重演，使我们的党和国家永不变色。"②

5月17日，党和国家领导人以及首都各界人士一万多人，在北京人民大会堂举行刘少奇追悼大会。邓小平代表中共中央致悼词。悼词对刘少奇的一生给予高度评价。指出，刘少奇为共产主义事业战斗了一生。他是受到全党和全国各族人民爱戴的、久经考验的、卓越的党和国家领导人。刘少奇几十年如一日，为党的巩固和发展，为新民主主义革命的胜利，为社会主义革命和社会主义建设事业的胜利，为反帝反殖和国际共产主义运

---

① 《邓小平文选》第2卷，人民出版社1994年版，第277—278页。
② 《三中全会以来重要文献选编》（上），中央文献出版社2011年版，第382—383页。

动的开展，进行了不懈的斗争，建立了不朽的功绩，赢得了全党全军全国各族人民的爱戴和尊敬。邓小平在悼词中号召向刘少奇学习，学习他理论和实践统一的科学态度，学习他对党对人民无限信任的革命品质，学习他坚持原则、严守纪律的革命风格，学习他英勇顽强的革命精神。悼词最后说，我们悼念刘少奇，最重要的就是要把我们的党建设好，全面恢复和发扬党的优良传统和优良作风，使我们党真正成为中国社会主义事业的核心力量，领导全国各族人民，同心同德，为实现社会主义现代化的伟大目标而奋斗。① 致悼词后，邓小平走到王光美面前，紧紧握着她的手说，是好事，是胜利。话语虽短，意味深长。

除为刘少奇平反昭雪外，邓小平还对潘汉年案作出批示，推动了该案的平反。这同样是一桩在全党和全国有重大影响而又比较复杂的案件。

潘汉年，1936 年至 1937 年间，曾任中国共产党同国民党的谈判代表。抗日战争和解放战争时期，在上海等地领导对敌隐蔽斗争和开展统一战线工作。曾任中共中央华东局社会部部长、统战部部长、中共上海市委第三书记、上海市副市长。1955 年错误地因所谓"内奸"问题被关押审查，1963 年被错定为"内奸分子"，并被判处有期徒刑。在"文化大革命"中，又被永远开除党籍，改判无期徒刑。后被下放到湖南劳动改造。1977 年4 月逝世。这是新中国历史上的一大错案，也是祸及整个隐蔽战线的重大冤案。

对把潘汉年定为"内奸"，有些人多年来一直表示怀疑，尤其是陈云等过去曾同潘汉年一起工作过的同志。中共十一届三中全会后，陈云立即向中共中央建议复查潘汉年的案件，并委托与潘汉年同时在上海从事过地下工作的刘晓和廖承志一起，收集有关潘案的材料。

1980 年 12 月 23 日，陈云嘱秘书给公安部打电话，请他们将有关潘汉年的定案材料送给他看一下。看过材料后，于次年 1 月 3 日又要求公

---

① 《邓小平年谱》第 4 卷，中央文献出版社 2020 年版，第 634—635 页。

安部迅速整理出一份有关潘案处理过程的梗概材料，送往中央纪委。① 在调查研究了潘汉年案件的大量材料后，1981 年 3 月 1 日，陈云致信邓小平、李先念、胡耀邦等："我收集了一些公安部的材料，和与汉年同案人的材料。这些材料并无潘投敌的材料确证。""我提议中央对潘汉年一案正式予以复查。这件事如中央同意，可交中央纪律检查委员会办理。"②

3 月 3 日，邓小平阅陈云来信，赞成他的提议。③ 当日，胡耀邦批示中央纪委对潘案进行复查。中央纪委用一年多的时间调阅了关于潘案的全部材料，又向几十位过去同潘汉年一起工作过的人进行了调查。复查结果表明，原来认定潘汉年是"内奸"的结论不能成立，应予否定。1982 年 8 月，中共中央根据中央纪委的复查结果，发出《关于为潘汉年同志平反昭雪、恢复名誉的通知》。

这一时期，在邓小平的支持下，中共中央分别于 1979 年 2 月、1980 年 5 月、1979 年 6 月、1980 年 10 月专门发出文件，给彭真、罗瑞卿、陆定一、杨尚昆彻底平反。

邓小平在亲自指导和直接过问一些影响较大案件平反工作的同时，也十分重视全局性的平反冤假错案工作。在他的领导和推动下，中共中央大规模平反冤假错案，全面解决历史遗留问题。

大规模平反冤假错案工作，主要涉及以下几个方面：一是复查和平反了一批"文化大革命"中和"文化大革命"前涉及党和国家领导人以及各个部门领导人的冤假错案。1979 年 3 月 28 日，中共中央发出《关于为"杨、余、傅事件"平反的通知》，指出，所谓"杨、余、傅事件"完全是林彪、"四人帮"集团制造的冤案，应该推翻强加在杨成武、余立金、傅崇碧等身上的一切诬陷、不实之词，受到株连的人也一律予以平反，恢复名誉。

---

① 《陈云年谱（修订本）》下卷，中央文献出版社 2015 年版，第 287、303 页。

② 《陈云文集》第 3 卷，中央文献出版社 2005 年版，第 483 页。

③ 《邓小平年谱》第 5 卷，中央文献出版社 2020 年版，第 15 页。

1980年1月10日，中共中央发出《关于为谭震林同志平反的通知》。2月25日，中共中央发出通知，为所谓"习仲勋反党集团"案平反。7月28日，中共中央批转总政治部《关于黄克诚同志的复查结论》，宣布给黄克诚彻底平反，恢复名誉。12月，中共中央正式批准中央统战部《关于李维汉同志问题的复查报告》，将强加在李维汉身上的一切不实之词予以推倒。

二是复查和平反了"文化大革命"中和"文化大革命"前受到错误批判或诬陷的中央领导机关和部门的冤假错案。1979年2月12日，国家体委宣布推翻强加给体育系统"独立王国"的罪名，推倒强加给贺龙的一切诬陷不实之词，一切受到牵连迫害的同志一律彻底平反。2月26日，中共中央宣传部批准文化部党组决定，对林彪、"四人帮"制造的"旧文化部""帝王将相部、才子佳人部、外国死人部"大错案彻底平反。凡受到这一错案牵连和遭到诬陷、打击的人，一律予以彻底平反。3月2日，中国人民解放军总政治部作出《关于"总政阎王殿"冤案彻底平反的决定》，一系列与之相关的冤假错案都得到彻底平反。

三是复查和平反了"文化大革命"中和"文化大革命"前地方性事件中的重大冤假错案。1979年2月6日，中共北京市委为《北京日报》《北京晚报》《前线》杂志彻底平反。3月2日，经中共中央批准，中共北京市委作出《关于"三家村"冤案的平反决定》，撤销原中央专案组对邓拓、吴晗、廖沫沙的错误结论，恢复邓拓、吴晗的党籍，并给廖沫沙恢复组织生活。6月14日，中共中央批转中组部、总政治部《关于为"新疆马明方案"平反的报告》。其他这一类得到平反的冤假错案还有武汉"七二○事件"、青铜峡"反革命暴乱事件"、云南"沙甸事件"等。

四是复查和平反了"文化大革命"中和"文化大革命"前历次政治运动中涉及的民主党派、爱国民主人士、知名人士的冤假错案。举其要者如下：1979年9月14日，经中共中央批准，教育部在北京大学宣布，北京大学原校长马寅初的"新人口论"以及他的"国民经济要综合平衡"等观点是正确的，对于过去强加在他身上的"一贯反对党、反对社会主义、反对马克思列宁主义"等一切诬蔑不实之词，一律予以推翻。9月29日，中共中央批转公安部、最高人民检察院、最高人民法院提出的《关于"胡风反革命集团"案件的复查报告》，为胡风案件平反。

五是复查和平反了"文化大革命"中的"反革命案件"、刑事案件涉及的冤假错案。比较典型的、在全国有较大影响的案子，有在"文化大革命"中因与林彪、"四人帮"斗争而遭到杀害的共产党员张志新、史云峰、遇罗克等，在各级党组织的领导下，都得到平反昭雪，恢复名誉。

为调动全社会的积极因素，加快社会主义现代化建设事业，中共十一届三中全会后，中共中央在大规模平反冤假错案的同时，还制定政策，实事求是地全面解决各类历史遗留问题。一是为地主、富农分子摘帽和解决地、富子女成分问题；二是把原工商业者中的劳动者区别出来；三是为在1957年被错划为右派的人进行改正，对与此相联系的人进行平反昭雪；四是为1959年后被错误地定为右倾机会主义分子的人平反；五是为去台人员在大陆的亲属落实政策。

1980年1月16日，邓小平在中共中央召集的干部会议上的讲话中，对平反冤假错案工作进行了回顾。他说，这三年内，特别是最近一年，中央和全国各地都平反了一大批冤假错案。已经得到平反的，据不完全的统计，总数已经有290万人。没有立案审查而得到平反的，比这个数字还要大得多。我们平反了天安门事件，平反了包括彭德怀、张闻天、陶铸、薄一波、彭真、习仲勋、王任重、黄克诚、杨尚昆、陆定一、周扬等在内的一大批同志的冤假错案。我们改正了1957年一大批被错划为右派分子的案件，摘掉了知识分子"臭老九"的帽子，摘掉了全国绝大多数地主、富农、资本家的帽子。①

"文化大革命"中和"文化大革命"前遗留下来的冤假错案，严重影

---

① 《邓小平文选》第2卷，人民出版社1994年版，第243、244页。

响了广大干部群众的积极性。不实事求是地解决这个重大问题，就无从分清是非和恢复党的优良传统，就难以实现和巩固安定团结的政治局面。中共十一届三中全会后，在邓小平的领导和推动下，按照中共中央关于坚持实事求是、有错必纠的方针，在短短三年多时间里，平反了各种冤假错案，解决了各种历史遗留问题，拨乱反正工作在组织领域取得突出成果，有力地调动了广大干部群众的积极性，加快了社会主义现代化建设的步伐。

第五章

调整国民经济

针对当时我国国民经济比例严重失调的情况，根据陈云等的提议，中共中央决定从 1979 年起，集中三年时间对我国国民经济实行"调整、改革、整顿、提高"的新八字方针①。在以邓小平为核心的中共中央坚强领导下，经济调整工作达到了预期目的，国民经济的困难状况得到明显改善，主要比例关系趋于协调。这就为随后的全面改革和经济快速发展奠定了重要基础。

粉碎"四人帮"后，我国国民经济取得恢复性发展。农业生产在连续遭到比较严重的自然灾害的情况下，1978 年仍然取得较好收成，粮食产量突破 6000 亿斤，超过历史最好水平。工业总产值 1977 年比 1976 年增长 14.3%，1978 年又比 1977 年增长 13.5%，增长的速度是比较快的。随着工农业生产的发展，财政收入 1977 年比 1976 年增长 12.6%，1978 年又比 1977 年增长 28.2%，都做到了收支平衡，略有节余。② 长期以来没有得到什么改善的人民生活，也稍稍有所改善。这种国民经济全面恢复发展的好形势，是过去十多年中从来没有过的。

我国经济恢复虽然取得很大成绩，但也存在严重问题。主要是由于

---

① 相对于 20 世纪 60 年代初我国国民经济调整时期提出的"调整、整顿、充实、提高"的八字方针而言。

② 《三中全会以来重要文献选编》（上），中央文献出版社 2011 年版，第 98 页。

"文化大革命"的长期破坏，我国国民经济比例已经严重失调。粉碎"四人帮"后的两年间，经济工作中出现的急躁冒进倾向，又使这种状况有所加剧。突出表现在以下几个方面：一是农业和工业的比例严重失调。1978年粮食总产量虽然超过历史最高水平，但由于人口增加，人均粮食占有量只略高于1957年。有的地方口粮严重不足。1976年到1978年这3年，在净进口粮食265亿斤的情况下，还挖了粮食库存几十亿斤。二是轻、重工业的比例严重失调。1978年重工业的投资比重是55.7%，而轻工业只有5.7%，还低于"一五"计划时期占5.9%的水平。三是积累和消费的比例严重失调。在过去十多年中，由于消费基金增长缓慢，改善人民生活方面积累下来的问题本已很多。而这两年积累占国民收入的比例反而提高了，1976年为31%，1978年为36.5%，不但大大高于"一五"计划时期24%的水平，而且高于1958年的水平，使人民生活难以有大的改善。①

面对这种状况，陈云和李先念在1979年3月14日联名致信中共中央，提出调整国民经济的建议。信中首先建议在国务院下设财政经济委员会，作为研究制订财经工作的方针政策和决定财经工作中的大事的决策机关。信中对当前和今后的财经工作提出六点意见：（一）前进的步子要稳。不要再折腾，必须避免反复和出现大的"马鞍形"。（二）从长期来看，国民经济能做到按比例发展就是最快的速度。（三）现在的国民经济是没有综合平衡的。比例失调的情况是相当严重的。（四）要有两三年的调整时期，才能把各方面的比例失调情况大体上调整过来。（五）钢的指标必须可靠。钢的发展方向，不仅要重数量，而且更要重质量。要着重调整我国所需要的各种钢材之间的比例关系。钢的发展速度，要照顾到各行各业（包括农业、轻工业、其他重工业、交通运输业、文教、卫生、城市住宅建设、环境保护等）发展的比例关系。由于钢的基建周期长，不仅要制订五至七年的计划，而且要制订直到2000年的计划。（六）借外债必须充分考虑还本

---

① 《三中全会以来重要文献选编》（上），中央文献出版社2011年版，第99—101页。

付息的支付能力，考虑国内投资能力，做到基本上循序进行。① 这封信指出了当时国民经济比例严重失调的事实，提出了用两三年时间对国民经济进行调整的建议，引起了邓小平等中共中央领导人的高度重视。

3月21日至23日，中共中央政治局召开会议，讨论经过修改的1979年国民经济计划和对国民经济实行调整的问题。在这次会议上，陈云作了系统发言，重申他在3月14日致中共中央信中提出的按比例发展是最快的速度、钢的指标必须可靠、借外债要考虑支付能力等观点，并再次指出现在比例失调的情况是相当严重的，要有两三年调整时间，最好三年，才能把各方面的比例失调情况大体上调整过来。陈云的讲话进一步引起了邓小平等中共中央领导人对调整国民经济工作的重视。

3月23日，邓小平在会上发表讲话。针对近两年国民经济比例失调更加严重的情况，邓小平指出，中心任务是三年调整，这是个大方针、大政策。经过调整，会更快地形成新的生产能力。这次调整，首先要有决心，东照顾西照顾不行，决心很大才干得成。要看到困难，把道理讲清楚，把工作做充分。可以肯定，经过三年调整，各行各业都会前进，产品质量会更好，品种会更多，消耗会减少，积累会增加。过去提以粮为纲、以钢为纲，现在到该总结的时候了。一个国家的工业水平，不光决定于钢。钢的水平，也不光是由数量决定的，还要看质量、品种、规格。谈农业，只抓粮食不行，还是要因地制宜，农林牧副渔并举。在谈到国防问题时，邓小平说，原来批准的计划规模太大，国民经济负担不了，谈不上进行调整，这个问题要重新商议。引进计划也要大大缩小，哪些引进哪些不引进，引进多大规模，必须由财经委员会决定。②

邓小平在讲话中指出了三年调整与前两年经济恢复的关系，澄清了在这个问题上的模糊认识，坚定了全党对国民经济调整的信心。他说："这

---

① 《陈云年谱（修订本）》下卷，中央文献出版社2015年版，第269页；《陈云文选》第3卷，人民出版社1995年版，第248—249页。

② 《邓小平年谱》第4卷，中央文献出版社2020年版，第497页。

次提三年调整，非常好。不是说，这两年工作做坏了。没有这两年，问题不暴露，你怎么调整？工厂不生产，好坏没有比较，你怎么调整？现在摸清楚了，才能下决心，调整才有标准。"①邓小平同意陈云关于把钢的指标减下来的想法。他说："陈云同志提出，二〇〇〇年搞八千万吨钢，有道理。""钢铁要抓质量，抓尖端的。""搞得好，八千万吨钢，不一定比两亿吨作用小。相反，即使搞两亿吨，质量差，也解决不了多少问题。而且生产那么多钢，其他方面也负担不了。是否就是搞八千万吨，可以考虑，但这个想法很值得重视。"②

邓小平亲身经历和参与领导了20世纪60年代初的国民经济调整，对那次调整的情形记忆犹新。在这次讲话中，邓小平将两次调整进行了对比，分析了这次调整的有利条件，以鼓舞全党的信心，同时也指出了这次调整相对于过去那次调整更加困难的一面，提醒全党做好充分的思想准备。他指出："这三年调整，同过去那个三年调整不同。有比过去好办的地方。那时钢退到660多万吨，基本建设投资退到67亿元，精简了2000多万人。那次调整，尽管发生过这样那样的问题，还是应当肯定，当时的做法是对的，没有那些措施不行。这次调整，生产水平不会下，即使钢搞3200万吨，还是上升的，更主要的是对质量、品种和规格要求严，创造的价值会比3400万吨还高。各行各业都有这个问题。现在粮食和其他农产品尽管困难，也不同于那个时候。但是，这次调整，也有比过去更困难的一面，特别是人的处理，比那时困难得多。那时一声号令，就减了2000万人，现在把2000万人养起来，都不容易，都要做很多工作。中央和地方要打架，地方上下也要打架。"③

---

① 转引自《李先念传（1949—1992）》（下），中央文献出版社2009年版，第1090页。

② 转引自《陈云传》（四），中央文献出版社2015年版，第1574页；房维中著：《十三年纪事（1977—1989）》上卷，中国计划出版社2012年版（内部出版），第78页。

③ 房维中著：《十三年纪事（1977—1989）》上卷，中国计划出版社2012年版（内部出版），第77页。

邓小平的讲话，强调了调整的必要性，提出了当前和今后一个时期我国经济工作的总体方针和运作原则，为会议确定对国民经济进行调整发挥了决定性作用，提供了指导思想。

这次政治局会议原则同意国家计委修改和调整1979年国民经济计划的意见，决定在前两年经济恢复的基础上，集中三年时间搞好国民经济的调整，为实现四个现代化奠定更加稳固的基础。会议同时决定成立财政经济委员会，"由陈云、李先念两同志挂帅，统一管理全国的财政经济工作和目前的调整工作"。①

集中三年时间对国民经济进行调整，意味着原来铺开的大摊子要收缩，许多项目要下马，某些指标要降低，有些与外商签订的合同要终止。这样一个牵动国民经济全局的大动作，如果没有全党思想上的统一和行动上的一致，是难以大见成效的。因此，继3月中共中央政治局会议后，4月5日至28日，中共中央召开工作会议，集中讨论国民经济调整问题，进一步统一全党尤其是国务院各部委和各省市区领导同志的思想。会议经过讨论，确定对国民经济实行"调整、改革、整顿、提高"的八字方针，决定从1979年起用3年时间完成国民经济调整任务。会议通过了调整后的1979年国民经济计划。6月18日至7月1日，五届全国人大二次会议在北京举行。会议同意用三年时间搞好国民经济的调整、改革、整顿、提高。至此，中共中央提出的对国民经济实行调整的方针完成了法定程序，成为全民意志，以调整为中心的新八字方针正式确立。

4月13日，即中共中央工作会议召开期间，中共中央、国务院发出批转国家建委党组《关于改进当前基本建设工作的若干意见》的通知。通知强调，当前一项迫切的任务，就是要对那些不急需和不具备条件的项目，实行停、缓、并、转、缩。凡是该停缓的项目，不管原来是谁定的，哪一级机关批准的，都必须坚决停缓下来。中央重申：今后任何单位和个

---

① 《邓小平文选》第2卷，人民出版社1994年版，第162页。

人，都不准擅自搞计划外工程，新上项目必须按基本建设程序办事，注意经济效果。对于乱上项目，任意扩大建设规模，拉长基本建设战线的，要追究责任，严肃处理，情节严重的，要绳之以党纪国法。《意见》提出，要认真贯彻执行中央关于用三年时间对国民经济进行调整的方针，切实把基本建设战线缩短。

5月14日，国务院下达经过较大调整的1979年国民经济计划。计划规定：农业生产增长速度由百分之五至六调整为百分之四以上；工业增长速度由百分之十至十二调整为百分之八；钢产量由3400万吨调整为3200万吨；国家预算内直接安排的基本建设投资由457亿元调整为360亿元，加上利用外汇贷款安排的基本建设，总数为400亿元，保持1978年的实际水平；外汇收入由128亿元调整为145亿元。国民经济调整工作进入实质实施阶段并取得初步成效。

中共中央虽然确定了三年调整的方针和部署，但党内的认识并不一致，对要不要下决心进行调整的争论仍在继续。一部分省市和部门的领导人思想通了，认为从国民经济的全局来看，不调整不行；一部分人思想并没有通，说刚刚提出要高速发展经济，要求三年大见成效，怎么一下子又来了个调整，表示难以接受，对一些大项目舍不得下马。国际上也议论纷纷，认为中国的经济调整是改变了四个现代化的方针，改变了对外开放的政策。国民经济调整工作，比原来预想的要困难、复杂得多。为此，邓小平利用一切机会，做党内同志的工作，说明调整的必要性。对于国际上的疑虑和误解，邓小平在会见外宾特别是美国和日本客人时作了大量解释和说明工作。

1979年3月30日，邓小平在党的理论工作务虚会上谈到粉碎"四人帮"后的形势和任务时，结合我国国民经济存在的比例严重失调的状况，从为工作重点转移创造良好开端、为实现四个现代化打好稳固基础的角度，用大量篇幅阐述了对国民经济进行调整的必要性。他指出："过去十多年来，我们一直没有摆脱经济比例的严重失调，而没有按比例发展就不可能有稳定的、确实可靠的高速度。看来，我们的经济，我们的农业、工业、基建、交通、内外贸易、财政金融，在总的前进的过程中都还需要有一段调整的时间，才能由不同程度的不平衡走向比较平衡。这次调整同六十年代初期的调整不同。这次调整是前进中的调整，是为了给实现四个现代化打好稳固的基础。但是局部的后退是必要的，有些不切实际的和对整个经济害多利少的高指标要坚决降下来，有些管理不善、严重亏损的企业要限期整顿，甚至于停下来整顿。退一步才能进两步。同时，为了有效地实现四个现代化，必须认真解决各种经济体制问题，这也是一种很大规模的很复杂的调整。我们今年能把第一年的调整工作做好，就是一个巨大的前进，就是为工作着重点转移创造良好的开端。"他进一步指出："在经济比例失调的条件下，下决心进行必要的正确的调整，是我们的经济走向正常的、稳定的发展的前提。这在全国解放初期和六十年代初期两次调整的历史经验已经充分证明了。因此，我们要告诉全国人民，必须这样做才能更好地前进"。[①] 这些论述，对于坚定全党进行国民经济调整的信心和决心，打通党内一些领导同志在国民经济调整问题上的思想疙瘩，起到了重要作用。

在做党内工作的同时，邓小平也用大量时间和精力来做国际上的工作。4月18日，他在会见美国众议院议员团时指出，目前我国正在进行的国民经济计划调整，是经济比例关系的调整，丝毫不影响我们引进外国先进技术和资金，发展同友好国家的经济贸易关系。5月10日，他在会见美国商务部部长朱厄妮塔·克雷普斯时指出，我们经济调整本身，是为了使经济发展得更快，更好地利用外国先进技术和资金。经济调整，并不影响我们大量而不是少量地吸收国际资金和引进先进技术及设备。5月16日，他在会见日本时事通讯社代表团时指出，国际上很关心中国提出的经济调整问题。人们提出疑问，这个调整是不是改变了我们四个现代化的方

① 《邓小平文选》第2卷，人民出版社1994年版，第161页。

针？是不是改变了我们的经济开放政策？可以明确地说，这个调整方针是为了更加稳妥和更快地实现四个现代化，更好地执行我们四个现代化的方针和政策。6月28日，他在会见日本公明党第八次访华团时指出，经过这两年的经济建设，前些年国民经济比例失调的问题暴露得更清楚了，因此，我们提出了"调整、改革、整顿、提高"八字方针。这是实现四个现代化的第一个部署，并不是离开四个现代化来搞八字方针。八字方针是为加快我们实现四个现代化打下一个更好的基础，并不影响我们吸收外国资金和技术的既定方针和政策。国际上议论说我们要收缩，这是误解，他们不了解情况。① 邓小平的这些解释和说明，消除了国际上对中国调整国民经济的疑虑和误解，为我国在调整国民经济的同时扩大对外开放营造了良好的国际环境。在此后的国民经济调整过程中，邓小平又多次就此对外宾进行解释和说明。

在确定对国民经济进行调整后，不少原拟兴建的大项目下马了。作为特大型重点建设项目的上海宝山钢铁厂怎么办，还要不要搞下去，一时间大家众说纷纭，莫衷一是。在决定宝钢命运的关键时刻，邓小平予以强有力的领导和坚决支持，决定宝钢建设要搞下去。这一正确决策保证了宝钢的建设在调整中继续前进，并于1985年9月如期实现一期工程建成投产。

建设宝钢是由邓小平提出并经中共中央批准的。1978年10月，邓小平访问日本，参观新日铁君津制铁所，他对陪同参观的新日铁会长稻山嘉宽和社长斋藤英四郎说，你们就照这个工厂的样子帮我们建设一个。② 这就是后来的宝钢。宝钢是改革开放后我国引进的第一个特大型项目，建设总投资达214亿元（其中外汇48亿美元）。自1978年12月23日，即中共十一届三中全会闭幕后的第二天破土动工后，宝钢建设工程已全面铺开，而且与日本方面签约的设备也陆续到达上海。宝钢这时如果下马，损

① 《邓小平年谱》第4卷，中央文献出版社2020年版，第507、513、514、529页。

② 陈锦华著：《国事忆述》，中共党史出版社2005年版，第105页。

失将十分巨大。

1979 年 5 月 9 日，即中共中央工作会议确定对国民经济进行调整后，国家计划委员会、国家基本建设委员会、国家经济委员会、冶金工业部、对外贸易部、第一机械工业部、中国人民银行等七个部门联名向财政经济委员会并国务院提交了《关于宝钢建设工作安排的报告》。《报告》认为宝钢应该继续搞下去，同时提出了宝钢建设的投资总额及进度安排等几个迫切需要解决的重大问题，请财经委员会从速决断。9 月 3 日，国务院财政经济委员会给中共中央写出《关于宝钢建设问题的报告》。《报告》中说，宝钢既已决定建设，就应当统一全党认识，协力同心，勇往直前，一干到底。至于建设规模，可以按 5 月 9 日国家计委等七部门的报告来办。建设期限，必要时可以延长一两年，不要操之过急。9 月 7 日，李先念将报告送给邓小平等中共中央领导人，他们都圈阅同意。① 随后，这份报告正式印发中共中央政治局、国务院财经委员会成员以及国家计委、建委、经委、冶金部、外贸部、一机部、人民银行、财政部、进出口委员会等部门。从此，宝钢建设在调整中继续前进。

尽管中共中央批准了七部门报告，但这个报告是在内部传达的，加上一些公开报道的内容不够充分，针对性也不强，因此，社会上对宝钢的质疑依然此起彼伏。1980 年 9 月 4 日，在五届全国人大三次会议上，北京、天津、上海等五个代表团先后四次向冶金部提出质询，共提出六十条意见，主要是：关于建设宝钢项目的决策问题；宝钢建设规模和进展情况；厂址的选择问题，地基是软土层，听说桩基移位，工厂要滑到长江里去，是不是这回事情；环境保护问题；进口矿石问题，外国人会不会卡我们；投资问题，宝钢是不是无底洞；宝钢建成后的社会经济效益，能不能像冶金部所讲的 13 年收回投资。② 尽管冶金部领导认真回答了代表们的质询，

① 《陈云年谱（修订本）》下卷，中央文献出版社 2015 年版，第 282 页。
② 陈锦华著：《国事忆述》，中共党史出版社 2005 年版，第 120—121 页。

但代表们仍然不满意，表示要继续关注宝钢的建设工作。

对于宝钢建设，邓小平一直十分关注。1979年7月21日，他在同彭冲等中共上海市委常委谈话时说，对于宝钢建设，市委第一要干，第二要保证干好。国内对宝钢议论多，我们不后悔，问题是要搞好。9月，邓小平在一次会议上再次指出，历史将证明，建设宝钢是正确的。[①] 在全国上下认识不一致，对宝钢建设议论纷纷的情况下，邓小平对宝钢建设的明确支持显得尤为关键、尤为重要、尤为及时。历史已经证明，建设宝钢是正确的，在经济调整中将宝钢继续搞下去的决策也是正确的。宝钢的建成，使我国钢铁工业与世界先进国家的差距缩短了20年。

中共中央和国务院确定对国民经济实行调整的当年，一些重大的比例关系开始向协调的方向发展，经济状况有所好转。在这样的背景下，1979年9月2日至24日，国务院财政经济委员会召开会议，讨论1980、1981两年国民经济的计划安排，确定明后两年的调整工作。会议经过讨论，确定1980年基建投资定为200亿元，工业增长速度定为6%。

经过这次国务院财经委员会讨论后，中共中央又于10月3日至10日召开省市自治区党委第一书记座谈会，讨论1980年国民经济计划的安排和调整问题。4日，邓小平在会上讲话。他指出，当前的经济调整是为了创造条件，使得在调整过程中，特别是调整以后，能够有一个比较好的又比较快的发展速度。现在的调整还要包括一些准备工作。现在不着手，到时候就形不成新的生产能力。我们的经济工作从1983年开始要有比较相应的速度，从现在起就要考虑，包括具体的项目。这就要求我们搞计划、考虑问题，面要宽一点，要照顾到三年以后。这些讲话，体现了邓小平的一个重要思想，就是当前的经济调整本身不是目的，而是为以后又好又快的发展创造条件。因此，需要把当前的调整工作和调整后的发展结合起来，并为以后的发展预做一些准备工作。这就从着眼未来发展的角度，把

---

① 《邓小平年谱》第4卷，中央文献出版社2020年版，第537、538页。

国民经济调整的意义和必要性大大提升了。

邓小平在讲话中提议大家充分研究一下怎样利用外资的问题。他说，我赞成陈云同志那个分析，外资是两种，一种叫自由外汇，一种叫设备贷款。不管哪一种，我们都要利用，因为这个机会太难得了，这个条件不用太可惜了。问题是怎样善于利用，怎样使每个项目都能够比较快地见效，包括解决好偿付能力问题。陈云同志的意见是一个项目一个项目地研究，我赞成这个意见，应该这样来研究。

在讲到经济体制问题时，邓小平说，究竟我们现在是集中多了，还是分散多了？我看，集中也不够，分散也不够。中央现在手上直接掌握的收入只有那么一点，这算集中？什么东西该更加集中，什么东西必须下放，请大家敞开议一下。但是有一条，中央如果不掌握一定数额的资金，好多应该办的地方无力办的大事情，就办不了，一些关键性的只能由中央投资的项目会受到影响。现在全国的企业，包括一些主要企业，很多都下放了，中央掌握的企业收入很有限。这个问题值得研究。现在一提就是中央集中过多下放太少，没有考虑该集中的必须集中的问题。中央必须保证某些集中。

鉴于党的高级领导层，包括省市和中央，在经济问题上意见很不一致，想法还没有靠拢，邓小平最后提议，这次会议要充分地把矛盾摆出来，采取辩论的方法，面对面，不要背靠背，好好辩论辩论。然后由中央，特别是财经委员会，再来梳辫子，得出比较好的办法。①

邓小平的这次讲话，是他关于经济工作的一次比较系统的论述。他在讲话中强调调整是为了给以后能有一个比较好的又比较快的发展速度创造条件。这些意见对于统一思想、统一行动、进行调整起了重要作用。会议决定明后两年的经济工作，调整仍是关键。

在中共中央和国务院的积极推动下，经过各方努力，1979 年和 1980

---

① 《邓小平文选》第 2 卷，人民出版社 1994 年版，第 194—202 页。

年的调整工作取得一定成效。失调的比例关系逐步得到好转，经济生活开始活跃起来，人民生活有所改善。但党内对经济调整的认识仍不够统一，调整的阻力依然较大，国民经济中存在的问题并未完全解决，同时又出现了一些新情况和新问题。由于调整价格、增加工资、扩大就业等方面的开支大幅度增加，特别是基本建设投资尽管有所压缩，但减得还很不够，使财政支出大大超过财政收入，1979 年的财政赤字达到 170 亿元，是新中国成立以来所未有过的。由于有巨额财政赤字，积累和消费的总需求又超过总供给，导致货币量发行过大，物价上涨过多。从全局看，国民经济潜伏着不容忽视的危险。

针对国民经济中存在的重大问题，中共中央和国务院在 1980 年末连续召开会议，分析经济形势，统一各级领导干部对调整方针的认识，决定采取坚决措施，进一步调整国民经济，以保证经济和社会稳步发展。

11 月 15 日至 12 月 21 日，国务院召开省长会议和全国计划会议，讨论 1981 年国民经济计划的调整意见。会议根据邓小平、陈云等的讲话精神，对 1981 年的国民经济计划又作了调整，其中：工农业总产值指标由原来预定的 6955 亿元，减为 6800 亿元，比上年预计增长 3.7%。财政收入预算由原来的 1154.5 亿元，减为 1056.6 亿元，比上年减少 0.6%；财政支出预算由原来的 1204.6 亿元，减为 1056.6 亿元，收支平衡。基本建设投资由原来的 550 亿元减为 300 亿元，比上年预计减少 40%。

会议期间，11 月 28 日，国务院向中共中央政治局常委和中央书记处汇报有关 1981 年国民经济计划调整的设想。国务院副总理兼国家计委主任姚依林汇报了《关于 1981 年财政、信贷平衡和基本建设安排的初步设想》，提出了"一步退够"的方案。听完汇报后，邓小平指出，要考虑国务院的调整方案退得够不够，不退够要延长时间。这次三年能缓过气来就算不错。想问题的方法要着眼于退得够不够，退得不够再退。真正大的调整是从明年开始，国务院要同各省市商量，要着眼于调整。通过这次调整把生产搞得扎扎实实的，质量搞得好一些。邓小平强调，调整期间权力要集中，历来克服困难都是讲集中。中央要加强对调整的集中统一领导，这样矛盾会多起来，要做好思想工作。为此，邓小平建议再开一次中央工作会议，时间可以短一点，参加的人可以多一点，把调整的道理讲清楚。他说，既然讲集中统一，就要一切听指挥，做到思想统一、行动统一。①

为进一步统一党的领导干部对调整国民经济的认识，改变调整工作进展迟缓的局面，根据邓小平的建议，中共中央于 12 月 16 日至 25 日在北京召开工作会议，着重讨论经济形势和调整工作。在 16 日的开幕会上，按照邓小平的要求，陈云就经济形势和调整问题发表了讲话。在谈到经验教训时，陈云强调："必须指出，开国以来经济建设方面的主要错误是'左'的错误。1957 年以前一般情况比较好些，1958 年以后'左'的错误就严重起来了。这是主体方面的错误。代价是重大的。错误的主要来源是'左'的指导思想。在'左'的错误领导下，也不可能总结经验。"陈云最后说："调整意味着某些方面的后退，而且要退够。不要害怕这个清醒的健康的调整。"②

12 月 25 日，在中共中央工作会议闭幕会上，邓小平发表了题为《贯彻调整方针，保证安定团结》的长篇讲话。他首先表示完全同意陈云的讲话，并对它给予很高的评价，说："这个讲话在一系列问题上正确地总结了我国三十一年来经济工作的经验教训，是我们今后长期的指导方针。"

邓小平说："一九七八年十二月党的十一届三中全会以后，陈云同志负责财经工作，提出了调整方针，去年四月中央工作会议对此作出了决定。但因全党认识很不一致，也很不深刻，所以执行得很不得力。直到现在，这种情况才有了变化。这次调整，就是进一步贯彻这一方针。""我们这次调整，正如陈云同志说的，是健康的、清醒的调整。这次调整，在某些方面要后退，而且要退够。"

---

① 《邓小平年谱》第 4 卷，中央文献出版社 2020 年版，第 695—696 页。
② 《陈云文选》第 3 卷，人民出版社 1995 年版，第 276—282 页。

为进一步统一全党的思想，提高各级领导干部的认识，增强他们对经济调整工作的积极性和主动性，邓小平在讲话中再次论述了调整的必要性。他指出："为什么在实现四个现代化的过程中，会出现调整或部分后退的问题呢？这是因为，如果不调整，该退的不退或不退够，我们的经济就不能稳步前进。""由于过去两年执行调整方针不得力，这就造成财政大量赤字，货币发行过多，物价继续上涨。如果再不认真调整，我们就不可能顺利地进行现代化建设。只有某些方面退够，才能取得全局的稳定和主动，才能使整个经济转上健全发展的轨道。""这次对经济作进一步调整，是为了站稳脚跟，稳步前进，更有把握地实现四个现代化，更有利于达到四个现代化的目标。"

　　邓小平对"退够"专门作了说明。他说："所谓某些方面要退够，主要是说，基本建设要退够，一些生产条件不足的企业要关、停、并、转或减少生产，行政费用（包括国防开支和一切企业事业单位的行政管理费用）要紧缩，使财政收支、信贷收支达到平衡。生产建设、行政设施、人民生活的改善，都要量力而行，量入为出。这就是实事求是。下决心这样做，表明我们真正解放了思想，摆脱了多年来'左'的错误指导方针的束缚。"

　　针对广大干部群众因实行经济调整而担心改革开放政策会变的疑虑，邓小平明确指出，这次调整不是要改变中共十一届三中全会以来的方针、政策，而是三中全会以来的各项正确方针、政策的继续和发展，是三中全会实事求是、纠正"左"倾错误的指导思想的进一步贯彻。为了保证这次调整的顺利进行，我们必须坚定不移地继续执行三中全会以来的一切行之有效的方针、政策、措施。他明确表示："今后一段时间内，重点是要抓调整，改革要服从于调整，有利于调整，不能妨碍调整。改革的步骤需要放慢一点，但不是在方向上有任何改变。"邓小平说，在调整中实行高度的集中统一，是完全必要的。但是，已经从各方面证明行之有效的改革措施要继续实行，不能走回头路。要继续广开门路，主要通过集体经济和个体劳动的多种形式，尽可能多地安排待业人员。在广东、福建两省设置几个特区的决定，要继续实行下去。但步骤和办法要服从调整，步子可以走慢一点。要继续在独立自主、自力更生的前提下，执行一系列已定的对外开放的经济政策，并总结经验，加以改进。①

邓小平在讲话中指出了这次调整与中共十一届三中全会后各项正确方针政策的一致性，重申要坚定不移地继续执行改革开放的政策，这对于各级领导干部正确地认识和把握改革与调整的关系，在贯彻调整方针的过程中把改革和调整结合起来、统一起来，具有重要的指导意义。

1981年1月5日，中共中央发出关于贯彻这次会议精神的通知。这次会议基本上统一了全党的认识，下定了一次退够的决心，改变了调整工作进展迟缓的局面，对切实贯彻调整方针、规划未来中国的发展道路起了重要作用。邓小平后来这样评价这次会议："经济工作，应该说，我们真正的转折是1980年那次调整会议，在那次前，客观地说，我们还是那种'左'的东西，那次会议真正是一个拨乱反正。""现在看起来，没有那次会议进一步明确八字方针，而且以调整为核心，就没有今天的形势。"②

由于中共中央态度坚决，部署明确，1981年的调整工作做得十分得力，取得显著成效。1981年工农业总产值不仅没有下降，而且比上年增长3%以上。财政赤字从1979年的170亿元、1980年的127亿元，降低到1981年的27亿元。③到1982年，国民经济调整任务基本完成，国家物资、财政、信贷和外汇收支逐步趋于平衡，我国国民经济开始走上健康发展的轨道。这就为后来的全面改革和经济快速发展奠定了重要基础。

为巩固国民经济调整的成果，真正站稳脚跟，打好基础，更好地前进，中共中央决定，在整个"六五"计划期间，要继续坚定不移地贯彻执

① 《邓小平文选》第2卷，人民出版社1994年版，第354—374页。
② 转引自《陈云传》（四），中央文献出版社2015年版，第1621页；《邓小平年谱》第5卷，中央文献出版社2020年版，第193页。
③ 《中华人民共和国第五届全国人民代表大会第四次会议文件》，人民出版社1981年版，第3页。

行"调整、改革、整顿、提高"的方针，把全部经济工作转到以提高经济效益为中心的轨道上来。这就是说，调整不仅仅是要解决主要比例关系失调问题，克服眼前的困难，而是要通过调整逐步克服经济建设中"左"的指导思想，真正确立实事求是、量力而行的建设方针，从而使我国经济建设走上健康发展的轨道。

第六章

支持农村改革

中共十一届三中全会以来的经济体制改革首先是从农村起步的，主要内容是实行家庭联产承包责任制，抛弃吃大锅饭的做法，调动广大农民的积极性，把农业生产搞上去。在此过程中，邓小平给予了有力支持。

早在中共十一届三中全会前，邓小平就十分重视通过调整农村政策来解放和发展农业生产力，调动农民的生产积极性。1977 年 11 月 17 日，邓小平在广州听取中共广东省委负责人汇报时指出，过去许多行之有效、多年证明是好的政策要恢复。① 这是就农村政策而言的。从广东回到北京后，邓小平便指示国家计委负责人在编制国家经济计划时，要注意农村问题。他指出，农业要有一系列政策，要有具体措施。增加农民收入，调动农民积极性，这是很大的政策。②

1978 年 2 月 1 日，邓小平在听取中共四川省委负责人汇报时再次强调，农村和城市都有个政策问题。我在广东听说，有些地方养三只鸭子就是社会主义，养五只鸭子就是资本主义，怪得很！农民一点回旋余地没有，怎么能行？农村政策、城市政策，中央要清理，各地也要清理一下，零碎地解决不行，要统一考虑。自己范围内能解决的，先解决一些，总

① 《邓小平年谱》第 4 卷，中央文献出版社 2020 年版，第 238 页。

② 《邓小平年谱》第 4 卷，中央文献出版社 2020 年版，第 241 页。

要给地方一些机动。①9月，邓小平在东北视察时进一步强调，从改革农村体制入手，调动农民积极性，促进农业生产的发展。②12月，在中共中央工作会议闭幕会上，邓小平明确指出，当前最迫切的是扩大生产队的自主权，使生产队能够千方百计地发挥主动创造精神。③这一系列论述，对于各地打破僵化思想、积极探索农村改革之路起到了重要的指导作用。

与此同时，安徽等一些农业大省，结合当地实际，在落实农村经济政策、调动农民生产积极性方面进行了一些突破性试验。1977年11月，万里主持的中共安徽省委，根据安徽农业的实际，正式通过并下发了《关于当前农村经济政策几个问题的规定》，简称"省委六条"。"省委六条"的主要内容是：尊重生产队的自主权；落实按劳分配制度；减轻生产队和社员负担；允许和鼓励社员经营自留地和正当的家庭副业；搞好农村经营管理，允许生产队根据不同农活建立不同的生产责任制，可以组织作业组，只需个别人完成的农活，也可以责任到人；队干部参加集体生产劳动等。这份文件突破了不少无人逾越的"禁区"，得到安徽广大农民群众的热烈欢迎和积极响应。

1978年2月3日，《人民日报》加"编者按"在头版显著位置发表了署名报道《一份省委文件的诞生》，详细介绍了安徽"省委六条"的主要内容、诞生经过以及受到广大群众欢迎的情况，立即在全国产生了很大反响。

就在2月3日这一天，邓小平赴尼泊尔访问在成都转机，在候机室看到了当天《人民日报》的这篇报道，即与前来迎送的中共四川省委负责人谈到了安徽发生的事情。邓小平表示，农业的路子要宽一些，思想要解

---

① 《邓小平年谱》第4卷，中央文献出版社2020年版，第261页。

② 转引自中共中央文献研究室、中共四川省委编著：《邓小平画传》下卷，中央文献出版社2014年版，第441页。

③ 《邓小平文选》第2卷，人民出版社1994年版，第146页。

放，只是老概念不解决问题，要有新概念……只要所有制不动，怕什么！工业如此，农业如此。要多想门路，不能只在老概念中打圈子。①

在邓小平的鼓励和支持下，中共四川省委于 1978 年 2 月 5 日作出了《关于目前农村经济政策几个主要问题的规定》，提出了急需清理和落实的十二项农村经济政策，简称"四川十二条"。主要内容是：加强劳动管理；严格财务管理制度；搞好生产计划管理；兼顾国家、集体和个人的利益，坚决保证社员分配兑现；减轻生产队和社员的负担；以粮为纲，开展多种经营；奖励发展耕牛；大力发展养猪事业；大搞农田基本建设；积极兴办社队企业；积极而又慎重地对待基本核算单位由生产队向大队过渡的问题；以及在保证集体经济占绝对优势条件下，允许和鼓励社员经营少量的自留地和正当的家庭副业问题。文件的重点是贯彻执行按劳分配的原则，目的是调动农民的积极性，发展社会主义农业生产。1978 年 6 月 13 日，《人民日报》在头版位置发表新华社记者报道，介绍了四川省认真清理、全面落实农村经济政策的主要做法和经验，对各地调整和落实农村政策、恢复和发展农业生产起到了积极的推动作用。

安徽、四川等地点燃的农村改革之火，开始向全国各地蔓延。中国农村改革的序幕徐徐拉开。在这样的背景下，各地开始试行以包工到组或包产到组为主要形式的农业生产责任制。安徽省凤阳县梨园公社小岗村的 18 户农民甚至越过包产到组和包工到组，偷偷搞起了明令禁止的分田到户，并于 1978 年 12 月秘密签订了一份"生死契约"。

在邓小平等的引导和推动下，中共十一届三中全会作出了实行改革开放的重大决策。会议指出："实现四个现代化，要求大幅度地提高生产力，也就必然要求多方面地改变同生产力发展不适应的生产关系和上层建筑，改变一切不适应的管理方式、活动方式和思想方式，因而是一场广泛、深

---

① 转引自程中原、李正华、张金才著：《1977—1982：实现转折，打开新路》，人民出版社 2017 年版，第 332 页。

刻的革命。"① 全会深入讨论了农业问题，认为必须把农业生产尽快搞上去，才能保证整个国民经济的迅速发展。为此，必须首先调动几亿农民的社会主义积极性，在经济上充分关心他们的物质利益，在政治上切实保障他们的民主权利。从这个指导思想出发，全会提出了当前发展农业生产的一系列政策措施和经济措施。其中最重要的是，切实保护社队和农民的所有权和生产经营自主权；认真执行按劳分配原则；对社员的自留地、家庭副业和集市贸易不得乱加干涉；提高粮食、棉花等农副产品的收购价格。会议同意将《中共中央关于加快农业发展若干问题的决定（草案）》（以下简称《农业决定》）和《农村人民公社工作条例（试行草案）》发到各省、市、自治区讨论和试行。

在中共十一届三中全会解放思想、实事求是思想路线和《农业决定》等文件精神的推动下，除安徽省外，其他一些省份也开始试行各种形式的农业生产责任制。从 1979 年 1 月起，中共四川省委鼓励全省的一些生产队，进行"包产到组"和"以产定工，超额奖励"的试验，并逐步在全省扩大这种试验的范围。与此同时，云南省的楚雄等地区，也较早地推广了"包产到组"的管理责任制；广东省则在全省农村普遍推行"五定一奖"②的经营管理制度。安徽不仅搞了包产到组，还出现了包产到户。从 1979 年 1 月起，《人民日报》陆续报道了这四个省实行生产责任制的经验和情况，并明确表示，这是中国农业体制改革的最初实验。其后，全国又有不少省、市、自治区的农村实行了不同形式的生产责任制。到 1979 年底，全国一半以上的生产队实行包工到组，1/4 的队包产到组。③

包工到组或包产到组只是有限度地克服了生产指挥上的"大呼隆"和分配过程中的平均主义，但就是这样一种初级形式的农业生产责任制，其

---

① 《三中全会以来重要文献选编》（上），中央文献出版社 2011 年版，第 4 页。

② "五定一奖"是生产队对其下属的作业组实行定劳力、定地段、定成本、定产量、定工分报酬，超产奖励、减产受罚的办法。

③ 《当代中国的经济体制改革》，当代中国出版社 2021 年版，第 134 页。

推行过程也并非一帆风顺，而是始终伴随着质疑和争论。1979 年 3 月 15 日，《人民日报》在头版刊登了一封题为《"三级所有，队为基础"应当稳定》的读者来信，并加了编者按。信中批评河南洛阳地区一些县社，从"三级所有、队为基础"退到"分田到组、包产到组"，下一步要分田到户，包产到户，认为这不是中央精神而是各地的"土办法"。编者按指出："已经出现'分田到组'、'包产到组'的地方，应当认真学习三中全会原则通过的《中共中央关于加快农业发展若干问题的决定（草案）》，正确贯彻执行党的政策，坚决纠正错误做法。"这封来信以及《人民日报》编者按，在读者中引起很大反响。一时间，大家彷徨观望，忐忑不安，以为党的农村政策又要发生改变了。

关键时刻，邓小平对安徽等地一些农村抛弃大锅饭、率先实行包产到户的联产承包责任制的做法予以明确肯定和支持。1979 年 6 月 18 日，在五届全国人大二次会议期间，中共安徽省委第一书记万里就这个问题同邓小平谈。邓小平答复："不要争论，你就这么干下去就行了，就实事求是干下去。"① 事实上，早在 20 世纪 60 年代初，邓小平就曾支持安徽等地为克服当时严重的经济困难而实行的包产到户。时隔二十年后，邓小平对从农村发端的经济体制改革再次给予了坚定支持。

1979 年 9 月，中共十一届四中全会通过的《中共中央关于加快农业发展若干问题的决定》，提出了发展农业生产力的二十五条政策和措施，规定社队有权因时因地制宜地进行种植，有权决定增产措施，有权决定经营管理方法，有权分配自己的产品和现金，有权抵制任何领导机关和领导人的瞎指挥。② 在社队所有权和生产经营自主权受到尊重后，各地农民和干部从实际出发，恢复和创造了多种形式的农业生产责任制，其中最有生命力的是后来在全国推行的"包产到户"、"包干到户"等家庭联产承包责

---

① 《邓小平年谱》第 4 卷，中央文献出版社 2020 年版，第 531 页。
② 《三中全会以来重要文献选编》（上），中央文献出版社 2011 年版，第 161 页。

任制。这种形式的生产责任制克服了生产上的"大呼隆"和分配上吃"大锅饭"的弊端，将每个农民的切身利益与其生产的实际成果紧密地结合在一起，最大限度地调动了农民的生产积极性，取得了显著成效，使不少贫困地方的生产队和农民实现了"一年翻身"。对此，邓小平予以充分肯定。1979年10月31日，他在同法国前总理埃加·富尔谈到农业问题时说，调动积极性，还要采取按劳分配的政策。这是我们过去实行了多年的政策，现在恢复这些政策，农民高兴了。他付出的劳动同他的实际收入、家庭和个人的利益结合起来，积极性就起来了。[1]

针对当时一些领导干部在农村改革问题上存在的僵化思想和畏惧心理，邓小平接连发表谈话，要求各级领导干部解放思想，并对安徽、贵州等省包产到户、包干到户的尝试与实践予以明确支持和肯定。1980年4月2日，邓小平在同胡耀邦、万里等人谈到农业问题时说，政策要放宽，要使每家每户都自己想办法，多找门路，增加生产，增加收入。有的可包给组，有的可包给个人，这个不用怕，这不会影响我们制度的社会主义性质。在这个问题上要解放思想，不要怕。[2]5月31日，他在同胡乔木、邓力群谈到农村政策问题时，再次肯定和支持了安徽等省的农村经济体制改革。他说："农村政策放宽以后，一些适宜搞包产到户的地方搞了包产到户，效果很好，变化很快。安徽肥西县绝大多数生产队搞了包产到户，增产幅度很大。'凤阳花鼓'中唱的那个凤阳县，绝大多数生产队搞了大包干，也是一年翻身，改变面貌。有的同志担心，这样搞会不会影响集体经济。我看这种担心是不必要的。"邓小平对农村工作中思想不够解放、不能因地制宜发展生产的问题进行了批评。他指出："总的说来，现在农村工作中的主要问题还是思想不够解放。除表现在集体化的组织形式这方面外，还有因地制宜发展生产的问题。所谓因地制宜，就是说那里适宜发展什么

---

① 《邓小平年谱》第4卷，中央文献出版社2020年版，第574页。
② 《邓小平年谱》第4卷，中央文献出版社2020年版，第616页。

就发展什么，不适宜发展的就不要去硬搞。像西北的不少地方，应该下决心以种牧草为主，发展畜牧业。现在有些干部，对于怎样适合本地情况，多搞一些经济收益大、群众得实惠的东西，还是考虑不多，仍然是按老框框办事，思想很不解放。所以，政策放宽以后，还有很多工作要做。"[①] 邓小平的讲话，对于支持和推进农村改革发挥了重要作用。

1980年9月14日至22日，中共中央召开省、市、自治区党委第一书记会议，着重讨论加强和完善农业生产责任制问题。会议系统总结了党在农业经济上的经验教训，清理"左"的错误。27日，中共中央印发这次会议的纪要，正式肯定大包干和包产到户的改革行为。纪要提出，自中共十一届三中全会以来，各地建立了各种形式的农业生产责任制，有效调动了农民的积极性，农村形势越来越好；加强和完善农业生产责任制，在不同地方、不同社队，要根据实际情况采取不同形式，不可拘泥于一种模式；在边远山区和贫困落后地区，实行包产到户是解决温饱问题的一种必要措施，没有复辟资本主义的危险。[②]

这份中央文件明确肯定了中共十一届三中全会后各地建立的多种形式的农业生产责任制，认为在生产队领导下实行的包产到户是依存于社会主义经济的，不会脱离社会主义轨道。这就否定了过去对包产到户的错误批判，为农业生产责任制正了名，定了性。对于打破各级领导干部在农业政策问题上的僵化思想，克服人们对包产到户的畏惧心理，解决在这个问题上的争论和疑虑，推动农业体制和农村经济的发展，都具有十分重要的意义。文件的出台，受到农民的热烈拥护。到1980年底，全国实行包产到户和包干到户的生产队，从年初仅占生产队总数的1.1%上升到14.9%。[③]

1981年8月，邓小平在会见台湾、香港知名人士傅朝枢时指出："'包

---

① 《邓小平文选》第2卷，人民出版社1994年版，第315、316页。
② 《三中全会以来重要文献选编》（上），中央文献出版社2011年版，第472—474页。
③ 《当代中国的经济体制改革》，当代中国出版社2021年版，第212页。

产到户'是社会主义制度下责任制的一种形式，没有剥削，没有违背集体所有的原则，可以调动人民的积极性，体现了按劳分配的社会主义原则，有利于发展社会主义经济，不是搞资本主义。"[1] 在邓小平的支持和鼓励下，实行包产到户和包干到户的生产队进一步增加，不仅穷困落后地区的社队实行，富裕和比较富裕地区的社队也纷纷实行，而且大都取得了明显效果，表明这种办法既适合于贫困落后地区，也适合于经济发达的富裕地区。到 1982 年 6 月，全国实行农户家庭承包的生产队已占 86.7%。[2]

为进一步统一全党在农村路线、方针、政策问题上的思想，完善农村联产承包责任制，中共中央于 1982 年 1 月 1 日以中央"1 号文件"的形式转发了此前召开的《全国农村工作会议纪要》，明确提出包产（包干）到户是社会主义农业经济的组成部分。《纪要》写道，目前实行的各种责任制，都是社会主义集体经济的生产责任制。包干到户这种形式，是建立在土地公有基础上的，农户和集体保持承包关系，由集体统一管理和使用土地、大型农机具和水利设施，接受国家的计划指导，有一定的公共提留，统一安排烈军属、五保户、困难户的生活，有的还在统一规划下进行农业基本建设。所以它不同于合作化以前的小私有的个体经济，而是社会主义农业经济的组成部分。[3] 这份文件进一步明确了农业生产责任制的社会主义性质，推动了全国农村改革的迅猛发展。随后，以家庭联产承包责任制为特征的农村改革在全国各地铺开。

1983 年 1 月 2 日，中共中央印发 1 号文件《当前农村经济政策的若干问题》。文件明确指出，这种联产承包制是社会主义集体所有制经济中"分散经营和统一经营相结合的经营方式"，"在这种经营方式下，分户承包的家庭经营只不过是合作经济中一个经营层次，是一种新型的家庭经济。它和过去小私有的个体经济有着本质的区别，不应混同"；文件还指

---

① 《邓小平年谱》第 5 卷，中央文献出版社 2020 年版，第 62 页。

② 《当代中国的经济体制改革》，当代中国出版社 2021 年版，第 213 页。

③ 《三中全会以来重要文献选编》（下），中央文献出版社 2011 年版，第 364—365 页。

出，联产承包制"既可适应当前手工劳动为主的状况和农业生产的特点，又能适应农业现代化进程中生产力发展的需要"①，从而改变了过去对"双包"的认识。1983 年初，实行"双包"制的生产队进一步发展到占生产队总数的 93%，② 其中绝大多数是包干到户。

1984 年元旦，中共中央下发 1 号文件《关于 1984 年农村工作的通知》。《通知》要求"稳定和完善生产责任制"，并在此基础上"提高生产力水平，疏理流通渠道，发展商品生产"③。到 1984 年年底，实行大包干的生产队达 563.6 万个，占全国生产队总数的 99%；农户数为 18145.5 万户，占农户总数的 96.6%。④

从 1982 年到 1984 年，中共中央连续发出三个关于农业问题的中央 1 号文件，有力地推进了农村改革进程，受到农民群众的拥护和欢迎。在 1984 年庆祝新中国成立 35 周年国庆游行队伍中，农民抬出"中共中央一号文件"的标牌，北京郊区农民以"联产承包好"的标语为前导参加游行，表达对农村改革的拥护。

邓小平指出："农村搞家庭联产承包，这个发明权是农民的。农村改革中的好多东西，都是基层创造出来，我们把它拿来加工提高作为全国的指导。"⑤ 在中国农村改革进程中，邓小平充分尊重人民群众的首创精神，真心实意地相信人民、依靠群众，并且善于概括群众的经验和创造，使得由联产承包责任制起步的农村改革迅速推开，有力促进了农业生产的发展，并推动传统农业逐步向专业化、商品化、现代化方向发展。

农村实行改革后，乡镇企业异军突起，有力促进了农业经济的发展和农村剩余劳动力的消化。这是农村改革的一项重要成果。

---

① 《十二大以来重要文献选编》（上），中央文献出版社 2011 年版，第 219 页。
② 《当代中国的经济体制改革》，当代中国出版社 2021 年版，第 213 页。
③ 《十二大以来重要文献选编》（上），中央文献出版社 2011 年版，第 362 页。
④ 国家统计局编：《新的里程新的成就》，红旗出版社 1987 年版，第 96 页。
⑤ 《邓小平文选》第 3 卷，人民出版社 1993 年版，第 382 页。

乡镇企业的前身是人民公社的社队工业，过去作为农业生产的服务和补充，一直被限制在比较狭小的空间内。农村实行改革后，农业生产分离出大量剩余劳动力，农村逐渐积累了大量资金，为乡镇企业的快速发展创造了有利条件。

1979年7月3日，国务院颁发《关于发展社队企业若干问题的规定（试行草案）》，这是新中国成立后国家用法规形式颁发的第一个关于发展社队企业的指导性文件。文件规定，在发展方针上，社队企业必须坚持社会主义方向，坚持自力更生、艰苦奋斗，民主办企业，勤俭办企业，积极生产社会所需要的产品，主要为农业生产服务，为人民生活服务，也要为大工业、为出口服务。文件的颁发，为社队企业的发展提供了根本遵循，使社队企业的地位和作用，发展的方针、政策更加明确，对引导社队企业健康发展具有重大意义。1981年5月4日，国务院颁发《关于社队企业贯彻国民经济调整方针的若干规定》，对社队企业的调整和整顿作出部署。1984年3月，中共中央、国务院在转发农牧渔业部和部党组《关于开创社队企业新局面的报告》的通知中，批准将"社队企业"改名为"乡镇企业"，范围由原来公社、大队两级企业扩大为乡村企业和农民联营合作企业、农民个体企业，广大农村出现了乡镇企业进一步发展的局面。到1984年年底，乡镇企业数达606.5万个，就业人数达5208.1万人，总产值1709.9亿元。①

在中共中央、国务院的支持和引导下，乡镇企业得到蓬勃发展，成为国民经济的一支重要力量，为农民致富和农村经济的繁荣作出了重要贡献。对此，邓小平予以充分肯定。他指出："农村改革中，我们完全没有预料到的最大的收获，就是乡镇企业发展起来了，突然冒出搞多种行业，搞商品经济，搞各种小型企业，异军突起。""乡镇企业的发展，主要是工业，还包括其他行业，解决了占农村剩余劳动力百分之五十的人的出路

---

① 《当代中国的乡镇企业》，当代中国出版社、香港祖国出版社2009年版，第461页。

问题。"①

随着农村改革的不断推进，邓小平开始着手思考改革农村人民公社体制问题。1981年9月9日，邓小平在会见日本客人谈到人民公社问题时说，人民公社建立以后，我们已经感到"一大二公"的目标并不是很快能实现的。我们现在正在研究公社制度问题，这还是一个探索的问题。②

人民公社体制是1958年人民公社化运动的产物。这种体制基本否定家庭经营，对集体经济统得过多、管得过死，分配制度过于追求平均，严重脱离中国生产力发展的实际，不利于激发农民的生产热情，无法满足农村发展的要求。为调动农民的生产积极性，解放农村生产力，促进农业生产的发展，必须对人民公社三级关系和"政社合一"的制度进行改革。

1980年，四川省先在广汉等县进行政社分开的改革试点。改革的基本内容是，人民公社成为单纯的经济组织，不再是中国政权在农村的基层单位。原来由人民公社行使的基层政权的职能，由新成立的乡政府来行使。撤销作为行政机构的生产大队，成立村民委员会（农村基层群众性自治组织），办理本居住地区的公共事务和公益事业等。公社一级改为经济组织后，与生产大队和生产队不再是上下级的行政隶属关系。1980年6月18日，广汉县向阳人民公社在全国率先摘下人民公社的牌子，挂上了乡人民政府的牌子。这是对人民公社体制的重大突破。

随着改革试点的不断推进，在全国范围内废除人民公社体制的条件已渐趋成熟。1982年1月11日，邓小平对胡乔木来信作出批示："我赞成乔木同志意见，如何实行，请书记处、国务院拟定。"③来信建议中共中央在1982年内有准备、有计划、有步骤地在全国农村普遍恢复乡政府、恢复村长（人民公社、生产大队、生产队仍作为经济组织保留不变）。中共中央书记处对邓小平等的批示和胡乔木的建议进行了讨论。同年12月，五

---

① 《邓小平文选》第3卷，人民出版社1993年版，第238页。
② 《邓小平年谱》第5卷，中央文献出版社2020年版，第68页。
③ 《邓小平年谱》第5卷，中央文献出版社2020年版，第95页。

届全国人大五次会议通过修改后的《中华人民共和国宪法》，规定改变人民公社体制，设立乡政府。1983年10月12日，中共中央、国务院发出《关于实行政社分开，建立乡政府的通知》。到1985年春，撤社建乡（镇）工作完成。实行了近27年的人民公社制度至此不复存在。

第七章

倡办经济特区

创办经济特区是经邓小平提议、由中共中央作出的重大战略决策，是党和国家实行对外开放的重大步骤。作为这项重大决策的倡导人，邓小平始终关心特区的建立和发展，并给予了有力支持和指导。

1978 年 12 月，中共十一届三中全会作出把党和国家工作中心转移到经济建设上来、实行改革开放的历史性决策，动员全党全国各族人民为社会主义现代化建设进行新的长征。在全会精神的鼓舞下，中共广东省委和省政府开始认真思考，"如何按照实事求是的思想路线，从广东的实际出发，把广东的四化建设搞得快一些，如何充分发挥广东的特点和优势，使广东在全国的改革开放中先走一步。"① 他们根据本省与香港、澳门相邻，商品经济比较发达，海外华侨众多的特点，专门就扩大对外经济交流和举办出口加工区的可行性进行了讨论，并形成了初步意见。

1979 年 1 月，邓小平在一份反映香港厂商要求在广州开设工厂的来信摘报上作出批示："这种事，我看广东可以放手干。"② 这给了中共广东省委很大的鼓舞，更坚定了他们在改革开放中先走一步的决心和信心。曾任中共广东省委副书记的王全国回忆当时的情形时说："经过十一届三中全

---

① 《习仲勋文选》，中央文献出版社 1995 年版，第 480 页。

② 转引自李岚清：《突围——国门初开的岁月》，中央文献出版社 2008 年版，第 71 页。

会，我们感到不改革开放不行了。小平同志的这个批示，对我们是很大的启示和鼓舞。"①

1979年4月5日至28日，中共中央召开专门讨论经济建设问题的工作会议。会议期间，中共广东省委第一书记习仲勋等人向中央汇报了广东的设想，希望中央下放若干权力，让广东在对外经济活动中有必要的自主权，允许在毗邻港澳的深圳市、珠海市和重要侨乡汕头市搞出口加工区。中共福建省委书记马兴元等也向中央提出了与广东省类似的设想。邓小平对他们的设想表示赞同。邓小平说："广东、福建实行特殊政策，利用华侨资金、技术，包括设厂，这样搞不会变成资本主义。因为我们赚的钱不会装到华国锋同志和我们这些人的口袋里，我们是全民所有制。如果广东、福建两省八千万人先富起来，没有什么坏处。"②关于出口加工区的名称问题，邓小平说："还是叫特区好，陕甘宁开始就叫特区嘛！中央没有钱，可以给些政策，你们自己去搞，杀出一条血路来。"③邓小平正式向中共中央提议批准广东、福建两省的要求。④

会议期间，在讨论如何扩大对外贸易的过程中，到会的许多负责干部也认为，在广东省的深圳、珠海、汕头和福建的厦门试办出口特区，发展出口商品生产，是一项可行的措施。这个意见被写入会议的有关文件。会后，中共中央、国务院责成广东、福建两省就四个"出口特区"问题进一步组织论证，提出具体实施方案报中央审定。

根据邓小平的建议，1979年5月11日至6月5日，中共中央和国务院派谷牧副总理带领工作组赴广东、福建考察，研究兴办出口特区的问题。经过深入研究，工作组形成如下基本思路：第一，广东、福建两省经济发展潜力大，但解放后三十年间不是国家建设的重点省份，工业和基础

① 转引自李岚清：《突围——国门初开的岁月》，中央文献出版社2008年版，第71页。
② 《邓小平年谱》第4卷，中央文献出版社2020年版，第506页。
③ 《邓小平年谱》第4卷，中央文献出版社2020年版，第510页。
④ 转引自李岚清：《突围——国门初开的岁月》，中央文献出版社2008年版，第88页。

设施与京、津、沪、辽比较，相对落后，优势未能很好发挥。要让它们上得快些，适应新形势的要求，光靠中央不够，还需调动地方的积极性。这就是扩大两省管理经济的权限，可以在中央统一领导下实行大包干。第二，这两省都是重要侨乡，具有发展对外经贸活动的优势条件，在拓展外贸、吸收外资、引进技术等方面，应给两省以机动余地，在国家计划中单划一块，使其发挥地缘、人文优势，先行一步。第三，两省加速建设所需资金，主要由地方自筹，国家给以照顾支持，办法可以采取在一定年限内，对两省新增的收益，国家多留一些给地方安排建设。第四，在毗邻香港的深圳、珠海和海外华人众多的侨乡汕头（海外的"潮州帮"人数多，影响大），还有面对台湾的厦门，各划一块地方，实行更优惠的政策，吸收外资，发展对外加工装配、举办出口基地，以扩大对外出口贸易，加快建设速度。①

按照这个思路，谷牧等人帮助两省起草了向中共中央的请示报告。6月6日，中共广东省委向中央提交了《关于发挥广东优越条件，扩大对外贸易，加快经济发展的报告》。6月9日，中共福建省委、省革委会向中央提交了《关于利用侨资、外资，发展对外贸易，加速福建社会主义建设的请示报告》。关于试办出口特区，报告提出："特区内允许华侨、港澳商人直接投资办厂，也允许某些外国厂商投资设厂，或同他们兴办合营企业和旅游等业。""特区的管理原则是，既要维护我国的主权，执行中国的法律、法令，遵守我国的外汇管理和海关制度；又要在经济上实行开放政策。"②6月下旬，中共中央、国务院就谷牧的汇报和广东、福建两省的报告进行了讨论。

7月15日，中共中央、国务院批转中共广东省委、福建省委关于对外经济活动实行特殊政策和灵活措施的两个报告。中共中央在批语中指

---

① 《谷牧回忆录》，中央文献出版社 2014 年版，第 348 页。
② 《当代中国的经济特区》，当代中国出版社 2021 年版，第 342 页。

出："广东、福建两省靠近港澳，华侨多，资源比较丰富，具有加快经济发展的许多有利条件。中央确定，对两省对外经济活动实行特殊政策和灵活措施，给地方以更多的主动权，使之发挥优越条件，抓紧当前有利的国际形势，先走一步，把经济尽快搞上去。这是一个重要的决策，对加速我国的四个现代化建设，有重要的意义。"①

这里说的"特殊政策和灵活措施"，主要内容是：

——计划体制以地方为主，经济发展计划以省为主制订，原由中央直属的企事业单位，除铁路、邮电、民航、银行、军工生产和国防科研以外，全部下放给省管理。

——财政体制实行大包干，划分收支，定额上交（或补贴），五年不变（1980—1984 年，以后又延长五年）。广东年上缴中央财政基数定为 12 亿元（后又减为 10 亿元），对福建财政，中央每年补助 1 亿元（后增加至 1.5 亿元）。增收部分由省安排于经济建设。

——扩大外贸权限。在国家统一的对外贸易方针指导下，由两省分别自行安排和经营本省的对外贸易，成立省外贸公司，承办口岸进出口业务。外贸出口创汇，以 1978 年实绩为基数，增收部分上交中央三成，余额留地方使用。

——搞活金融体制。两省可设立投资公司，吸收侨商和外商投资，自借、自用、自还。

——物资、商业体制运用市场体制，以 1978 年为基数，保证国家的调出和调入，其余由省灵活地统筹安排。

——在劳动工资和物价管理方面，都扩大省级的权限，如两省可以自定省内自销产品的价格，劳动力安排不受国家劳动指标的限制等。

——关于举办出口特区，特区内允许华侨、港澳商人和外国厂商投资办厂，实行优惠税率，可以从加工装配、轻型加工工业和旅游业入手，积

①《当代中国的经济特区》，当代中国出版社 2021 年版，第 336 页。

累资金，逐步兴办技术水平高的项目，先在深圳、珠海试办，待取得经验后再在汕头、厦门举办。①

1980年3月下旬，受中共中央和国务院委托，国务院副总理谷牧在广州主持召开广东、福建两省会议，检查中共中央指示的贯彻情况，进一步研究特区建设问题。会议明确指出，特区的管理在坚持四项基本原则和保障国家主权的条件下，可以采取与内地不同的体制和政策；主要吸收侨资、外资进行建设；要先搞好水、电、道路、通讯等基础设施，为外商投资创造条件；先上些投资少、周转快、收效大的项目。根据特区创办起步的实践，考虑到特区在其发展中不但要办出口加工业，也要办商业、旅游等行业，不但要拓展出口贸易，还将在全国经济生活中发挥多方面的作用，报经中共中央同意，会议将"出口特区"改为具有更丰富内涵的"经济特区"。②5月16日，中共中央、国务院批准《广东、福建两省会议纪要》，决定在广东省的深圳市、珠海市、汕头市和福建省的厦门市，各划出一定范围的区域，试办经济特区。

为给举办经济特区提供一个基本章法，早在1979年8月，国务院就着手组织起草有关经济特区的法规性文件。这项工作先是委托广东省有关方面起草，并经广东省人大常委会审议。后又责成国家进出口管理委员会组织研究论证，字斟句酌，先后十三易其稿。1980年8月26日，五届全国人大常委会第15次会议审议批准设立深圳、珠海、汕头、厦门四个经济特区，同时批准了国务院提请审议的《广东省经济特区条例》，完成了设置经济特区的立法程序，经济特区由此诞生。中国从此打开了对外开放的新窗口。

此后不久，国务院相继批准上述四个经济特区的具体位置和区域范围。

---

① 《谷牧回忆录》，中央文献出版社2014年版，第349—350页。
② 《当代中国的经济特区》，当代中国出版社2021年版，第6页。

深圳经济特区，位于广东省深圳市境内，南沿深圳河与香港新界为邻，北以梧桐山脉走向为界，东和西均迄于海，总面积327.5平方公里。1979年1月设立的蛇口工业区划为深圳经济特区的一部分。

珠海经济特区，位于广东省珠海市境内珠江入海口的西面，面积6.81平方公里。

汕头经济特区，位于汕头市东郊龙湖村一带，面积1.6平方公里。

厦门经济特区，位于厦门本岛西北部湖里村一带，面积2.5平方公里。

这四个经济特区最初批准划定的面积共338.41平方公里。以后随着发展的需要，国务院先后批准对珠海、汕头、厦门三个经济特区的区域范围进行了扩大。

在国务院批准上述四个特区的具体位置和区域范围后，为了加强领导，广东省成立了以中共广东省委书记吴南生为主任的广东省经济特区管理委员会，福建省成立了以中共福建省委书记郭超为主任的福建省厦门经济特区管理委员会，并开始制订建设规划、建立工作机构、对外推介和招商等方面的工作。至此，深圳、珠海、汕头、厦门四个经济特区的建设进入有序运作的轨道。

1981年5月27日至6月14日，中共中央、国务院在北京召开广东、福建两省和经济特区工作会议。会议在中共中央书记处书记、国务院副总理谷牧主持下，总结了初步开展的经济特区建设工作，参考国外经济特区的成功做法，从中国实际出发，对创办特区的指导思想、基本方针和重要的政策措施，进行了深入讨论，提出了较系统的意见。7月19日，中共中央、国务院批转《广东、福建两省和经济特区工作会议纪要》，其主要内容是：

第一，深圳、珠海、汕头和厦门经济特区，不是政治特区。中华人民共和国在这四个经济特区内，全面行使主权，坚持四项基本原则。它的"特"在于实行国家规定的特殊经济政策和特殊经济管理体制，与帝国主义强加于旧中国的"租界"有本质区别。

第二，举办经济特区是为了吸收利用外资，引进先进技术，拓展对外贸易，加速经济发展。同时在实践中观察与研究当代资本主义经济，学习与提高参与国际经济交流的本领，进行经济体制改革试验。

第三，特区经济的所有制结构，是社会主义经济领导下多种经济成分并存。在工业生产方面，外商投资企业（包括中外合资经营企业、中外合作经营企业和外资企业，下同）所占比重可以大于内地。特区的经济活动在社会主义计划指导下充分发挥市场调节的作用。

第四，特区建设要制定全面规划，量力而行，从小到大，逐步发展。各特区的经济发展要从实际出发，因地制宜，各具特色。

第五，特区要致力于经济体制改革。特区的行政管理机构按照精简、高效的原则设置。

第六，加强经济特区法制建设。会后，经国务院提出议案，全国人大常委会于11月26日通过决议，授权广东省、福建省人民代表大会及其常务委员会，根据有关法律、法规、政策规定的原则，按照本省经济特区的具体情况和实际需要，制定经济特区的单行经济法规，并报全国人大常委会和国务院备案。

第七，对在特区举办的外商投资企业给予优惠和方便。企业所得税减按15%征收；收取场地使用费按不同行业和用途给予优惠；对来往特区的外籍人员、华侨和港澳同胞简化入出境手续。

第八，授予特区较大的经济管理权限。属于中央统一管理的外事、边防、公安、海关、金融、外汇等方面的业务，由国务院主管部门结合实际情况，制订专项管理办法，报国务院核准后实施。

第九，国家大力支持特区建设。特区建设所需的资金，由国家给予财政和信贷支持。允许特区银行吸收的存款全部用作贷款。深圳、珠海两市的财政收入1985年以前不上缴（期满后又延长五年），厦门、汕头两市上缴的财政收入，由两省人民政府核减。特区的外汇收入单列，超过1978年基数的增收部分五年内不上缴（期满后又延长五年），用于特区建设。特区的对外贸易在国家统一政策指导下，自主经营，特区可接受各省、自治区、直辖市的委托，代理国家外贸主管部门不统一经营的进出口业务等。

第十，开展坚持四项基本原则的思想政治教育，树立良好的社会风尚，加强社会治安，打击走私活动。①

这十条意见，是对中共中央关于举办特区各项方针政策的集成和落实，对特区的建立和发展发挥了重要作用。

经济特区建设初期，它的积极作用就显现出来了。1979年，广东省外贸出口创汇创历史最高水平，比1978年增长32%；福建省的外贸出口，1979年比1978年增长30%。贸易和非贸易外汇收入，广东完成20.5万美元，比1978年增长32%；福建完成3.5万美元，比1978年增长21.5%。1980年广东、福建出口分别比1979年增长27.9%和47.2%；财政收入分别增长10.5%和20.5%，实现了收支平衡；两省外汇留成增长5倍多；因大搞"三来一补"，广东安排了17万人就业，福建安排了3万人就业。农业总产值，广东增长8.2%，福建增长10%。②

但另一方面，由于经济特区还在初创时期，在实际工作中还存在一些不完善的地方，特别是在一段时间内出现了比较严重的走私贩私活动，引起了一些人对创办经济特区这项政策的怀疑和议论。在这样的背景下，1984年1月24日至2月10日，邓小平视察了深圳、珠海、厦门三个经济特区。

1月24日抵达广州火车站后，邓小平对中共广东省委负责人说，办经济特区是我倡议的，中央定的，是不是能够成功，我要来看一看。③

1月24日至26日，邓小平视察了深圳经济特区。他首先听取了中共深圳市委负责人的工作汇报。听完汇报后，邓小平说，这个地方正在

---

① 《当代中国的经济特区》，当代中国出版社2021年版，第8—9页。

② 《经济体制改革文件汇编（1978—1983）》，中国财政经济出版社1984年版，第559页。

③ 《邓小平年谱》第5卷，中央文献出版社2020年版，第252页。

发展中，你们讲的问题我都装在脑袋里，我暂不发表意见，因为问题太复杂了，对有些问题要研究研究。视察深圳期间，邓小平先后参观了罗湖商业区国际商业大厦、中国航空技术进出口公司深圳工贸中心、渔民村、招商局蛇口工业区、华益铝材厂、蛇口微波通讯站、明华轮游乐中心等。①

1月26日下午，邓小平乘海军舰艇离开深圳前往珠海。当日晚，住中山县温泉宾馆，并在此休息了两天。亲眼看到了深圳特区一片兴旺发达的景象后，邓小平心里有了底。28日晚，他在温泉宾馆会见港澳知名人士霍英东、马万祺等人时说，办特区是我倡议的，看来路子走对了。②

1月29日上午，邓小平前往珠海经济特区视察。途中，听取了中共珠海市委负责人关于特区工作的汇报。当日上午，参观了正在兴建中的九洲港、直升机机场、石景山旅游中心、拱北海关和香洲毛纺织厂、狮山电子厂以及珠海市市容。中午，在珠海宾馆休息时，邓小平说，这里发展旅游的条件比深圳好，并为珠海经济特区题词："珠海经济特区好。"③

1月29日下午，邓小平离开珠海前往广州。当晚到达广州，住珠岛宾馆。2月1日，邓小平在广州为深圳特区题词："深圳的发展和经验证明，我们建立经济特区的政策是正确的。"并将落款日期写为离开深圳的1月26日。④ 这个题词肯定了深圳特区建设取得的成绩，回应了一些人对特区政策的不同看法，坚定了人们继续把特区办得更好的信心和决心，对经济特区的建设和发展产生了重要而深远的影响。

2月5日晚，邓小平乘专列离开广州前往福建。2月7日上午，抵达厦门。从7日到10日，邓小平视察了厦门市和正在建设中的厦门特区。

① 《邓小平年谱》第5卷，中央文献出版社2020年版，第252—253页。
② 《邓小平年谱》第5卷，中央文献出版社2020年版，第254页。
③ 《邓小平年谱》第5卷，中央文献出版社2020年版，第254—255页。
④ 《邓小平年谱》第5卷，中央文献出版社2020年版，第255页。

他听取了中共福建省委和厦门市负责人的工作汇报，视察了东渡港五万吨位码头、集装箱码头、渔业码头、厦门大学、正在建设中的厦门机场和湖里工业区，接见了中国人民解放军鼓浪屿"好八连"和厦门水警官兵代表，参观了陈嘉庚创办的集美学村和陈嘉庚故居，接见了居住在厦门的台湾同胞和归国华侨代表。

当中共福建省委和厦门市负责人建议厦门特区应由现在的 2.5 平方公里扩大到全岛 131 平方公里时，邓小平回答说，你们的要求，我转告第一线的领导同志，让他们去作决定。他还提出厦门特区可以实行自由港的某些政策。2 月 9 日，邓小平为厦门经济特区题词："把经济特区办得更快些更好些。"2 月 10 日上午，邓小平在厦门万石岩植物公园植树后，乘专列离开厦门前往上海。①

2 月 11 日至 16 日，邓小平视察了上海。在视察当中，邓小平表示，我这次看了几个经济特区，看了几个饭店。现在看，开放政策不是收的问题，而是开放得还不够。②

回京后，2 月 24 日，他约几位中共中央负责同志谈话，强调要办好经济特区，增加对外开放城市。他指出，最近，我专门到广东、福建，跑了三个经济特区，还到上海，看了看宝钢，有了点感性认识。我们建立经济特区，实行开放政策，有个指导思想要明确，就是不是收，而是放。特区是个窗口，是技术的窗口，管理的窗口，知识的窗口，也是对外政策的窗口。从特区可以引进技术，获得知识，学到管理，管理也是知识。特区成为开放的基地，不仅在经济方面、培养人才方面使我们得到好处，而且会扩大我国的对外影响。厦门特区地方划得太小，要把整个厦门岛搞成特区。这样就能吸收大批华侨资金、港台资金，许多外国人也会来投资，而且可以把周围地区带动起来，使整个福建省的经济活跃起来。厦门特区不

---

① 《邓小平年谱》第 5 卷，中央文献出版社 2020 年版，第 256—257 页。

② 《邓小平年谱》第 5 卷，中央文献出版社 2020 年版，第 258 页。

叫自由港，但可以实行自由港的某些政策。除现在的特区之外，可以考虑再开放几个港口城市，如大连、青岛。这些地方不叫特区，但可以实行特区的某些政策。我们还要开发海南岛。①

3月26日至4月6日，中共中央书记处和国务院在北京召开部分沿海城市座谈会。会议根据邓小平2月24日谈话的精神，讨论了进一步开放沿海港口城市和办好经济特区的问题。会议指出，特区还处于开创阶段，必须不断总结经验，发扬成绩，克服缺点，扎实工作，勇于前进；必须下很大的力量加强先进技术的引进，特区的工农业要尽可能采取先进技术成果，尽快搞出一批适销对路的骨干商品，进入国际市场；特区的商业、旅游服务业，要瞄准国际先进经营管理水平；要按照经济发展主要面向国际市场的特点，改革特区的管理体制和管理机构；经济特区一定要办得既有高度的物质文明，又有高度的社会主义精神文明。② 会议认为："要在总结经验的基础上，从四化建设全局出发，进一步解放思想，克服'左'的思想影响和闭关自守、自给自足的经济观点，加快利用外资、引进先进技术的步伐。"③ 会议建议，进一步开放天津、上海、大连、秦皇岛、烟台、青岛、连云港、南通、宁波、温州、福州、广州、湛江和北海14个沿海港口城市。并提出在扩大地方权限和给予外商投资者优惠待遇方面，实行一系列特殊政策和措施。

4月18日，中共中央书记处召开会议讨论《沿海部分城市座谈会纪要》稿。5月4日，中共中央、国务院批转了《纪要》。批转通知中指出："进一步开放沿海港口城市和办好经济特区，不能指望中央拿很多钱，主要是给政策，一是给前来投资和提供先进技术的外商以优惠待遇，税收低一些，内销市场让一些，使其有利可图；二是扩大沿海港口城市的自主权，让他们有充分的活力去开展对外经济活动。这样做，实际上是对

---

① 《邓小平年谱》第5卷，中央文献出版社2020年版，第260—261页。
② 《当代中国的经济特区》，当代中国出版社2021年版，第14页。
③ 《十二大以来重要文献选编》（上），中央文献出版社2011年版，第387页。

我们现行经济管理体制，进行若干重要的改革。"① 进一步开放 14 个沿海港口城市，使开放的浪潮涌向中国整个沿海地区，推动着中国经济体制改革和经济发展向新台阶迈进。在这些方面，邓小平都起了重要的倡导和推动作用。

---

① 《十二大以来重要文献选编》（上），中央文献出版社 2011 年版，第 385 页。

第八章

推动干部年轻化

中共十一届三中全会后，随着拨乱反正和平反冤假错案的全面展开，一大批在"文化大革命"中遭到迫害的老干部重新走上工作岗位，恢复了原来或相当于原来的领导职务，这一举措无疑是必要的，也是正确的。但经过十年内乱，这些老干部大都年事已高，致使干部老龄化和青黄不接的现象十分严重。能否顺利实现干部的新老交替，推进干部队伍的年轻化，成为关系中共十一届三中全会路线能否长期坚持、党和国家能否长治久安的重大战略问题。面对这样的严峻形势，邓小平采取一系列有力措施，建立老干部离退休制度，成千上万地选拔中青年干部，顺利完成了干部队伍的新老交替，实现了干部队伍的年轻化，为中共十一届三中全会路线的贯彻执行提供了重要的组织保证。

新时期之初，邓小平敏锐地察觉到干部队伍的老化情况，并在多个场合一再呼吁解决领导干部的老龄化问题。

1979 年 7 月 10 日至 8 月 10 日，邓小平先后视察安徽、上海、山东、天津等地。一路上，邓小平反复强调接班人问题的重要性和紧迫性。

7 月 21 日，他在同中共上海市委常委谈话时指出，大问题是接班问题，任何地方、任何部门都有这个问题。现在就要有意识地选一些比较年轻的人，这是党的战略任务、根本任务。从现在着手，三年内的任务是选好一、二、三把手。选四五十岁的、身体好的、能坚持八小时工作的。现在老同志要注意，要任人唯贤，选真正好的，不能论资排辈。这个基本建设非常重要，不要拖延。讲解放思想，这是最大的解放思想。如果说，三中全会解决了思想路线问题，这次就是解决组织路线问题。组织路线，有党规党法问题，有组织纪律问题，但现在最迫切的是班子问题，是找接班人的问题。

7月28日，邓小平在接见中共山东省委常委时指出，从全党来说，政治路线和思想路线是确立了，当然还没有完全解决，还要做大量工作。但是，现在要明确提出解决组织路线问题，而组织路线最根本的是选择培养接班人。这是根本的问题、百年大计的问题、对党负责的最大的问题、组织路线第一位的问题。要从上到下有意识地选一些比较年轻的人、真正坚持我们现在政治路线的人、正派的人、党性强的人。现在有人才，被盖住了，没有发现。人才要放到领导位置上，不然锻炼不出来。现在思想要解放，把庙腾出来，选年轻的。这是党和国家的最大利益，是保证我们路线贯彻执行的中心问题。

7月29日，邓小平在青岛接见中共海军常委扩大会议的全体同志时指出，党的思想路线和政治路线确立以后，迫切需要解决的是组织路线问题，其中最大的也是最难、最迫切的问题是选好接班人。现在摆在老同志面前的任务，就是要有意识地选拔年轻人，选一些年轻的身体好的同志来接班。要趁着我们在的时候解决这个问题，我们不在了，将来很难解决。选干部，标准有好多条，主要是两条，一条是拥护三中全会的政治路线和思想路线，一条是讲党性，不搞派性。邓小平形象地说，庙只有那么大，菩萨只能要那么多，老的不退出来，新的进不去，这是很简单的道理。因此，老同志要有意识地退让。要从大处着眼，小道理要服从大道理。我们将来要建立退休制度。但是，最重要的还是选拔培养接班人。他最后说，组织路线是保证政治路线贯彻落实的。解决组织路线问题已经提到我们议事日程上来了。这个问题解决不了，我们见不了马克思。

8月9日，邓小平在听取中共天津市委常委工作汇报时指出，摆在我们面前更大的问题是谁接班的问题。现在选接班人，要从四十岁左右、五十岁左右的人中选。标准好多条，主要是两条，一是拥护三中全会的政治路线、思想路线，一是搞党性不搞派性。要真正把那些表现好的同志用起来，培养几年，亲自看他们成长。这是百年大计，是基本建设。我一路上讲这个问题，这确实是带根本性的问题。①

邓小平之所以一路上反复强调接班人问题，首先是因为当时干部老龄化和青黄不接的现象的确十分严重，推进干部年轻化、解决接班人的问题非常紧迫和重大；还因为当时林彪、"四人帮"的帮派残余势力仍然存在，这些人派性思想严重，反对党的政治路线和思想路线，而且比较年轻。如果不趁老同志在的时候解决接班人问题，把那些拥护党的政治路线和思想路线、搞党性不搞派性的年轻同志用起来，而在将来让林彪、"四人帮"帮派体系的人掌了权，那就要天下大乱。所以邓小平在 7 月 29 日的海军常委扩大会议上说："中国的稳定，四个现代化的实现，要有正确的组织路线来保证，要有真正坚持马克思列宁主义、毛泽东思想和党性强的人来接班才能保证。"②

邓小平的上述一系列讲话，从党和国家的最高利益出发，深刻阐述了解决接班人问题、推进干部年轻化的重大意义，强调这是党的战略任务、根本任务，是百年大计，是基本建设，是保证我们路线贯彻执行的中心问题。讲话明确了选拔年轻干部的政治标准，并向全党特别是老同志发出了选拔和培养年轻干部、解决接班人问题的号召，得到了中共中央领导同志的支持和响应，引起了全体党员特别是领导干部的高度重视。

1979 年 9 月 5 日至 10 月 7 日，全国组织工作座谈会在北京召开。胡耀邦在会上说，组织工作上一个首要的任务，是要精心选拔和培养一大批年富力强的各级领导班子的接班人。这是党中央的一个重大决策，具有深

---

① 《邓小平年谱》第 4 卷，中央文献出版社 2020 年版，第 537、539、541、544 页。

② 《邓小平文选》第 2 卷，人民出版社 1994 年版，第 193 页。

远的意义。他在会上传达了邓小平关于组织工作的意见：党的组织工作上一些与四个现代化密切相关的问题，要准备用3年左右的时间加以解决。会议提出把加强领导班子建设、培养选拔中青年领导干部、改革干部制度作为当前最迫切的任务。

提拔和培养中青年干部到各级领导岗位上来，使党的事业后继有人，实现干部的新老交替，首先要解决老干部退出的问题。正如邓小平所说，庙只有那么大，菩萨只能要那么多，老的不退出来，新的进不去，这是很简单的道理。广大老干部在长期的革命和建设过程中，为党和人民作出了很大贡献，具有丰富的领导经验，是党和国家的宝贵财富。但他们毕竟大都年事已高，精力不济，难以适应日益繁重的领导任务。为了党和国家的长远利益，为了使党的路线、方针、政策能得到持续的贯彻和执行，干部年轻化这项工作又不得不做，而且刻不容缓。所以，邓小平首先用了很大的时间和精力，推动建立领导干部退休制度，为实现干部年轻化、解决接班人问题创造条件和前提。

1979年10月3日至10日召开的省市自治区党委第一书记座谈会重点是讨论经济工作，特别是国民经济调整问题。但鉴于干部年轻化问题的重要性，邓小平在会上谈到了这个问题，特别是谈了建立退休制度的问题。他指出："组织路线是个很大的问题。我们不是没有人才，而是被按住了。与此相关联的，在人事制度方面，可以考虑把退休制度建立起来。全国各个部门和单位设立专门机构，管理退休的、当顾问的人，负责他们的政治待遇、生活福利方面的事情。把退休人员的问题处理好，便于我们选拔人才。这需要做很多的工作，但是不做不行。"①

11月2日，邓小平在中央党政军机关副部长以上干部会上，专门对高级干部讲了选拔接班人问题，并提出建立退休制度。他指出："现在我们面临的问题，是缺少一批年富力强的、有专业知识的干部。而没有这样

---

① 《邓小平文选》第2卷，人民出版社1994年版，第197页。

一批干部，四个现代化就搞不起来。我们老同志要清醒地看到，选拔接班人这件事情不能拖。否则，搞四个现代化就会变成一句空话。"邓小平强调，老干部第一位的责任就是要认真选拔好接班人，并提出了解决这个问题的时间表和路线图。他指出："这件事要由老同志和高级干部亲自来做，搞调查研究，找人谈话，听群众意见，准备交班。现在任何一个老同志和高级干部，合乎不合乎党员标准和干部标准，就看他能不能认真选好合格的接班人。我们要求三几年内调整、安排好各级领导班子（包括党支部）的一、二、三把手。高级一点的机关，可以考虑先解决选拔较年轻的同志当二、三把手的问题，老同志继续坐镇一段时间，还当第一把手；下面的机关能够选到好的青年人当第一把手，就直接选。如果我们不能在三几年内从上到下解决这个问题，将来就更难办了。""我们一定要认识到，认真选好接班人，这是一个战略问题，是关系到我们党和国家长远利益的大问题。如果我们在三几年内不解决好这个问题，十年后不晓得会出什么事。要忧国、忧民、忧党啊！要看到这是个带根本性质的问题。"邓小平在讲话中再次将选好接班人问题提到战略的高度，并以强烈的忧患意识指出了尽快解决这个问题对保证党和国家长治久安的重大意义，其急迫心情溢于言表。

邓小平在这次讲话中提出了建立退休制度的问题。他说："前几年，我提出搞顾问制度，但并没有完全行通，许多人不愿意当顾问。现在看来，要真正解决问题不能只靠顾问制度，重要的是要建立退休制度。这个问题，同我们每个人都有密切关系，请同志们好好地考虑一下。不建立这个制度，我们的机构臃肿、人浮于事的状况，以及青年人上不来的问题，都无法解决。有了退休制度，对各个部门、各级职务的干部的退休年龄有了明白规定，就可以使人人都知道自己到哪一年该退休。"

邓小平最后说："老同志现在的责任很多，第一位的责任是什么？就是认真选拔好接班人。选得合格，选得好，我们就交了帐了，这一辈子的事情就差不多了。其他的日常工作，是第二位、第三位、第四位、第五位、第六位的事情。第一位的事情是要认真选拔好接班人。"①

在邓小平等的一再倡导和呼吁下，1980年2月23日至29日召开的中共十一届五中全会决定重新设立中央书记处，作为中央政治局及其常委会领导下的经常工作班子。这是全会在组织路线上作出的一项重要决策，是在实现干部年轻化方面迈出的重要步伐。会议期间，邓小平发表讲话，再次强调干部年轻化问题。

2月26日，邓小平在中共十一届五中全会各组召集人汇报会上谈到中共中央的人事安排和设立中央书记处问题时，对中央政治局常委的年轻化问题提出了明确要求。他说，对于中央政治局常委中岁数大的同志，我总的倾向是，包括我在内，慢慢脱钩，以后逐步增加比较年轻的、身体好的、年轻力壮的人。这是一个总的决策。6月全国人大以后，陈云同志、先念同志和我都不兼副总理了，逐步地、慢慢地推一些年轻的、身体好的同志在第一线。建立书记处的目的也是这个意思，书记处作为第一线。以后的人事安排要慢慢年轻化。我们这些人是安排后事的问题，不再放到第一线了。②

2月29日，邓小平在中共十一届五中全会第三次会议上的讲话中，再次强调了接班人问题的重要性和紧迫性。他说："当前最重要的还是选好接班人。从中央起，我们各级党委，特别是老同志，一定要时刻不忘严肃地对待这个问题，承担起这个庄严的责任。时间紧迫，再不及早妥善解决这个问题不行。""这个问题很实际又很紧迫。五年以后再开中央全会，在座的相当一部分人不能工作了，那时再考虑接班人问题就晚了。"邓小平在讲话中提出，下届的中央委员会要选五十个50岁以下的人，代表大会的代表应该有相当数量的50岁以下的人。他甚至说："如果做不到这两点，我们那个代表大会就不是成功的代表大会。"③

① 《邓小平文选》第2卷，人民出版社1994年版，第220—227页。
② 《邓小平年谱》第4卷，中央文献出版社2020年版，第603页。
③ 《邓小平文选》第2卷，人民出版社1994年版，第280—281页。

为落实邓小平的指示精神，4月23日，中共中央政治局通过《关于丧失工作能力的老同志不当十二大代表和中央委员会候选人的决定》。这是废除实际上存在的干部领导职务终身制和逐步更新领导班子的一个重要步骤。

尽管邓小平一再强调干部年轻化问题，但在一段时间内，这项工作收效并不大。其主要原因，一是有些老干部对刚出来工作不久就要让他们退下来在思想上一时难以接受，致使老干部退出问题遇到了不小的阻力；二是各级组织部门在选拔中青年干部问题上思想不够解放，受老框框限制，选人渠道过于狭窄。为此，邓小平一方面采取措施妥善处理老干部问题，加快建立老干部退休制度；另一方面继续在全党特别是老干部中反复强调接班人问题的重要性和深远战略意义，进一步提高他们对干部年轻化问题紧迫性的认识，努力统一全党的思想，同时呼吁各级领导干部和组织部门一起动手，打破论资排辈、求全责备等旧观念的影响和束缚，多渠道、多方式地发现、提拔、使用坚持四项基本原则的、比较年轻的、有专业知识的社会主义现代化建设人才。

针对选拔中青年干部中存在的一些突出问题，邓小平作了一系列讲话，指导和推动着这项工作的不断进行。1980年3月19日，他在同中共中央负责同志谈话时指出，我们确有一批很有用的人才，问题是没有被发现。我们在选拔、培养人才的问题上，还受老框框的限制。中组部经过一番努力，去发现40岁至50岁的干部，搞了几个月，开了一个名单，165人。我详细看了，其中大学毕业生只有三十一个，而且这个名单还是省委、组织部门、干部部门、这个书记那个书记推荐的。我们发现干部、了解干部的渠道太窄，不是开阔眼界，多方面地去了解，还是走老路。另外还有观点、看法上的老框框，把那些有知识、有见解、能独立思考、有时候有点不大听话的人视为骄傲，结果就把大批有能力的人放在视野之外，放在选拔、培养的范围之外。现在的问题不是没有人，而是有人上不来。5月19日，他在听取军队精简整编情况汇报时又指出，我叫中组部派人下去选拔年轻干部。但是光中组部不行，大家要一起来做。要选有文化、身体健康、作风正派、40 岁左右的干部，不要选"头上长角、身上长刺"的。现在选干部总是在 60 岁左右的人中间打圈圈，提起来也干不了多少年了。要把年轻优秀的干部提起来，这样的人可以再干二三十年。7 月 23 日，他在接见中共河南省委负责人时进一步指出，不要在老框子里选人，要吸收新的进来。这次出来看，有的是人才。政治上，经过"文化大革命"分清楚了，标准就是不是"四人帮"体系的人。提拔青年干部，光靠推荐不行，要下去发现人才。①

8 月 18 日，邓小平在中共中央政治局扩大会议上发表题为《党和国家领导制度的改革》的重要讲话。在这篇著名的讲话中，邓小平再次对废除干部领导职务终身制和逐步实现干部年轻化、专业化问题进行了专门论述，有针对性地回答了一些同志特别是老干部在提拔中青年干部问题上存在的种种疑虑。

针对有些同志提出的干部还是要顺着台阶上的说法，邓小平指出，一般的意义是说，干部要有深入群众、熟悉专业、积累经验和经受考验锻炼的过程。但是我们不能老守着关于台阶的旧观念。干部的提升，不能只限于现行党政干部中区、县、地、省一类台阶，各行各业应当有不同的台阶，不同的职务和职称。随着建设事业的发展，还要制定各个行业提升干部和使用人才的新要求、新方法。打破那些关于台阶的过时的观念，创造一些适合新形势新任务的台阶，这才能大胆破格提拔。而且不管新式老式的台阶，总不能老是停留在嘴巴上说。一定要真正把优秀的中青年干部提拔上来，快点提拔上来。提拔干部不能太急，但是太慢了也要误现代化建设的大事。现在就已经误了不少啊！特别优秀的，要给他们搭个比较轻便的梯子，使他们越级上来。

针对有些同志担心年轻人经验不够，不能胜任，邓小平说，这种担心

---

① 《邓小平年谱》第 4 卷，中央文献出版社 2020 年版，第 610、636、659 页。

是不必要的。经验够不够，只是比较而言。一般说来，年轻人经验少一些，这是事实。但这是客观条件造成的。不在其位，不谋其政嘛。放在那个位置上，他们就会逐步得到提高，我们绝不要低估这一大批中青年干部。

邓小平最后说："现行的组织制度和为数不少的干部的思想方法，不利于选拔和使用四个现代化所急需的人才。希望各级党委和组织部门在这个问题上来个大转变，坚决解放思想，克服重重障碍，打破老框框，勇于改革不合时宜的组织制度、人事制度，大力培养、发现和破格使用优秀人才，坚决同一切压制和摧残人才的现象作斗争。经过十多年的考验，中青年同志的政治面貌，领导和群众基本上都是清楚的。老同志还在，采取从上看和从下看互相结合的办法，是应当可以选好选准的。这项工作，当然要有步骤地进行，但是太慢了不行。错过时机，老同志都不在了，再来解决这个问题，就晚了，要比现在难得多，对于我们这些老同志来说，就是犯了历史性的大错误。"①

鉴于选拔和培养中青年干部问题的紧迫性和重要性，而有些老干部对这个问题还没有清醒的认识，中共十一届六中全会后，中央专门把参加全会的省、市、自治区党委书记留下来，讨论关于提拔培养中青年干部和老干部离休退休这两个问题。在这次座谈会上，邓小平作了讲话，主要讲了三个问题：

一是再次强调选拔培养中青年干部问题的重要性和紧迫性。他说，我们历来讲，这是个战略问题，是决定我们命运的问题。现在，解决这个问题已经是十分迫切了，再过三五年，如果我们不解决这个问题，要来一次灾难。为什么全会之后又专门把在座的诸位留下来开两天会，讨论陈云同志关于提拔培养中青年干部和老干部离休退休这两条建议？就是因为这个问题十分迫切，十分重要。邓小平说，去年12月中央工作会议以后，陈

---

① 《邓小平文选》第2卷，人民出版社1994年版，第322—327页。

云同志更尖锐地提出这个问题。他提得非常好，我赞成。原来我们还是手脚小了一点，陈云同志提出，选拔中青年干部不是几十、几百，是成千上万。

二是有人可选。邓小平说，有没有人？我看找十万、二十万都有。问题是我们下不下这个决心，大家是不是好好地去做工作，去了解，去发现。有什么标准呢？就是60年代的大学毕业生。"文化大革命"以前，从1961年到1966年，一年十万，就是六十万人。如果加上中专，近两百万。这些人是比较有专业知识的。邓小平说，有专业知识的，还有自学的，也是大量的。对象是有，问题是我们去不去选。

三是要定计划。邓小平说，提出选拔中青年干部的任务以后，要着手去做。做，要有个目标。我建议订两个计划：一个五年计划，一个十年计划。头五年要选到比如五万人，把他们放到适当的工作岗位上锻炼。这五年，我们部的领导成员，司局一级的成员，省、市、自治区一级的成员，五十岁左右的，四十岁左右的，逐步做到各占多大的比重，提出一个要求。到第二个五年，我们又要做到哪一级领导成员（比如省、市、自治区级、部长级），除特殊情况以外，不超过多少年龄。邓小平说，中心是头五年真正能够选到五万左右五十岁以下的、四十岁左右的、四十岁以下的干部。这几种年龄的干部也应该有个比例。然后设想干部制度、机构怎样才比较合理，在后五年通盘解决这个问题。最重要是这个前五年。①

邓小平的讲话，站在党和国家事业健康发展和长治久安的战略高度，重申了选拔中青年干部问题的重要性和紧迫性，明确了选拔中青年干部的标准、对象、规模、方法和实施计划，是对选拔中青年干部问题的战略谋划和具体部署，具有很强的历史使命感和现实可操作性。讲话传达后，引起党内外很大反响，大家表示热烈拥护。

这次会后不久，7月9日，邓小平同军队负责同志谈话，对军队干部

---

① 《邓小平文选》第2卷，人民出版社1994年版，第384—388页。

年轻化问题作出指示。他说，五年内，老同志要逐步退到第二线，找一些年富力强的同志接替。这个问题很迫切，因为事情总要有人来做。这次省、市、自治区党委书记座谈会上，陈云同志提出要着重选拔四十岁以下的领导干部，这就更难了。但难也要做。军队第一个问题就是这个问题，其他问题好办些。对老干部的安置，最根本的办法还是搞离休、退休制度，着重搞退休制度。顾问要少，堆的人多了，庙腾不出来。要先解决一进二出。所谓进，就是为年轻人上来创造条件，不要搞论资排辈。对离休、退休干部的安置，下决心把条件搞优越些，多花几个钱。①

8月7日，中共中央组织部发出《关于贯彻执行中央对调整领导班子和选拔优秀中青年干部指示的几项工作的通知》。通知要求，当年年底和下年的上半年，中央、国家机关各部委及省、市、自治区党委领导班子中要选进三至五名符合条件的优秀中青年干部；尽快颁发《国务院关于老干部离职休养的暂行规定》及实施细则；制定选拔优秀中青年干部进入县以上各级各方面领导班子的五年规划；抓紧筹建青年干部局。这些都是对邓小平在本次省、市、自治区党委书记座谈会上讲话精神的贯彻和落实。

在选拔和培养中青年干部中，坚持正确的政治标准至关重要。在这个问题上，邓小平主张要德才兼备，以德为先。推动干部年轻化，不但要按照严格的政治标准，选拔和培养中青年干部，解决进的问题，还要通过精简机构，实行老干部离退休制度，解决出的问题。为此，从1982年初，中共中央和国务院开始进行机构改革，让一大批老干部离开领导岗位，离休、退休，或者到荣誉岗位上去，为提拔中青年干部创造条件。与此同时，中共中央于2月20日发出《关于建立老干部退休制度的决定》，国务院于4月10日发出《关于老干部离职休养制度的几项规定》。老干部退出问题取得一定进展。

在进与出之间，邓小平仍强调出的必要性，但此时已更加重视进的问

① 《邓小平年谱》第5卷，中央文献出版社2020年版，第53—54页。

题，并反复强调不能让"三种人"①进。1982年1月13日，邓小平在中共中央政治局讨论中央机构精简问题会议上的讲话中，就精简机构这场革命对干部年轻化的意义及在此过程中如何解决进的问题进行了论述。他指出，所有老干部都要认识，实现干部队伍的革命化、年轻化、知识化、专业化，是革命和建设的战略需要，也是我们老干部的最光荣最神圣的职责；是我们对党的最后一次历史性贡献，也是对我们每个人党性的一次严重考验。这场革命不搞，让老人、病人挡住比较年轻、有干劲、有能力的人的路，不只是四个现代化没有希望，甚至于要涉及到亡党亡国的问题，可能要亡党亡国。

邓小平进一步指出，这一次革命，不但要注意出的问题，还特别要注意进的问题。第一位应该着眼于进。包括军队也是这个问题最重要。进和出，进摆在第一位。选人要选好，要选贤任能。选贤任能这个话就有德才资的问题。贤就是德，能无非是专业化、知识化，有实际经验，身体能够顶得住。这次我们让多余的或者身体不好的老同志退休、离休，或者换到适当的位置（我说的适当位置就是荣誉职务了），什么人来接替？人一定要选好。还是老话，要坚决贯彻陈云同志讲的几条，几种人不能放进去啊！人有的是。进，最关键的问题是选比较年轻的。精简是革命，选贤任能也是革命。出要解决好，更重要的是解决进。②

7月4日，邓小平在中共中央军委座谈会上谈到军队体制改革问题时，再次强调了体制改革对干部年轻化的意义。他指出，体制改革有一个重要的内容，就是有利于选拔人才。过去那样臃肿，根本无法培养人才、选拔人才。干部年轻化，要当作体制改革的一个中心目标。不解决选拔人才的问题，我们交不了班，历史会给我们写下一笔。在谈到选拔人才的政治标准时，邓小平明确指出，必须不是跟随林彪、江青一伙造反起家的人、帮

---

① 指在"文化大革命"期间跟随林彪、江青一伙造反起家的人、派性帮派思想严重的人和打砸抢分子。

② 《邓小平文选》第2卷，人民出版社1994年版，第396—401页。

派思想严重的人和打砸抢分子那"三种人"。①

在邓小平等的大力推动下，干部年轻化问题取得明显进展。1982年9月召开的中共十二大，从组织上实现了党的最高领导机构新老干部的合作和交替。一大批德才兼备、比较年轻的干部进入中央委员会。在中央委员会的348名成员中，有211人，即60%多，是第一次被选进中央委员会。在这211人中，有140多人，即2/3以上，年龄在60岁以下，最小的38岁。②

9月13日，邓小平等中共中央领导人在人民大会堂接见新当选的39名年轻的中央委员和候补中央委员。新华社的报道说："这不是一次普通的会面，也不是一般的接见。大家都沉浸在无比温暖的气氛中。老一辈的无产阶级革命家，这些多少年来指引着中国这艘巨大航船破浪前进的中国革命的舵手们，今天一个个满面春风，拉着走到自己面前的每一位同志的手。这是我们党新老合作和交替的握手，是老一辈无产阶级革命家传革命火炬的握手，是党对中青年干部寄予无限希望的握手。"③

中共十二大在新老干部交替方面迈出了重要一步，但这仅仅是开始。10月19日，邓小平在会见外宾时指出，为了保持政策的连续性和国家的活力，我们要使各级领导逐步实现年轻化，这是个方向。我们党的十二大在这方面迈出了很大的一步，但是问题并没有完全解决。今后要继续努力。④

中共十二大后，根据邓小平的讲话精神，中共中央于12月30日发出《关于清理领导班子中"三种人"问题的通知》，《通知》指出，在成千上万选拔优秀中青年干部的同时，必须坚决把"三种人"从领导班子中清理出去，必须防止把"三种人"作为接班人选进领导班子。这是关系我们在

① 《邓小平文选》第2卷，人民出版社1994年版，第408—412页。
② 《新的中央委员会体现了新老干部的合作和交替》，《人民日报》1982年9月12日。
③ 《新老合作和交替的握手》，《人民日报》1982年10月20日。
④ 《邓小平年谱》第5卷，中央文献出版社2020年版，第159页。

新的历史时期能不能把党建设成为领导社会主义现代化事业的坚强核心、能不能保持党的马克思主义领导的连续性的一个极其重大的问题。《通知》发出后，各地对领导班子中的"三种人"进行了清理。通过清理"三种人"，纯洁了党的组织，消除了政治隐患和不安定因素，为大规模提拔德才兼备的中青年干部提供了良好条件。

1983 年 6 月召开的中共中央工作会议正式作出建立第三梯队的决策。7 月中旬，中共中央组织部召开全国组织工作座谈会，强调以改革的精神加速领导班子和干部队伍的革命化、年轻化、知识化、专业化建设，努力把"第三梯队"建设好，并建立正规的后备干部制度。会议要求到 1984 年上半年，挑选出一大批后备干部，作为正副部长、正副省长和省市区党委正副书记、常委的选拔对象。各级党委都应根据自己的需要，选定必要数量的后备干部，并尽快制定到 1990 年的八年改革领导班子结构规划。

1985 年 9 月召开的中国共产党全国代表会议，在实现中共中央领导机构成员新老交替方面迈出重要步伐。中共十二大虽然在实现干部年轻化方面取得明显进展，但当时党的领导机构的成员年龄仍然偏高，所以决定在两次代表大会之间开一次党代表会议，目的是使中共中央领导机构的成员更年轻化一些。这次会议讨论了局部调整中央领导机构成员的问题，一致同意 131 位老同志不再担任中央委员会委员、中央顾问委员会委员、中央纪律检查委员会委员的请求，增选中央委员 56 人，候补中央委员 35 人，中顾委委员 56 人，中纪委委员 31 人。① 可见调整力度之大。

在 23 日的闭幕会上，邓小平发表了讲话，对会议在干部年轻化方面取得的成绩予以充分肯定，并对新提拔的中青年干部提出殷切期望。他指出，几年来新老干部的合作和交替，进行得比较顺利。从中央到地方的党政军各级领导岗位，都补充了一批德才兼备年富力强的优秀干部。这次三个委员会成员的进退，工作做得很好，特别是中央委员会的年轻化，前进

---

① 《邓小平年谱》第 5 卷，中央文献出版社 2020 年版，第 378 页。

了一大步。一批老同志以实际行动，带头废除领导职务终身制，推进干部制度的改革，这件事在党的历史上值得大书特书。邓小平指出，这次增选的中央委员，新近上任的部长、省委书记，都比较年轻。一般是五十多岁，有的才四十出头。我们开国时的好多部长、省委书记，也就是这个年龄。中青年干部接班，最重要的是接老同志坚持革命斗争方向的英勇精神的班。希望通过你们的努力，把党的好传统、好作风发扬起来。我曾经说过，干部不是只要年轻，有业务知识，就能解决问题，还要有好的作风。要全心全意为人民服务，深入群众倾听他们的呼声；要敢说真话，反对说假话，不务虚名，多做实事；要公私分明，不拿原则换人情；要任人唯贤，反对任人唯亲。①

中共十一届三中全会后，特别是中共十二大后，全党全国范围进行了规模空前的干部新老交替工作。一大批老干部退出领导班子，有的离休退休，有的退居二线；一大批德才兼备的中青年干部走上领导岗位，新老干部合作和交替的进程，大步有序地进行。到 1985 年 12 月，有 126.8 万名新中国成立前参加革命工作的老干部办理了离休手续。同时，全国有 46.9万名德才兼备、年富力强的中青年干部走上县级以上领导岗位，成为推进改革开放和社会主义现代化建设的中坚力量。② 在这过程中，邓小平发挥了重要的领导和推动作用。

---

① 《邓小平文选》第 3 卷，人民出版社 1993 年版，第 145—147 页。
② 转引自《陈云传》（四），中央文献出版社 2015 年版，第 1733 页。

第九章

主持起草第二个历史决议

制定和通过《关于建国以来党的若干历史问题的决议》（即"第二个历史决议"，以下简称《历史决议》），是中共十一届三中全会后，我们党为统一全党思想，凝聚全党力量，完成党在指导思想上的拨乱反正，开辟中国特色社会主义建设道路而采取的一项重大战略举措。在制定历史决议的过程中，邓小平直接领导和主持了整个起草工作，为历史决议的成功制定发挥了决定性作用。

"文化大革命"给我们党、国家和各族人民带来一场严重灾难。所以，在"文化大革命"结束后，不少干部群众要求认真总结"文化大革命"的沉痛教训。在中共十一届三中全会及此前的中央工作会议上，与会人员集中讨论了这个问题。但"文化大革命"后的中国，可以说是百废待兴、百业待举。一方面，经过十年内乱，积累下许多严重的政治问题和社会问题，党和国家面临十分艰巨和繁重的任务。为重建党的正常秩序、恢复党的优良传统和作风；为重建国家的正常秩序、使各级政权机关正常运转；为使遭到严重破坏的经济工作和文化教育事业恢复正常秩序、重新振兴起来，都有许多迫切的工作要做。单是平反冤假错案工作就面临"积案如山，步履艰难"的严峻形势。在这样的情况下，中共中央根本无法腾出手来总结历史问题。另一方面，在时机不够成熟的情况下，勉强总结历史问题，容易引起一些无谓的争论，分散大家的注意力，不利于人们专心致志地搞四个现代化建设。所以，邓小平认为，对历史问题在适当的时候作出总结是需要的，但不必匆忙去做，眼前的问题是引导大家团结一致向前看。

1978年12月13日，邓小平在中共中央工作会议闭幕会上的讲话中指出："关于文化大革命，也应该科学地历史地来看。毛泽东同志发动这样一次大革命，主要是从反修防修的要求出发的。至于在实际过程中发生的缺点、错误，适当的时候作为经验教训总结一下，这对统一全党的认识，是需要的。文化大革命已经成为我国社会主义历史发展中的一个阶段，总要总结，但是不必匆忙去做。要对这样一个历史阶段做出科学的评价，需要做认真的研究工作，有些事要经过更长一点的时间才能充分理解和作出评价，那时再来说明这一段历史，可能会比我们今天说得更好。"①这种认识在当时是完全正确的。

中共十一届三中全会接受邓小平的这一意见，在公报中明确指出："全会认为，对于文化大革命，也应当历史地、科学地、实事求是地去看待它。毛泽东同志发动这样一场大革命，主要是鉴于苏联变修，从反修防修出发的。至于实际过程中发生的缺点、错误，适当的时候作为经验教训加以总结，统一全党和全国人民的认识，是必要的，但是不应匆忙地进行。这既不影响我们实事求是地解决历史上的一切遗留问题，更不影响我们集中力量加快实现四个现代化这一当前最伟大的历史任务。"②

尽管总结历史问题需持谨慎态度，但解决历史遗留问题势必会涉及对毛泽东和毛泽东思想的评价问题，需要中共中央发出明确的声音，以回应国际国内的关切，统一和引导人们的思想认识。为此，邓小平在中共中央工作会议闭幕会上的讲话以及中共十一届三中全会的公报中，都专门对毛泽东和毛泽东思想进行了评价。

邓小平在讲话中指出："最近国际国内都很关心我们对毛泽东同志和

---

① 《邓小平文选》第2卷，人民出版社1994年版，第149页。

② 《三中全会以来重要文献选编》（上），中央文献出版社2011年版，第11页。

对文化大革命的评价问题。毛泽东同志在长期革命斗争中立下的伟大功勋是永远不可磨灭的。回想在一九二七年革命失败以后，如果没有毛泽东同志的卓越领导，中国革命有极大的可能到现在还没有胜利，那样，中国各族人民就还处在帝国主义、封建主义、官僚资本主义的反动统治之下，我们党就还在黑暗中苦斗。所以说没有毛主席就没有新中国，这丝毫不是什么夸张。毛泽东思想培育了我们整整一代人。我们在座的同志，可以说都是毛泽东思想教导出来的。没有毛泽东思想，就没有今天的中国共产党，这也丝毫不是什么夸张。毛泽东思想永远是我们全党、全军、全国各族人民的最宝贵的精神财富。我们要完整地准确地理解和掌握毛泽东思想的科学原理，并在新的历史条件下加以发展。当然，毛泽东同志不是没有缺点、错误的，要求一个革命领袖没有缺点、错误，那不是马克思主义。我们要领导和教育全体党员、全军指战员、全国各族人民科学地历史地认识毛泽东同志的伟大功绩。"[1]

中共十一届三中全会公报指出："毛泽东同志在长期革命斗争中立下的伟大功勋是不可磨灭的。如果没有他的卓越领导，没有毛泽东思想，中国革命有极大的可能到现在还没有胜利，那样中国人民就还处在帝国主义、封建主义、官僚资本主义的反动统治之下，我们党就还在黑暗中苦斗。毛泽东同志是伟大的马克思主义者。他对于包括自己在内的任何人，始终坚持一分为二的科学态度。要求一个革命领袖没有缺点、错误，那不是马克思主义，也不符合毛泽东同志历来对自己的评价。党中央在理论战线上的崇高任务，就是领导、教育全党和全国人民历史地、科学地认识毛泽东同志的伟大功绩，完整地、准确地掌握毛泽东思想的科学体系，把马列主义、毛泽东思想的普遍原理同社会主义现代化建设的具体实践结合起来，并在新的历史条件下加以发展。"[2]

---

① 《邓小平文选》第 2 卷，人民出版社 1994 年版，第 148—149 页。

② 《三中全会以来重要文献选编》（上），中央文献出版社 2011 年版，第 10—11 页。

中共十一届三中全会后，要求总结历史问题的呼声更加强烈，还要求总结新中国成立后党的工作中的经验教训，要求对毛泽东的功过是非作出恰当评价。尽管中共十一届三中全会公报以及此前邓小平在中共中央工作会议闭幕会上的讲话中，都对毛泽东和"文化大革命"初步作出了评价，但在 1979 年春党的理论工作务虚会、4 月中共中央工作会议上，特别是叶剑英国庆 30 周年讲话发表后，对毛泽东和"文化大革命"的评价，仍是人们关注和讨论的重点问题。

在这次务虚会上，已有人明确提出，要像 1945 年中共六届七中全会作出《关于若干历史问题的决议》那样，作一个关于社会主义时期若干历史问题的决议。这位同志说："在这个新旧历史时期的交替时刻，我们必须认真总结历史经验。不只是要总结文化大革命，而且要总结三十年。民主革命时期，我们党有一个《关于若干历史问题的决议》，现在看来，仍然是毛泽东同志主持下制定的一个光辉的文献。它总结了历史经验，弄清了路线是非，使我党在后来的一段时期里没有犯重大错误。建国三十年来，很多是非问题没有澄清。三中全会有了一个很好的开端，但问题还很多，很有必要有一个社会主义时期的若干历史问题的决议，澄清重大是非，统一全党认识。衷心希望党中央能够尽快作出社会主义时期的若干历史问题的决议，在全党内澄清是非、统一思想，造福于子孙万代。"①

1979 年 4 月的中共中央工作会议，本来重点是讨论国民经济调整问题，但由于与会人员对历史问题的关注，所以会议也讨论了对毛泽东和"文化大革命"的评价问题。

叶剑英国庆讲话发表后，党内外、国内外的反映都很好。有不少同志说，有了这篇讲话以后，中华人民共和国这三十年的历史、中国共产党在解放以后的历史，很多问题都容易说明了。虽然还有不少问题需要

---

① 程中原、李正华、张金才著：《1977—1982：实现转折，打开新路》，人民出版社 2017 年版，第 305—309 页。

更加具体化、更加充实、更加丰富，可是作为一个纲要，我们的国史也好、党史也好，有了一个轮廓了。在这个基础上继续前进、充实、丰富、发展，我们的国史就好写了，党史也好写了。但也有不少同志反映，这个讲话距离给"文化大革命"作结论，作总结，作全面的、具体的总结这个要求来讲，还不能令人满足。在学习叶剑英国庆讲话的过程中，广大干部群众有一种呼声，希望在此基础上对新中国三十年的历史问题作出全面总结。

在这样的情况下，中共中央审时度势，决定以叶剑英国庆30周年讲话为基础，起草关于建国以来党的若干历史问题的决议。1979年10月下旬，邓小平就1980年部分重要工作的安排问题，同胡耀邦、姚依林、邓力群谈话，起草《历史决议》列为四项任务之一。邓小平说，经中央常委研究，准备为明年五中全会、六中全会和后年十二大做点准备工作。第一，修改党章。第二，修改宪法。明年2月五中全会讨论，年底六中全会讨论，然后提交十二大。第三，抓经济工作。准备11月开计划会议，讨论两年调整计划、十年长远规划。第四，起草建国以来党的历史问题决议，现在着手，明年六中全会讨论通过。邓小平还说，有了国庆讲话，历史决议就好写了。以讲话为纲要，考虑具体化、深化。① 这次谈话之后，起草《历史决议》的工作正式提上了议事日程。

历史决议的起草工作，是在中共中央政治局、中央书记处的领导下，由邓小平、胡耀邦主持进行的。起草小组主要由胡乔木负责。

经过近两个月的工作，起草小组拿出了一份决议提纲。邓小平看了这份提纲后，在1980年3月19日找胡耀邦、胡乔木、邓力群谈话，提出了起草历史决议的三条基本要求。他指出，起草历史决议的中心意思应该是三条：第一，确立毛泽东同志的历史地位，坚持和发展毛泽东思想。这是最核心的一条。不仅今天，而且今后，我们都要高举毛泽东思想的旗帜。

---

① 《邓小平年谱》第4卷，中央文献出版社2020年版，第574页。

要写毛泽东思想的历史，毛泽东思想形成的过程。要正确评价毛泽东思想，科学地确立毛泽东思想的指导地位。第二，对建国三十年来历史上的大事，哪些是正确的，哪些是错误的，要进行实事求是的分析，包括一些负责同志的功过是非，要做出公正的评价。第三，通过这个决议对过去的事情做个基本的总结。这个总结宜粗不宜细。总结过去是为了引导大家团结一致向前看。总的指导思想，就是这三条。其中最重要、最根本、最关键的还是第一条。①

4月1日，邓小平再次找胡耀邦、胡乔木、邓力群谈话。一是讲对毛泽东和对新中国成立后17年的评价；二是讲历史决议的框架设计。

关于对毛泽东的评价，邓小平指出："总起来说，一九五七年以前，毛泽东同志的领导是正确的，一九五七年反右派斗争以后，错误就越来越多了。"他提出一个重要原则："讲错误，不应该只讲毛泽东同志，中央许多负责同志都有错误。'大跃进'，毛泽东同志头脑发热，我们不发热？刘少奇同志、周恩来同志和我都没有反对，陈云同志没有说话。在这些问题上要公正，不要造成一种印象，别的人都正确，只有一个人犯错误。这不符合事实。中央犯错误，不是一个人负责，是集体负责。在这些方面，要运用马列主义结合我们的实际进行分析，有所贡献，有所发展。"关于对新中国成立后十七年的评价，邓小平指出："建国后十七年这一段，有曲折，有错误，基本方面还是对的。社会主义革命搞得好，转入社会主义建设以后，毛泽东同志也有好文章、好思想。"

关于历史决议的框架，邓小平说："整个设计，可不可以考虑，先有个前言，回顾一下建国以前新民主主义革命这一段，话不要太多。然后，建国以来十七年一段，'文化大革命'一段，毛泽东思想一段，最后有个结语。结语讲我们党还是伟大的，勇于面对自己的错误，勇于纠正自己的错误。"

---

① 《邓小平文选》第2卷，人民出版社1994年版，第291—293页。

在谈话中，邓小平再次强调："决议中最核心、最根本的问题，还是坚持和发展毛泽东思想。党内党外、国内国外都需要我们对这一问题加以论证，加以阐述，加以概括。"①

邓小平在历史决议起草之初就明确提出三条基本要求，并强调最重要、最根本、最关键的一条是确立毛泽东的历史地位，坚持和发展毛泽东思想。在历史决议起草过程中，邓小平又发表了十多次谈话，对决议稿的起草和修改提出指导意见。其中核心的内容仍然是对这三条基本要求，特别是确立毛泽东的历史地位、坚持和发展毛泽东思想这一条进行阐述和发挥。邓小平三条基本要求的提出以及对其毫不动摇的坚持，是历史决议能够成功制定的关键。

在邓小平有关论述的指导下，经过两个多月的讨论和研究，起草小组写出了一份决议草稿。邓小平看了这份草稿后，于6月27日同胡耀邦、胡乔木、邓力群等谈他对决议草稿的意见。邓小平对这份草稿不满意，认为整个文件写得太沉闷，不像一个决议，没有很好体现确立毛泽东的历史地位、坚持和发展毛泽东思想的要求，要重新写。在这次谈话中，邓小平结合稿子内容，又一次对决议起草发表了系统性的意见，要说清楚关于社会主义革命和社会主义建设，毛泽东同志有哪些贡献。他的思想还在发展中。我们要恢复毛泽东思想，坚持毛泽东思想，以至还要发展毛泽东思想，在这些方面，他都提供了一个基础。要把这些思想充分地表达出来。重点要放在毛泽东思想是什么、毛泽东同志正确的东西是什么这方面。错误的东西要批评，但是要很恰当。单单讲毛泽东同志本人的错误不能解决问题，最重要的是一个制度问题。毛泽东同志说了许多好话，但因为过去一些制度不好，把他推向了反面。毛泽东同志的错误在于违反了他自己正确的东西。封建主义残余影响的问题要讲一讲，也要讲得恰当。结语写一段我们还要继续发展

① 《邓小平文选》第2卷，人民出版社1994年版，第294—296页。

毛泽东思想。①

这些意见的核心内容是，决议的重点要放在毛泽东思想是什么、毛泽东正确的东西是什么这方面。错误的东西要批评，但是要很恰当，要概括一点。主要的内容，还是集中讲正确的东西。这些意见指出了决议的重点内容，提出了写错误的方法和原则，明确了正确的东西和错误的东西的主次，是对三条基本要求的坚持和发展，对决议接下来的起草和修改发挥了重要的指导作用。

起草小组根据邓小平的意见对决议草稿作了较大修改。在此期间，邓小平8月21日、23日答意大利记者奥琳埃娜·法拉奇问对《历史决议》的起草和修改发挥了关键性作用。在回答天安门上的毛主席像是否要永远保留下去的问题时，邓小平说，永远要保留下去。我们要对毛主席一生的功过作客观的评价。我们将肯定毛主席的功绩是第一位的，他的错误是第二位的。没有毛主席，至少我们中国人民还要在黑暗中摸索更长的时间。我们要实事求是地讲毛主席后期的错误。我们还要继续坚持毛泽东思想。毛泽东思想是毛主席一生中正确的部分。毛泽东思想不仅过去引导我们取得革命的胜利，现在和将来还应该是中国党和国家的宝贵财富。在回答怎样才能避免或防止再次发生"文化大革命"的问题时，邓小平说，这要从制度方面解决问题。我们过去的一些制度，实际上受了封建主义的影响，包括个人迷信、家长制或家长作风，甚至包括干部职务终身制。我们现在正在研究避免重复这种现象，准备从改革制度着手。我们这个国家有几千年封建社会的历史，缺乏社会主义的民主和社会主义的法制。现在我们要认真建立社会主义的民主制度和社会主义法制，只有这样，才能解决问题。②

邓小平的这些回答，借这位名记者的笔表达了中国对待毛泽东和毛泽

---

① 《邓小平年谱》第4卷，中央文献出版社2020年版，第649—650页。

② 《邓小平文选》第2卷，人民出版社1994年版，第344—348页。

东思想等重大问题的态度，向全世界郑重宣告，中国不会像苏联批判斯大林那样全盘否定毛泽东，而是会总结经验教训，改革完善制度，以利于推进四个现代化建设。这就有力地批驳了国内否定毛泽东和毛泽东思想的错误思潮，回击了国际上对我们搞"非毛化"的错误指责，为《历史决议》如何确立毛泽东的历史地位、坚持和发展毛泽东思想，以及如何分析和评价"文化大革命"等关键问题提供了更加明确的指导思想。

又经过一个多月的起草和修改，到 9 月 10 日，《历史决议》初稿完成，并发给 9 月 14 日至 22 日召开的各省、市、自治区党委第一书记座谈会讨论。1980 年 10 月至 11 月，中共中央组织了全党四千多名高级干部对决议草稿进行讨论，进一步征求意见。在讨论中，关于毛泽东和毛泽东思想的评价问题，仍然是讨论的热点、争论的焦点。这其中既有许多好的意见，也有不少比较片面的甚至否定毛泽东和毛泽东思想的言论。有些人甚至主张决议中不写毛泽东思想，从此不再提毛泽东思想。理由是毛泽东思想在争取新民主主义革命胜利中间确实起了伟大的作用，可是到中华人民共和国成立以后，毛泽东思想就再没有什么发展了，再没有什么东西值得我们坚持了。①

邓小平看了四千人大讨论的部分简报后，于 10 月 25 日找胡乔木、邓力群谈话。针对讨论中提出的一些不同意见以及表现出来的思想混乱，邓小平着重就毛泽东功过的评价和毛泽东思想的阐述这个最核心、最关键的问题讲了重要意见。他坚定地表示："实事求是地评价毛泽东同志的功过，肯定并且继续坚持毛泽东思想，在这个问题上不能让步。"②

邓小平旗帜鲜明地指出，毛泽东思想这个旗帜丢不得。丢掉了这个旗帜，实际上就否定了我们党的光辉历史。对毛泽东的评价，对毛泽东思想的阐述，不是仅仅涉及毛泽东个人的问题，这同我们党、我们国家的整个

---

① 《邓力群文集》第 1 卷，当代中国出版社 1998 年版，第 558 页。
② 《邓力群文集》第 1 卷，当代中国出版社 1998 年版，第 541 页。

历史是分不开的。要看到这个全局。决议稿中阐述毛泽东思想这一部分不能不要，这不只是个理论问题，尤其是个政治问题，是国际国内的很大的政治问题。如果不写或写不好这个部分，整个决议都不如不做。不写或不坚持毛泽东思想，我们要犯历史性的大错误。

如何批评毛泽东晚年的错误，是一个敏感问题，也是起草历史决议的一个难点。在谈话中，邓小平明确指出，对于错误，包括毛泽东的错误，一定要毫不含糊地进行批评，但是一定要实事求是，分析各种不同的情况，不能把所有的问题都归结到个人品质上。对于毛泽东的错误，不能写过头。写过头，给毛泽东抹黑，也就是给我们党、我们国家抹黑。这是违背历史事实的。①

邓小平的这次谈话，顶住了四千人大讨论中在有些问题上的错误意见，在决议起草的关键时刻，就如何评价毛泽东和毛泽东思想这个事关历史决议成败的核心问题表明了党中央坚定明确、毫不妥协的态度，对决议讨论稿的修改提供了重要的指导思想，对历史决议的成功制定发挥了决定性作用。

四千人大讨论后，决议稿吸收各方面意见又作了很大调整和修改。邓小平看了决议修改稿的历史部分后，于1981年3月9日找邓力群等谈他对决议稿的意见。邓小平对稿子仍不满意，认为决议稿对缺点错误讲得多，成绩讲得少，鼓舞人们提高信心、提高勇气的力量不够。邓小平具体指出，问题最大的是"文化大革命"前十年部分。现在稿子的调门不符合原先设想的方针。看完后，给人的印象是错误都是老人家一个人的，别人都对。我说过多次了，不能说成别人都对，只有一个人是错误的，这个人就是毛主席。历史不是这样的。这不符合实际。那时的错误，大家都有责任，主要是因为当时我们没有经验。"文化大革命"十年，错误写得差不多了。应该承认，老人家还是看到了党的缺点错误，还是想改正，但是他

①《邓小平文选》第2卷，人民出版社1994年版，第298—302页。

对情况估计错了，采取的方法错了，因而给党和国家造成了严重的危害。邓小平强调，中心是对老人家的评价问题，是毛泽东思想的历史地位问题。错误讲过分了，对毛主席和毛泽东思想的评价不恰当，国内人民不能接受，国际上也有相当一部分人不能接受。①

3月18日，邓小平再次同邓力群等谈决议修改问题。邓小平说，我最早提出写建国以来若干历史问题的决议，第一位的任务，是树立毛泽东同志和毛泽东思想的历史地位。这个问题写不好，决议宁可不写。在这一点上站住了，决议才能拿出去。这是中心，是关键。写好这个问题，才叫实事求是地分清建国以来党的历史上的是和非、对和错，包括个人的功过。② 显然，邓小平认为现在的稿子没有达到他当初提出的确立毛泽东的历史地位、坚持和发展毛泽东思想的要求。

关键时刻，陈云提出的一条重要建议为破解这一难题打开了思路。他的建议是增加回顾建国以前二十八年历史的段落。3月24日，邓小平去看望陈云，并征求他对决议稿的意见。陈云提出决议要"专门加一篇话，讲讲解放前党的历史，写党的六十年。六十年一写，毛泽东同志的功绩、贡献就会概括得更全面，确立毛泽东同志的历史地位，坚持和发展毛泽东思想，也就有了全面的根据"。③ 邓小平认为这个意见很好，在3月26日同邓力群谈话时，向他转述了陈云的意见，请他转告起草小组，并报告胡耀邦。

陈云的这条重要建议，解决了决议起草中的一个关键问题。在陈云提出这条建议之前，起草决议的思路都受"建国以来"的限制，只写三十二年，邓小平反复强调的"确立毛泽东同志的历史地位，坚持和发展毛泽东思想"的要求总觉得难以完全达到。陈云的建议使这个问题迎刃而解，因而多次受到邓小平的赞扬。在5月19日举行的中共中央政治局扩大会议

① 《邓小平年谱》第5卷，中央文献出版社2020年版，第16—17页。
② 《邓小平年谱》第5卷，中央文献出版社2020年版，第19页。
③ 《邓小平文选》第2卷，人民出版社1994年版，第303页。

上，邓小平在讲话中再次提到，决议形成过程中，"陈云同志提出，前面要加建国以前的二十八年。这是一个很重要的意见。"①

其实陈云的这条建议，邓小平早在决议起草之初就提出过。1980年4月1日，邓小平在同胡耀邦、胡乔木、邓力群谈到决议的框架时说："整个设计，可不可以考虑，先有个前言，回顾一下建国以前新民主主义革命这一段，话不要太多。然后，建国以来十七年一段，'文化大革命'一段，毛泽东思想一段，最后有个结语。结语讲我们党还是伟大的，勇于面对自己的错误，勇于纠正自己的错误。"②

指出邓小平首先提出历史决议要回顾建国以前二十八年的历史这个事实，不是也不会否定陈云所提建议的意义和价值。因为他们是在不同的情形下、针对不同的问题提出这一相同设想的。邓小平是在决议起草之初，针对其框架设计提出这个设想的。陈云是在决议起草后期，针对如何确立毛泽东的历史地位、坚持和发展毛泽东思想这个关键问题提出这一建议的。而这个关键问题在邓小平提出这个设想时还没有完全显现出来。所以，邓小平和陈云在不同情形下、针对不同问题提出的这一相同设想各有其特定意义和价值。这既反映了他们的合作，也体现了他们的默契。

继四千人大讨论后，从1981年3月31日起，决议稿又在政治局、书记处和老干部四十多人中进行了讨论。起草小组将讨论中提出的各种修改意见整理成书面材料报送邓小平。

4月7日，邓小平同胡乔木、邓力群谈话，主要就讨论中提出的一些不正确意见表明态度。讨论中，有人说八届十二中全会、九大是非法的，还有人说"文化大革命"中党不存在了。对这些意见，邓小平明确说不能接受。他指出："如果否定八届十二中全会、九大的合法性，那我们说'文化大革命'期间党还存在，国务院和人民解放军还能进行许多必要的工作，

① 《邓小平文选》第2卷，人民出版社1994年版，第306页。
② 《邓小平文选》第2卷，人民出版社1994年版，第296页。

就站不住了。"'文化大革命'中间，我们还是有个党存在。如果现在否定了八届十二中全会和九大的合法性，就等于说我们有一段时间党都没有了。这不符合实际。"针对讨论中一些人否定"文化大革命"期间外事工作的意见，邓小平明确指出："'文化大革命'期间，外事工作取得很大成绩。尽管国内动乱，但是中国作为大国的地位，是受到国际上的承认的。中国的国际地位有提高。"他列举了中华人民共和国恢复在联合国的合法席位、尼克松访华并发表上海公报、恢复中日外交关系以及他自己出席联大第六届特别会议等事实加以证明。① 这些重要意见，对起草组准确把握"文化大革命"期间的有关问题提供了指导。

在四十多人讨论的前后，邓小平会见了一些来访的外国党和国家领导人。他在会谈中就中国共产党正确评价毛泽东和毛泽东思想等问题向外宾作了介绍、说明和解释。这些谈话精神对讨论和修改决议稿具有重要的指导意义。

1月26日，邓小平会见澳大利亚外交部部长斯特里特。在会谈中，邓小平指出，世界上有人议论，说我们搞"非毛化"。我们没有搞"非毛化"，我们坚持毛泽东思想。毛主席在晚年确实有很大的错误，也要讲清楚。讲清楚的好处是可以教育我们的人民和后代，也教育我们自己。但毛主席的历史功绩不能抹煞。毛泽东思想是历史形成的，是在40年代我们党的全国代表大会上肯定的，是以毛主席为代表的老一辈无产阶级革命家集体智慧的结晶。毛泽东思想指导中国革命取得了胜利，这个财富我们不能丢。既然我们坚持毛泽东思想，怎么能说是"非毛化"？我们要写个文件，主要是总结建国以来的历史经验，肯定要坚持毛泽东思想，肯定毛主席的功绩是第一位、错误是第二位。②

3月24日，邓小平会见坦桑尼亚总统尼雷尔。在谈到对毛泽东和毛

---

① 《邓小平文选》第2卷，人民出版社1994年版，第304—305页。
② 《邓小平年谱》第5卷，中央文献出版社2020年版，第7页。

泽东思想的评价问题时，邓小平指出，现在，不仅国际上，我们国内也有人说我们在搞"非毛化"。如果真搞"非毛化"，那就要犯历史性的错误。中国革命的历程已经证明，如果没有毛泽东同志的领导，中国人民至少还要在黑暗中摸索很多年才能取得胜利。所以我们说要正确评价毛主席。毛主席的一生，成绩是第一位的，错误是第二位的。他在后期确实有不少错误，特别在"文化大革命"的问题上。"文化大革命"前，毛主席也有些失误，比如说"大跃进"，但这些失误的责任不能只放在他一个人头上，我们这些人也要负责任，因为当时我们也参加了中央领导。就我来说，我也要负责，否则不公道。"文化大革命"前，毛主席的主导方面是正确的。毛主席确实丰富了马克思主义，给马克思主义增添了许多新的内容。即使在"文化大革命"中，尽管毛主席确实错误不小，但他的好多见解也是正确的。比如，在对外政策方面，他提出了三个世界的划分，反对霸权主义，确定中国永不称霸，确定中国永远属于第三世界。这些思想都是很好的，将继续成为我们的指导思想。经历了"文化大革命"的灾难，我们必须总结经验教训，正确评价毛主席的各个方面，目的还是要坚持毛泽东思想。这对指导我们今后的工作是很必要的。①

4月18日，邓小平在沈阳同对中国进行内部访问的朝鲜劳动党中央委员会总书记、国家主席金日成谈到毛泽东、毛泽东思想的评价问题时指出，这个问题在中共党内、在中国人民中是个很大的问题。很多人不知道我们党的历史，我们是怎样奋斗的，怎样成功的，他们不清楚。他们只看到"文化大革命"、"四人帮"，因此对毛主席持否定态度。我提出完整地准确地掌握和运用毛泽东思想，全党接受了。我们坚持毛泽东思想的科学体系，不是坚持只言片语。对毛主席和毛泽东思想的评价，意见很多，经过多次反复。评价毛主席，现在讲功绩是第一位的，错误是第二位的，普遍地能接受。至于毛泽东思想，是另一个概念。它是在建党以后，尤其在

---

① 《邓小平年谱》第5卷，中央文献出版社2020年版，第23页。

遵义会议以后逐渐形成的，我们党的七大肯定了毛泽东思想。那时说，毛泽东思想是马克思列宁主义理论和中国革命实践之统一的思想，就是这个概念。年轻人不懂得这个历史。毛泽东思想是中国革命经验的总结，对世界也有贡献。中华人民共和国成立前，毛泽东思想引导中国革命取得胜利，是中国人民的宝贵财富。建国后，毛泽东思想还有发展。我们要坚持毛泽东思想，像坚持马列主义一样坚持毛泽东思想。①

5月15日，邓小平同胡耀邦、胡乔木、邓力群、吴冷西、胡绳再谈决议稿的修改问题。邓小平指出，起草时间很长了，稿子不要再变了，快搞出来。稿子可以压缩短一些、精练一些，解释不要。争论问题可不谈，但原则问题一定谈，如四项基本原则，可以反驳一些错误观点。十条基本经验很重要，可以给人以信心。当然，文字上可以写得扼要一些。②

5月19日至29日，中共中央政治局召开扩大会议，讨论起草组根据邓小平谈话精神，吸收政治局、书记处和老干部四十多人讨论中提出的意见后形成的决议修改稿。在19日的开幕会上，邓小平作了重要讲话。

邓小平首先向会议说明了决议稿的起草修改过程。他说："这个文件差不多起草了一年多了，经过不晓得多少稿。一九八〇年十月四千人讨论，提了很多好的重要的意见；在四千人讨论和最近四十多位同志讨论的基础上，又进行修改，反复多次。起草的有二十几位同志，下了苦功夫，现在拿出这么一个稿子来。"

接下来，邓小平强调了尽早拿出决议的必要性。他说："这个决议，过去也有同志提出，是不是不急于搞？不行，都在等。从国内来说，党内党外都在等，你不拿出一个东西来，重大的问题就没有一个统一的看法。国际上也在等。人们看中国，怀疑我们安定团结的局面，其中也包括这个文件拿得出来拿不出来，早拿出来晚拿出来。所以，不能再晚了，晚了

① 《邓小平年谱》第5卷，中央文献出版社2020年版，第31—32页。
② 《邓小平年谱》第5卷，中央文献出版社2020年版，第38页。

不利。"

邓小平紧接着说明了这次会议的目的和任务。他说："为了要早一点拿出去，再搞四千人讨论不行了，也不需要，因为四千人的意见已经充分发表出来了，而且现在的修改稿子也充分吸收了他们的意见。现在的方法，就是开政治局扩大会议，七十几个人，花点时间，花点精力，把稿子推敲得更细致一些，改得更好一些，把它定下来；定了以后，提到六中全会。设想就在党的六十周年发表。纪念党的六十周年，不需要另外做什么更多的文章了。也还需要有些纪念性质的东西，但主要是公布这个文件。"

邓小平在讲话最后再次强调："中心是两个问题，一个是毛泽东同志的功绩是第一位，还是错误是第一位？第二，我们三十二年，特别是'文化大革命'前十年，成绩是主要的，还是错误是主要的？是漆黑一团，还是光明是主要的？还有第三个问题，就是这些错误是毛泽东同志一个人的，还是别人也有点份？这个决议稿中多处提到我们党中央要承担责任，别的同志要承担点责任，恐怕这比较合乎实际。第四，毛泽东同志犯了错误，这是一个伟大的革命家犯错误，是一个伟大的马克思主义者犯错误。"①邓小平的讲话，为中共中央政治局扩大会议讨论决议稿定下了基调。

从 5 月 21 日至 29 日，中共中央政治局扩大会议对决议稿进行了 8 天的讨论，提出了许多好的意见。起草组吸收大家的意见，对决议稿再次做出修改，准备提交中共十一届六中全会讨论通过。

1981 年 6 月 15 日至 25 日，中共中央举行十一届六中全会的预备会议，主要内容是分组讨论历史决议稿。与会人员在 8 天的讨论中又提出不少修改意见。6 月 22 日，中共中央政治局常委召集预备会各小组召集人碰头会，讨论怎样根据预备会讨论中提出的意见，对决议稿进行修改。邓小平作了讲话。他首先对决议稿予以充分肯定。他说："总的来说，这个决议

---

① 《邓小平文选》第 2 卷，人民出版社 1994 年版，第 305—307 页。

是个好决议，现在这个稿子是个好稿子。我们原来设想，这个决议要举毛泽东思想的伟大旗帜，实事求是地、恰如其分地评价'文化大革命'，评价毛泽东同志的功过是非，使这个决议起到像一九四五年那次历史决议所起的作用，就是总结经验，统一思想，团结一致向前看。我想，现在这个稿子能够实现这样的要求。"①邓小平从决议起草一开始就提出三条基本要求，而且始终坚持，毫不妥协。经过起草组一年多的努力，经过四千人的讨论，几十人的讨论，政治局扩大会议的讨论，这次六中全会预备会的讨论，终于达到了邓小平提出的要求，这是十分不容易的。这得益于邓小平正确的指导，得益于全党上下的反复讨论，更得益于起草组的集体智慧和下的苦功夫。

邓小平在讲话中还就决议稿讨论中提出的有关问题，包括为什么不提路线错误，为什么强调对毛泽东的评价要恰如其分，为什么要提华国锋的名字，为什么讲"文化大革命"的原因不提小资产阶级思想的影响等作了说明。邓小平说："对十一大，不要说什么路线错误。对'文化大革命'，我们也不说是路线错误，按它的实质分析就是了，是什么就是什么。"②

会后，起草组按照大家的意见，对决议稿又进行了精心修改。经中共中央政治局常委同意后形成决议草案。

1981年6月27日至29日，中共十一届六中全会在北京举行。在6月27日的全体会议上，决议草案稿经讨论获得一致通过。邓小平在6月29日闭幕会上的讲话中，对历史决议予以高度评价。他说："关于建国以来党的若干历史问题的决议，真正是达到了我们原来的要求。这对我们统一党内的思想，有很重要的作用。""相信这个决议能够经得住历史考验。"③

---

① 《邓小平文选》第2卷，人民出版社1994年版，第307页。

② 《邓小平文选》第2卷，人民出版社1994年版，第307、308页；《陈云年谱（修订本）》下卷，中央文献出版社2015年版，第317页。

③ 《邓小平文选》第2卷，人民出版社1994年版，第383页。

全会一致通过的《关于建国以来党的若干历史问题的决议》分为八个部分：建国以前二十八年历史的回顾；建国三十二年历史的基本估计；基本完成社会主义改造的七年；开始全面建设社会主义的十年；"文化大革命"的十年；历史的伟大转折；毛泽东同志的历史地位和毛泽东思想；团结起来，为建设社会主义现代化强国而奋斗。这个决议，运用马克思主义的辩证唯物论和历史唯物论，对建国三十二年来党的重大历史事件特别是"文化大革命"作出了正确的总结，科学地分析了在这些事件中党的指导思想的正确和错误，分析了产生错误的主观因素和社会原因，实事求是地评价了毛泽东的历史地位，系统论述了毛泽东思想的基本内容和指导意义。决议的通过标志着中国共产党在指导思想上拨乱反正任务的完成。

　　由邓小平主持起草的历史决议，总结了新中国成立以来的历史经验，彻底否定了"文化大革命"的错误实践和理论，坚决顶住了否定毛泽东和毛泽东思想的错误思潮，维护了毛泽东的历史地位，科学地评价了毛泽东思想。随着国内建设的发展和国际局势的变化，越来越显示出邓小平作出这个重大决策的勇气和远见，越来越显示出他对党和人民所作的这一历史性贡献的深远意义。

第十章

华北军事大演习

　　1981 年 9 月，中国人民解放军北京部队和空军部队在华北地区举行了一场规模较大的实兵演习。这次演习是对中国人民解放军军事训练成果的大检阅。时任中共中央军委主席的邓小平指导了演习并检阅了参演部队。

　　新中国成立后到这次演习前，我军曾组织过三次比较大的实兵演习。第一次是 1955 年在辽东半岛举行的抗登陆实兵战役演习。演习由训练总监部组织领导，国防委员会副主席叶剑英任总导演，参加演习的有陆军、海军和空军共六万余人。通过这次演习，丰富了解放军在原子武器和化学武器条件下抗登陆作战的知识，提高了军队高级干部组织与指挥抗登陆战役的能力，并取得了组织较大规模战役演习的经验。邓小平去看了这次演习。① 第二次是 1959 年南京军区在杭州湾穿山半岛举行的加强步兵师渡海登陆对筑垒防御之敌进攻的示范性战术演习，参演部队有二万多人。第三次是 1973 年北京军区举行的打敌集群坦克的军事演习，动用了一个坦克师和两个步兵团，加上参演的空军部队，也有二万多人。

　　这次华北演习，是为了检验军队整顿和训练的成果。早在 1975 年邓小平主持中共中央日常工作时，就针对军队存在的问题提出了整顿的措

---

① 《邓小平军事文集》第 3 卷，军事科学出版社、中央文献出版社 2004 年版，第 188 页。

施。但在"批邓、反击右倾翻案风"运动的冲击下，刚刚开始的整顿工作被迫中断。邓小平复出后，再次把整顿工作提上全军建设的日程。1977年8月23日，邓小平在中共中央军委座谈会上详细谈了对军队整顿和建设的设想。他指出："四个现代化，有个国防现代化。军队目前存在着相当多的问题。很多同志担心，军队能不能顺利地实现现代化？还有同志担心，军队经过林彪、'四人帮'这样久的破坏，如果不很快整顿，遇到敌人进攻还能不能打仗？这些担心不是没有根据的。这就提出一些问题：军队怎样整顿，怎样准备打仗，怎样把军队搞好。解决了这些问题，才能谈到国防现代化问题。"① 邓小平认为解决这些问题，除了调整领导班子外，还要把军队的教育训练提高到战略地位，并把这个方针具体化。

在邓小平这一思想的指导下，1977年12月12日至31日召开的中共中央军委全体会议，提出了加强军队建设、准备打仗的方针，明确规定了军队建设的10项任务，通过了《关于加强部队教育训练的决定》等九个文件。这次会议是1975年中共中央军委扩大会议的继续。会议确定的方针、任务和作出的各项决定，为新时期整顿军队、加强军队现代化建设指明了前进方向，提供了根本遵循。28日，邓小平在会上发表重要讲话，着重强调了整顿领导班子、加强教育训练和严格纪律等五个方面的问题。他要求，对会议的精神和决定，要很好地传达和贯彻执行。贯彻执行的关键在于高级干部要以身作则。要加强领导，做好规划，狠抓落实。首先要抓紧把各级领导班子调整配备好。

根据军委全会精神，从1977年开始，军队利用三年时间进行了整顿。在此期间，邓小平多次听取解放军三总部和有关军种、大军区负责人汇报，就整顿领导班子、军队教育训练、部队精简整编和装备等问题发表谈话，有力地指导着军队各方面整顿工作的顺利进行。与此同时，为保证军委全会确定的方针和制定的各项决定落到实处，胜利完成全会规定的军队

---

① 《邓小平文选》第2卷，人民出版社1994年版，第59页。

建设任务，在邓小平的指导下，有关部门先后召开了全军政治工作会议、全军后勤工作会议、全国民兵工作会议、第三次全国人防工作会议。1978年6月2日，邓小平出席全军政治工作会议并发表重要讲话，重点强调了坚持实事求是、一切从实际出发、理论与实践相结合这一马克思主义的根本观点和根本方法，为新时期军队整顿提供了思想指引。

为检验军队整顿和训练的成果，1978年以后，各军区、海军、空军和第二炮兵部队多次进行现代条件下的作战演习，为华北军事演习积累了经验。1980年底，华北军事演习提上议事日程。总参提出，华北演习集训各大军区、军兵种的领导同志，目的是研究在主要方向上防御作战的组织实施，具体地点定在张北地区，并委托北京军区组织实施。军委原则同意总参的建议，并指示总参商北京军区，尽早拿出演习的具体方案。

北京军区行动迅速，很快就提出了演习的初步设想。1981年2月底，中央军委办公会议听取了他们的汇报。三总部和各军兵种有关领导列席了这次会议。大家原则同意北京军区的设想。但个别同志担心，搞这样大规模的演习，在国际上会不会产生一些负面影响，特别是考虑国家的财政状况，动用这样多的军队，搞这样大的规模，感到没有太大的把握。会议要总参与北京军区再商量一下，准备大、中、小三个方案，专题报中央军委审批。

总参和北京军区经过商量，提出大、中、小三个方案。第一方案，进行方面军防御战役演习。主要练四个科目：一是模拟敌军集群坦克进攻；二是空降与反空降；三是陆军师坚固阵地防御；四是战役预备队反突击。参加演习的兵力，共计13个师零12个团又5个营，10.5万余人，汽车8600辆，坦克850辆，装甲运输车386辆，火炮1763门，飞机178架。第二方案，方面军编成内的防御战役演习。减去空降反空降的科目。参加演习的兵力压缩到5万余人，参演的汽车、坦克、装甲运输车、飞机也都相应减少。第三方案，只搞集训，进行战场勘察和集团作业，不搞演习。

只需经费 77 万元。①

方案拟出后，时任中国人民解放军副总参谋长张震于 3 月 6 日给邓小平写了一封信，主要汇报张北演习的准备情况，提出三个方案的设想及其根据，对所需经费也作了初步匡算。信写好了，还没有送出，就接到通知，说邓小平要在近日听取一次汇报。

3 月 10 日上午，时任中国人民解放军总参谋长杨得志和副总参谋长张震来到邓小平家里，向邓小平汇报北京军区组织战役演习的方案。杨得志向邓小平汇报了提出三个方案的经过和依据，讲了中央军委办公会议讨论的情况，包括一些同志担心的问题。还讲到总参、北京军区和有关军兵种的同志，都倾向按第一方案办。张震对第一方案作了补充，说明准备成立演习领导小组，由杨得志担任组长，具体工作请北京军区司令员秦基伟来搞。

邓小平听完汇报，明确表示，张北演习，在政治上会不会引起苏联有什么反映，不要考虑。这与海军编队在海上演习不同。我们只是在陆地上搞演习。苏联每年要搞多少次，规模也不小，也没有什么政治上的反映。我们过去也搞过嘛！搞这么一次实兵演习大有好处。我们的部队可以实际锻炼一下，也可以看看部队训练的成果。这样大规模的演习，我们好久没有搞了。要搞合成军。这次演习，有地面部队，有空军协同，只是没有海军。这样的演习对军队有鼓励作用，经过训练再搞实兵演习，可以提高部队实战能力和水平。多年没有搞了，还是下决心搞一次。

谈话中，邓小平说，部队阅兵式、分列式好久没有搞了。不能说这是形式主义，对部队的作风培养有教育意义。现在，有的部队懒懒散散，不像个样，我想适当的时间要搞一次阅兵，把军队摆一摆给大家看看，对军队在人民中的观瞻有好处，能加强军民关系，使军民关系更好些，对加强军队训练也有作用。

---

① 《张震回忆录》下册，解放军出版社 2003 年版，第 204 页。

邓小平强调说，看看部队这次搞得怎么样。这样规模的演习，我们过去没有搞过，关键问题是看组织能力怎么样。演习时，各军区、各军兵种要组织一些干部来看看。总参要抓。这笔钱还是要花，要搞得好一点，要把军队的士气鼓一下，把军队训练得像个样子。

张震再次请示说，如果这样搞，要用一笔经费，还要动用一些储备物资。邓小平果断地说，好吧！就这样定了。随后邓小平在张震3月6日写好的信上明确批示："同意第一方案，力求节约。"① 邓小平一锤定音，华北军事大演习的方案就这样定下来了。

回来后，杨得志向中央军委办公会议传达了邓小平的指示。大家一致拥护，表示要坚决贯彻执行。3月12日，张震向北京军区、有关军兵种的领导，以及三总部有关部门负责同志，传达了邓小平的上述重要指示。大家都非常振奋，表示一定要把这次演习搞好。

为加强对演习的组织领导，中央军委批准成立全军高级干部战役集训领导小组，组长由杨得志担任，杨勇、秦基伟和张震为副组长，成员有三总部、北京军区和有关军兵种、军事科学院的领导同志。下设办公室，由北京军区副司令员马卫华负责。

5月20日，经邓小平批准，总参谋部正式发出关于举办全军高级干部战役集训的通知，对集训指导思想、参加人员、学习内容、方法步骤、时间安排，都作出明确规定。

在准备过程中，北京军区的领导同志认真领会、贯彻中央军委和总部的意图，率领军区机关、部队，全力以赴，为华北大演习的成功做了大量工作。他们多次勘察地形、修改方案、指导演练，并且在总部和有关军兵种的协助下，编写了《战争初期方面军防御战役准备与实施》等15本理论教材以及方面军防御战役的想定材料和参考资料。有关集训和参观的组织保障工作，也做得扎实细致、井井有条。军委空军从四个军抽调部队

---

① 《张震回忆录》下册，解放军出版社2003年版，第205—207页。

参加演习。张廷发司令员、高厚良政委和成钧副司令员多次到现场检查指导。

8月27日，战役集训正式开始。参加集训的有三总部、各军兵种和各大军区主要领导干部，共247人。战役集训分为四个阶段进行。

第一阶段，从8月27日至9月3日，在北京学习方面军防御战役的理论材料，并安排了4位领导同志讲课。由马卫华讲《战争初期方面军防御战役的准备与实施》，北京军区空军刘玉堤司令员讲《方面军防御战役空军的运用》，北京军区政治部主任曲竞济讲《方面军防御战役政治工作》，北京军区后勤部部长衣瑞伦讲《方面军防御战役后勤保障》。

第二阶段，从9月4日至11日，进行方面军防御战役的想定作业。作业前，由总参军训部石侠副部长介绍红、蓝两军的立案企图。具体做法是：由大军区参加集训的同志各组成一个指挥班子，都来当一当北京军区司令员和政委，也就是说都当方面军司令员和政委，提出自己的方案。各指挥班子之间互相切磋。

第三阶段，从9月12日至21日，到张家口地区参观北京军区方面军防御战役演习的组织实施。①

9月14日，演习正式开始。在6月底召开的中共十一届六中全会上当选为中共中央军事委员会主席的邓小平身着平时很少穿的军装，来到演习现场。中共中央政治局常委胡耀邦、李先念等，都前往张北地区参观演习。同时观看演习的还有中央国家机关和各省、自治区、直辖市主要负责人，全军高级干部和当地群众，共3.2万人。

参加演习的，既有陆军的各个兵种，也有空军的航空兵、空降兵；既有一线坚守部队，也有战略预备部队；既有一般的武器装备，也有高新技术的武器装备；既有真枪实弹的硬杀伤，也有通信电子的软对抗，比较全面地反映了现代战争立体多维的特点。在演习中，对如何做好战时思想政

---

① 《张震回忆录》下册，解放军出版社2003年版，第210页。

治工作和后勤保障工作，也都进行了深入探讨，得到了比较全面的锻炼。这次演习，组织严密，准备充分，诸军兵种密切协同，红、蓝两军对阵"激战"，充分显示了我军指战员继承和发扬优良的革命传统和战斗作风，具有严格的组织纪律、出色的指挥艺术和熟练的战术技术素养。演习共进行了5天，邓小平观看了全过程。

9月19日上午，举行了盛大的阅兵。邓小平登上敞篷阅兵车，在受阅部队总指挥、北京部队司令员秦基伟陪同下，检阅了陆海空军指战员排列成的53个方队。接着，进行了庄严的分列式。在雄壮的军乐声中，陆海空三军仪仗队护卫着"八一"军旗走在前列，后面是军事学校、步兵、海军、空降兵等地面方队循序通过检阅台。接着是摩托化步兵、炮兵、工程兵、装甲兵和导弹部队，以4路纵队齐头并进，奔驰向前。航空兵部队的庞大机群，编着整齐的队形，浩浩荡荡飞过阅兵场上空。最后，高速歼击机作了精彩的特技飞行表演。① 这次阅兵，生动显示了人民军队朝气勃勃向现代化大步迈进的战斗英姿和威武阵容。

邓小平阅兵后，发表了重要讲话。之前，总参为邓小平准备了讲话稿。集训领导小组以及总参军训部的同志认为，鉴于我军刚刚进入新的历史时期，要肩负起保卫社会主义祖国、保卫四化建设的光荣使命，全面提高我军在现代条件下诸军兵种协同作战的能力，军队必须有一个明确的奋斗目标，而在检阅部队后讲话时发出这样的号召非常必要。于是，张震提议根据邓小平的一贯思想，围绕建设一支强大的现代化、正规化的革命军队这个主题，具体提出军队要抓好政治思想建设，继承和发扬我军光荣传统，改善武器装备，加强军政训练，加速国防现代化建设，扎扎实实地做好反侵略战争准备等方面的要求，以这样一条主线来作为讲话的中心内容。大家反复讨论后，由军训部胡长发执笔，很快就写出了初稿，又经多次修改，由杨得志审阅后报送中央军委。讲话稿不足千字，简洁明了，得

---

① 《北京部队和空军部队举行军事演习》，《人民日报》1981年9月27日。

到邓小平的肯定。①

邓小平在讲话中说："这次演习，检验了部队现代化、正规化建设的成果，较好地体现了现代战争的特点，摸索了现代条件下诸军兵种协同作战的经验，提高了部队军政素质和实战水平。这对全军的建设、战备和训练是一个有力的推动。演习达到了预期目的，是成功的。"

邓小平明确指出："我军是人民民主专政的坚强柱石，肩负着保卫社会主义祖国、保卫四化建设的光荣使命。因此，必须把我军建设成为一支强大的现代化、正规化的革命军队。"

邓小平要求全军："一定要扎扎实实做好反侵略战争的准备，为保卫世界和平，为保卫祖国领土的安全，为争取台湾早日回归祖国，实现祖国统一的神圣大业作出新的贡献。"②

演习结束后，大家回到北京。战役集训转入第四阶段，进行总结提高。9 月 24 日，邓小平主持全军高级干部战役集训班会议，讨论和总结华北军演的经验。会前，邓小平接见了完成军事演习任务的军队领导干部，以及观看这次演习的中央和各地党政军领导干部，并合影留念。举办战役集训班，研究探讨战争初期方面军防御作战问题，组织实兵演习，对于解决"积极防御"战略方针的具体化，探讨以现有装备战胜优势装备的敌人，对于培养干部特别是高级干部，全面锻炼部队，提高我军在现代条件下组织指挥各军兵种协同作战的能力，大有好处。特别是军委主席邓小平亲临演习现场、检阅部队并作了重要讲话，对我军的"三化"建设是一个巨大鼓舞和推动。华北军事演习取得的经验，对指导我军的设防和训练，有着深远的意义和作用。认真研究、总结这次演习的经验，特别是组织工作方面的经验，至今仍有重要意义。

华北军事演习，在国际国内都引起了强烈反响，给全国军民以极大鼓

① 《张震回忆录》下册，解放军出版社 2003 年版，第 209 页。
② 《邓小平军事文集》第 3 卷，军事科学出版社、中央文献出版社 2004 年版，第 205—206 页。

舞,对国际霸权主义者产生了一定的威慑作用。国外的一些评论说,这
"是一支精良的军队",是"一次精彩的演习","是人民解放军最盛大的一
次显示力量"。①

① 《张震回忆录》下册,解放军出版社 2003 年版,第 213 页。

第十一章

开创中国特色社会主义道路

1982 年 9 月召开的中共十二大，以全面开创社会主义现代化建设新局面而载入史册。邓小平在大会开幕词中首次提出"建设有中国特色的社会主义"这一崭新命题，为开创中国特色社会主义道路提供了逻辑起点，奠定了立论基础。

"文化大革命"结束以来，特别是中共十一届三中全会以来，经过全党全军全国各族人民的艰苦努力，中国共产党在指导思想上完成了拨乱反正的艰巨任务，并且在各条战线的实际工作中取得了拨乱反正的重大胜利，实现了历史性的伟大转变。为总结过去六年的历史性胜利，进一步肃清十年内乱所遗留的消极后果，全面开创社会主义现代化建设新局面，确定继续前进的正确道路、战略步骤和方针政策，中国共产党决定于 1982 年 9 月召开第十二次全国代表大会。

中共十二大的主要准备工作是起草政治报告。这项工作自始至终是在邓小平的直接指导下完成的。在报告的起草过程中，邓小平提出了重要的指导性意见。1982 年 6 月 25 日，邓小平审阅报告修改稿后，对胡耀邦、胡乔木说，报告架子可以，但要写得精彩些、短些。经济部分可以多改，外交部分要注意策略，不要使人觉得我们的外交政策变了。[1]8 月 25

---

① 《邓小平年谱》第 5 卷，中央文献出版社 2020 年版，第 126 页。

日，邓小平在审阅报告修改稿时，将"从五十年代后期开始，个人崇拜现象逐步发展，个人专断作风逐渐滋长"一语中的"个人专断作风逐渐滋长"删去。① 经过不断讨论修改，报告起草工作顺利完成。

1982年9月1日至11日，中国共产党第十二次全国代表大会在北京召开。大会的主要议程是：审议第十一届中央委员会的报告，确定党为全面开创社会主义现代化建设新局面而奋斗的纲领；审议和通过新的《中国共产党章程》；按照新的党章的规定，选举新的中央委员会、中央顾问委员会和中央纪律检查委员会。

邓小平主持大会开幕式并致开幕词。在开幕词中，他第一次提出了"建设有中国特色的社会主义"的科学命题。邓小平说："我们的现代化建设，必须从中国的实际出发。无论是革命还是建设，都要注意学习和借鉴外国经验。但是，照抄照搬别国经验、别国模式，从来不能得到成功。这方面我们有过不少教训。把马克思主义的普遍真理同我国的具体实际结合起来，走自己的道路，建设有中国特色的社会主义，这就是我们总结长期历史经验得出的基本结论。"②

邓小平审时度势，高瞻远瞩，提出了我国人民在20世纪80年代的三大任务，以及到20世纪末的近二十年时间内需要抓紧的四件工作。他指出："加紧社会主义现代化建设，争取实现包括台湾在内的祖国统一，反对霸权主义、维护世界和平，是我国人民在八十年代的三大任务。这三大任务中，核心是经济建设，它是解决国际国内问题的基础。今后一个长时期，至少是到本世纪末的近二十年内，我们要抓紧四件工作：进行机构改革和经济体制改革，实现干部队伍的革命化、年轻化、知识化、专业化；建设社会主义精神文明；打击经济领域和其他领域内破坏社会主义的犯罪活动；在认真学习新党章的基础上，整顿党的作风和组织。这是我们坚持

---

① 《邓小平年谱》第5卷，中央文献出版社2020年版，第140页。
② 《邓小平文选》第3卷，人民出版社1993年版，第2—3页。

社会主义道路，集中力量进行现代化建设的最重要的保证。"①

邓小平在总结党长期历史经验的基础上，得出了建设有中国特色社会主义的基本结论。这个基本结论，表现在理论上，就是逐步形成了中国特色社会主义理论体系；表现在实践上，就是开创了中国特色社会主义道路。

中共十二大提出了党在新时期的总任务以及到20世纪末的奋斗目标。报告宣布，中国共产党在新的历史时期的总任务是，团结全国各族人民，自力更生，艰苦奋斗，逐步实现工业、农业、国防和科学技术的现代化，把我国建设成为高度文明、高度民主的社会主义国家。报告提出，从1981年到20世纪末的二十年，我国经济建设总的奋斗目标是，在不断提高经济效益的前提下，力争使全国工农业的年总产值翻两番，即由1980年的7100亿元增加到2000年的2.8万亿元左右，使人民的物质文化生活达到小康水平。报告指出，为了实现二十年的奋斗目标，在战略部署上分两步走：前十年主要是打好基础，积蓄力量，创造条件，后十年进入一个新的经济振兴时期。这些奋斗目标和战略部署，是以邓小平同志为主要代表的中国共产党人，全面分析我国经济情况和发展趋势之后作出的重要决策，是中共十二大为全面开创改革开放和社会主义现代化建设新局面作出的重要贡献。

大会通过的《中国共产党章程》，清除了中共十一大党章中仍肯定"无产阶级专政下继续革命"的理论等"左"的错误，继承和发展了中共七大和八大党章的优点，并根据新时期执政党的特点，提出了许多新的要求。中共十二大党章是党的历史经验和集体智慧的结晶，是在新的历史时期加强党的思想建设和组织建设的强大武器。

9月12日，中共十二届一中全会选举胡耀邦、叶剑英、邓小平、赵紫阳、李先念、陈云为中共中央政治局常委，胡耀邦为中共中央委员会总

---

① 《邓小平文选》第3卷，人民出版社1993年版，第3页。

书记，决定邓小平任中共中央军事委员会主席。

按照新党章的规定，中共十二大选举产生了中央顾问委员会。中共中央顾问委员会（以下简称"中顾委"）是我们党在改革开放初期为废除干部领导职务终身制、建立退休制度而采取的一种过渡形式。它是在邓小平的积极倡导下成立的，是中国共产党历史上史无前例的创举，也是对党和国家领导制度的重大改革。

中共十一届三中全会后，随着拨乱反正和大规模平反冤假错案工作的展开，一大批在"文化大革命"期间遭受迫害的老干部重新走上领导岗位，造成了干部队伍和领导班子严重老化和青黄不接的现象。为了使中共十一届三中全会确定的路线、方针、政策能够得到长期坚持，为了保证党和国家的长治久安，必须废除实际存在的干部领导职务终身制，建立退休制度，实现干部队伍的新老交替和年轻化。但老同志刚出来工作不久，就要让他们离开领导岗位，从思想和感情上一时难以接受，实行退休制度遇到一些阻力和障碍，而大批优秀中青年干部又一时难以提拔和培养起来。在这种情况下，为保护老干部的工作热情，发挥老干部领导经验丰富的优势，减小建立退休制度的阻力和障碍，同时为大批提拔和培养优秀中青年干部创造条件，邓小平等中共中央领导同志，从我们党面临的实际情况出发，创造性地提出了设立中共中央顾问委员会这种构想，为从干部领导职务终身制走向退休制创设了一种有效的过渡形式。

1980年1月28日，邓小平在同胡耀邦、胡乔木、邓力群谈对《中国共产党章程（修改草案）》的修改意见时，首次谈到建立党的顾问委员会问题。他指出，党章作这一规定的目的，是使党的各级委员会逐步年轻化。要讲清各级顾问委员会的性质、职权。它应是同级党委的咨询机构，党委决定重大问题时要向它提供情况、材料，听取它的意见。中央顾问委员会成员可以列席中央政治局会议，各级顾问委员会的成员也可列席同级党委会或常委会。这个规定，不只是解决丧失工作能力的老同志退出中央委员会当参谋的问题，就是那些有过重大贡献、在全国德高望重的人，也可以转入第二线。与此相联系的问题，还是要按国家规定实行干部离职退休制度，都安排当顾问不可能。① 在这次谈话中，邓小平指出了设立顾问委员会的目的，并对党章如何从制度源头上设定顾问委员会的性质和职权提出了明确意见。同年 6 月 27 日，邓小平在听取胡耀邦、胡乔木、邓力群等人关于准备成立中顾委的汇报时又说，赞成成立中央顾问委员会。恐怕得立一些庙，菩萨才好安置。老同志安排好以后，就可以把中年同志提拔起来。老同志的安排，一方面组织上要想办法，另一方面他们也不要提过高的要求。不在其位了，相应的有些待遇也可以改变一下。②

1980 年 8 月 18 日，邓小平在中共中央政治局扩大会议的讲话中指出："中央已经设立了纪律检查委员会，正在考虑再设立一个顾问委员会（名称还可以再考虑），连同中央委员会，都由党的全国代表大会选举产生，并明确规定各自的任务和权限。这样，就可以让一大批原来在中央和国务院工作的老同志，充分利用他们的经验，发挥他们的指导、监督和顾问的作用。同时，也便于使中央和国务院的日常工作班子更加精干，逐步实现年轻化。"③ 这是邓小平首次在中央会议上提出设立中央顾问委员会。

1982 年 7 月，中共中央政治局召开扩大会议，讨论十二大报告和党章修改草案。邓小平在 30 日的讲话中，再次就设立中顾委的原因作了详细说明。他指出，这次的党章有些问题没有完全解决，比如领导职务终身制的问题，已经接触到了，但没有完全解决，退休制度的问题也没有完全解决，设顾问委员会，是一种过渡性质的。鉴于我们党的状况，我们的干部老化，但老同志是骨干，处理不能太急，太急了也行不通。还有，我们多年来对中青年干部的提拔就是少，就是没有注意这方面的工作嘛。而且还得承认，确实是障碍重重，这个障碍有些是有意识的，有些是无意识的，两种情况都有，所以，我们需要有一个顾问委员会来

---

① 《邓小平年谱》第 4 卷，中央文献出版社 2020 年版，第 598—599 页。
② 《邓小平年谱》第 4 卷，中央文献出版社 2020 年版，第 650 页。
③ 《邓小平文选》第 2 卷，人民出版社 1994 年版，第 339 页。

过渡。我们有意识地采取这个办法，使得过渡比较顺利。也许经过三届代表大会以后，顾问委员会就可以取消了。如果两届能够实现，就要十年。这个过渡是必要的，我们选择了史无前例的这种形式，切合我们党的实际。但是在这个过渡阶段，必须认真使干部队伍年轻化，为退休制度的建立和领导职务终身制的废除创造条件。① 在讲话中，邓小平再次强调了中顾委的过渡性质。

1982 年 9 月召开的中共十二大，审议通过了《中国共产党章程》。党章设专条对中顾委作出规定。关于中顾委的性质，党章明确指出，党的中央顾问委员会是中央委员会的政治上的助手和参谋。关于中顾委委员的条件，党章规定，中央顾问委员会委员必须具有四十年以上的党龄，对党有过较大贡献，有较丰富的领导工作经验，在党内外有较高声望。关于中顾委的政治待遇，党章规定，中央顾问委员会委员可以列席中央委员会全体会议；它的副主任可以列席中央政治局全体会议；在中央政治局认为必要的时候，中央顾问委员会的常务委员也可以列席中央政治局全体会议。关于中顾委的工作任务，党章规定，中央顾问委员会在中央委员会领导下进行工作，对党的方针、政策的制定和执行提出建议，接受咨询；协助中央委员会调查处理某些重要问题；在党内外宣传党的重大方针、政策；承担中央委员会委托的其他任务。② 这些规定，充分体现了邓小平对中顾委的制度设计思想。

按照党章规定，中共十二大选举产生了 172 名中顾委委员。9 月 13 日，中顾委召开第一次全体会议，选举邓小平为中顾委主任，薄一波等为副主任。此前，1982 年 4 月 27 日，邓小平在同金日成会谈时曾表示，如果有人不愿意当，别人又赞成他当，他愿意当顾问委员会的主任。③ 邓小平亲自担任中顾委主任，体现了他对中顾委工作的高度重视，并在实现干部新

---

① 《邓小平文选》第 2 卷，人民出版社 1994 年版，第 413—414 页。

② 《十二大以来重要文献选编》（上），中央文献出版社 2011 年版，第 66 页。

③ 《邓小平年谱》第 5 卷，中央文献出版社 2020 年版，第 116—117 页。

老交替方面为全党作出了表率。9 月 30 日，邓小平在会见美国前国务卿基辛格时说，我现在是把自己放到顾问委员会里边去，就是说，让一些比较年轻的人到第一线来。我退到第二线这样的事要早安排好。①

在中顾委 9 月 13 日的第一次全体会议上，邓小平发表了重要讲话。他首先阐明了设立中顾委的目的，并再次强调了中顾委的过渡性质。邓小平指出："中央顾问委员会是个新东西，是根据中国共产党的实际情况建立的，是解决党的中央领导机构新老交替的一种组织形式。目的是使中央委员会年轻化，同时让一些老同志在退出第一线之后继续发挥一定的作用。"他接着指出："从某种意义上说，顾问委员会是一种过渡性质的组织形式。我们的国家也好，党也好，最根本的应该是建立退休制度。十一届三中全会以后不久，我们就讲要废除党和国家领导职务实际上存在的终身制。这个问题，世界上许多国家恐怕都比我们解决得好。我们干部老化的情况不说十分严重，至少有九分半严重。这个问题不解决，我们的国家、我们的党就缺乏活力。现在着手来解决，采取顾问委员会这种过渡的形式，比较合乎我们的实际情况，比较稳妥，比较顺当。应当说，这一次在解决新老交替问题上迈出了相当大的一步。如果花两个五年的时间，通过这种过渡的形式，稳妥地顺当地解决好这个问题，把退休制度逐步建立起来，那就是很大的胜利。这对于我们国家以后的发展，是办了一件很好的事情。所以，可以设想，再经过十年，最多不要超过十五年，取消这个顾问委员会。十年、两届还是需要的，一届恐怕不好，太急促了。顾问委员会今天刚成立，就宣布准备将来取消，这就明确了这个组织的过渡性。我们尊重生活和历史的辩证法。"

关于中顾委如何开展工作，邓小平强调要按新的党章办事，并重申了党章的有关规定。对于如何将这些原则规定具体化，邓小平说："建议这个会后，由薄一波主持，请一些常委和在京的委员参加，座谈顾问委员会

---

① 《邓小平年谱》第 5 卷，中央文献出版社 2020 年版，第 155 页。

怎么办，先议出若干条，然后经过中央政治局，以适当的方式通知顾问委员会的所有成员。顺便说下，以后顾问委员会的日常工作请薄一波同志主持，因为我想减轻一些负担。（薄一波插话：有小平同志压阵就行了，具体事情由我们来搞）办事机构要精干，人不要多。"

邓小平最后对顾问委员会如何发挥作用提出三条要求：第一，不要妨碍中央委员会的工作。邓小平指出："我们老同志要自觉，我们都是老上级、老领导，牌子大、牌子硬啊，比中央委员会的成员牌子硬啊。以后中央委员会的成员越来越年轻，越来越是我们的后辈。我们的态度正确，对推动他们的工作，帮助他们的工作，很有好处。如果搞得不适当，也会带来不好的影响。不仅不要妨碍中央委员会的工作，包括中央政治局、书记处的工作，也不要妨碍下面各级的工作。比如我们的同志到哪个省去了解情况，我看不要随便发表意见，首先要认真调查研究，学习下面的实际经验。发现确实有需要解决的问题，也应该采取帮助省委或者帮助某个基层组织的办法，让他们自己去解决。要注意起传帮带的作用，而不是去发号施令。我们这些老资格，讲话是有人听的，是有分量的，所以要慎重。我们从一开始就要注意这个问题。"

第二，顾问委员会的成员要联系群众。邓小平指出："可不可以这样设想，除了身体不好的同志，凡是还能做点工作的，可以联系一个基层单位，比如联系一个工厂，一个学校，一个科学研究机关，一个地委或者县委，甚至一个农村基层组织，深入地了解情况。这样就可以对党中央更好地起到参谋和助手的作用。到联系的单位，还可以做一个报告员，同群众见见面，同党员见见面，把我们国家的事情，我们党在每个时期采取的方针政策，国际的情况和我们的对外政策，及时地给他们讲讲。作报告本身就是传帮带。可以讲现在的问题，也可以讲历史。讲历史我们可是有资格，都是革命几十年的人，革命故事多得很。"

第三，在保持党的优良作风方面以身作则。邓小平指出："搞精神文明，关键是以身作则。我们这些老同志下去，人家是非常尊重的，生活上是会照顾的，我们自己要注意不要过分麻烦人家。"①

这些要求是对党章关于中顾委有关规定的具体化，体现了宜虚不宜实的原则，为中顾委开展工作、发挥作用提供了重要的指导思想。

邓小平讲话后的第二天，即9月14日，遵照邓小平的指示，中顾委常务副主任薄一波主持召开中顾委第一次常委会议，研究制定中顾委工作条例，解决中顾委如何工作的问题。经过几天的紧张工作，于22日拟定了《关于中央顾问委员会工作任务和工作方法的暂行规定》（草稿）。规定共九条，要点为：（1）中顾委如就党的方针政策向中央提出建议，在一般情况下可以用个人名义或联名方式提出，但属重大建议，需经中顾委全体会议或常委会讨论通过后，用顾问委员会或常务委员会的名义提出。（2）根据中央对有关问题的咨询要求，在缜密调查研究的基础上，提出集体的或个人的参考意见。（3）受中央的委托或经过中央的批准，协助中央调查某些重要事宜和承担其他交办的任务。（4）确定退居二线尚未离职的中顾委委员，在过渡期间，应当从实际出发，积极协助所在单位把机构改革工作和领导干部交接工作认真做好。（5）中顾委委员要深入实际，联系群众，了解情况，向党内外宣讲国内国际形势和党的重大方针政策。根据个人的情况，在力所能及的情况下，可直接联系一个或几个基层单位。（6）中顾委委员要协助中央和有关省、市、自治区党委发现和选拔年轻有为的干部。（7）中顾委委员在发扬党的优良传统方面，在遵守党章和宪法、法律方面，都要以身作则，并且同各种违法乱纪和败坏党风的行为进行斗争。在同各级组织和干部的交往中要谦虚谨慎，密切合作，切不可以老领导自居，发号施令。（8）中顾委的工作一般说来宜少不宜多，宜虚不宜实，量力而行，尽力而为，工作方式可以松散一些。（9）中顾委的办事机构要精干，秘书、信访、行政工作由中共中央办公厅负责。上述规定，经中顾委常委会讨论通过后，即报邓小平审定。9月30日中共中央批准并转发了这一暂

---

① 《邓小平文选》第3卷，人民出版社1993年版，第5—7页。

行规定，要求顾问委员会遵照执行。至此，中顾委的日常工作步入正轨。①

中共十二大闭幕后不久，金日成来中国访问。9月17日，邓小平前往钓鱼台国宾馆看望金日成。邓小平在谈话中指出，我们党的十二大开得很好，制定的所有方针政策都是对十一届三中全会方针政策的重申，也有新的东西，主要是新老干部交替问题。十二大同七大比，同七大起的作用一样，七大是把革命引向胜利，十二大是把建设引向胜利。②

9月18日，邓小平陪同金日成赴四川访问。途中，邓小平向金日成详细介绍了中共十二大的情况。他说："我们刚刚召开了党的第十二次全国代表大会。十二大以后，我国政治形势更加稳定，可以更好地一心一意搞建设了。十二大提出的奋斗目标，是二十年翻两番。二十年是从一九八一年算起，到本世纪末。大体上分两步走，前十年打好基础，后十年高速发展。战略重点，一是农业，二是能源和交通，三是教育和科学。搞好教育和科学工作，我看这是关键。"

谈到中共十二大的人事安排时，邓小平说："十二大对过去犯了错误的同志做了比较审慎的处理。"邓小平还谈了中国共产党实现工作重点转移的问题。他指出，我在东北三省到处说，要一心一意搞建设。国家这么大，这么穷，不努力发展生产，日子怎么过？我们人民的生活如此困难，怎么体现出社会主义的优越性？社会主义是共产主义的第一阶段。落后国家建设社会主义，在开始的一段很长时间内生产力水平不如发达的资本主义国家，不可能完全消灭贫穷。所以，社会主义必须大力发展生产力，逐步消灭贫穷，不断提高人民的生活水平。否则，社会主义怎么能战胜资本主义？到了第二阶段，即共产主义高级阶段，经济高度发展了，物资极大丰富了，才能做到各尽所能，按需分配。不努力搞生产，经济如何发展？社会主义、共产主义的优越性如何体现？因此，我强调提出，要迅速地坚

---

① 黎虹：《邓小平、陈云与中央顾问委员会》，《中共党史研究》2017年第3期。
② 《邓小平年谱》第5卷，中央文献出版社2020年版，第147—148页。

决地把工作重点转移到经济建设上来。十一届三中全会解决了这个问题，这是一个重要的转折。

邓小平最后说，从十一届三中全会到十二大，我们打开了一条一心一意搞建设的新路。① 邓小平这句话，是对中共十一届三中全会到中共十二大召开这四年历史最扼要、最恰当的概括。

---

① 《邓小平文选》第 3 卷，人民出版社 1993 年版，第 9—11 页。

第十二章

推进祖国统一

中共十一届三中全会后，在邓小平提出的"一国两制"伟大构想的指导下，中国成功解决了香港问题和澳门问题，两岸关系也取得积极进展，祖国统一大业迈出重要步伐。这是以邓小平同志为主要代表的中国共产党人为中国人民和中华民族作出的重要历史性贡献。

香港（包括香港岛、九龙和新界）自古以来就是中国领土。1840年英国发动鸦片战争，强迫清政府于1842年签订《南京条约》，强占香港岛。1856年英法联军发动第二次鸦片战争，1860年英国迫使清政府缔结《北京条约》，强占九龙半岛尖端。1898年英国又乘列强在中国划分势力范围之机，逼迫清政府签订《展拓香港界址专条》，强行租借九龙半岛大片土地以及附近200多个岛屿（后统称"新界"），租期99年，1997年6月30日期满。中国人民一直反对上述三个不平等条约。

中华人民共和国成立后，中国政府的一贯立场是：香港是中国的领土，中国不承认帝国主义强加的三个不平等条约，主张在适当时机通过谈判解决这一问题，未解决前暂时维持现状。

中共十一届三中全会后，邓小平提出按照"一个国家，两种制度"解决台湾和香港问题的构想。同时，随着1997年的日益临近，英国方面不断试探中国关于解决香港问题的立场和态度。在这种情况下，解决香港问题的时机已经成熟。

1979 年 3 月 29 日，邓小平会见香港总督麦理浩，明确提出 1997 年中国收回香港后，香港还可以搞资本主义。邓小平指出，现在有人开始担心香港将来的前途和地位问题。对这个问题，我们有一贯的立场。我们历来认为，香港主权属于中华人民共和国，但香港又有它的特殊地位。香港是中国的一部分，这个问题本身不能讨论。但可以肯定的一点，就是即使到了 1997 年解决这个问题时，我们也会尊重香港的特殊地位。现在人们担心的，是在香港继续投资靠不靠得住。这一点，中国政府可以明确地告诉你，告诉英国政府，即使那时作出某种政治解决，也不会伤害继续投资人的利益。请投资的人放心，这是一个长期的政策。邓小平在会见中，明确表示不同意麦理浩提出的在 1997 年 6 月后新界仍由英国管理的意见。他指出，中国政府的立场不影响投资者的投资利益，这就是：在本世纪和下世纪初相当长的时期内，香港还可以搞它的资本主义，我们搞我们的社会主义。就是到 1997 年香港政治地位改变了，也不影响他们的投资利益。①

麦理浩的这次来访，传达了英国政府希望与中国政府接触、了解中国政府对 1997 年后香港地位的态度的信息。邓小平代表中国政府第一次阐述了对香港问题的立场。这次谈话后，中国政府把解决香港问题提上了议事日程。1981 年 2 月 17 日，邓小平委托邓力群打电话告诉廖承志：香港问题已摆上日程，我们应该有一个明确的方针。请各有关部门研究，提出材料和方案，供中央参考。②

香港投资者十分关心中国政府对 1997 年后香港地位的态度。为此，邓小平在会见英方客人和香港实业界人士时，明确表示中国政府解决香港问题的政策不会影响投资者的利益。1981 年 4 月 3 日，邓小平在会见英国外交和联邦事务大臣卡林顿勋爵时指出，他们的生活方式、政治制度

---

① 《邓小平年谱》第 4 卷，中央文献出版社 2020 年版，第 500—501 页。

② 《邓小平年谱》第 5 卷，中央文献出版社 2020 年版，第 13 页。

不变，这是我们的一项长期政策，而非权宜之计。对这个问题我们可以郑重地说，我在 1979 年同麦理浩爵士谈话时所作的保证，是中国政府正式的立场，是可以信赖的。可以告诉香港的投资者，放心好了。同年 12 月 8 日，邓小平在会见香港环球航运集团主席包玉刚、副主席李伯忠时又指出，我们正在考虑处理香港问题的政策，这些政策不会影响香港投资者的利益。①

尽管邓小平反复表示请香港投资者放心，但香港实业界人士仍有人给他写信，了解 1997 年英国对香港租借期满后中国政府对香港问题的态度。鉴于此，邓小平决定加快解决香港问题的步伐。1981 年 12 月 15 日，他将香港合和实业有限公司总经理胡应湘、副总经理何炳章的来信，批送胡耀邦、李先念、陈云："香港问题如何解决，必须在两三个月内制定两个以上的方案，以供选择。"1982 年 3 月 21 日，邓小平审阅廖承志《关于解决香港地位问题的初步方案和近期工作的报告》，作出批示："拟原则同意，具体方案，待与各方人士交换意见之后，再作修改。"②

尽管解决香港问题的具体方案仍在酝酿过程中，但中国政府在 1997 年收回香港的立场是坚定的，同时对香港收回后的政策也是明确的。邓小平在会见外宾和香港各界人士时，多次介绍中国政府解决香港问题的方针政策。

1982 年 3 月 20 日，邓小平在会见香港工商界知名人士查济民时说，在 1997 年收回香港，这件事已经定了。一切文章都在这个前提下做。现在，主要是研究这个文章怎么做的问题。

4 月 6 日，邓小平会见英国前首相希思。在谈到 1997 年收回香港问题时，邓小平指出，如果中国那时不把香港收回来，我们这些人谁也交不了账。新界的租借，香港岛、九龙半岛的割让，是过去不平等条约定的，

---

① 《邓小平年谱》第 5 卷，中央文献出版社 2020 年版，第 27、87 页。

② 《邓小平年谱》第 5 卷，中央文献出版社 2020 年版，第 89、103 页。

现在实际上是废除条约的问题。在回答希思关于中国如何处理香港问题及如何使投资者放心等问题时，邓小平指出，香港的主权是中国的。中国要维护香港作为自由港和国际金融中心的地位，也不影响外国人在那里的投资，在这个前提下，由香港人，包括在香港的外国人管理香港。我们新宪法有规定，允许建立特别行政区，由香港人自己组成政府，不管是华人、英国人或其他人都可以参加，可以做政府雇员嘛，甚至成为香港政府的成员都可以考虑。香港的各种制度也不变，对外可用"中国香港"的名字发展民间关系，如贸易、商业关系。到那时可能还保留护照。对英国来说，商业方面不会受到任何影响，还可以发展。

4月27日，邓小平在平壤同朝鲜劳动党中央委员会总书记、国家主席金日成谈到香港问题时说，我们尊重国际条约，还是到1997年，不准备提前解决这个问题。方案无非两个，一个是新界延长租期，一个是收回。现在我们定的方针是，到1997年包括香港岛、九龙半岛、新界整个收回。英国的"盘子"是放在能够继续维持英国的统治这点上。这不行。在中国，不管哪个人当政都不会同意新界延长租期。而且一建国我们就否定了关于香港的不平等条约，不承认这个条约。卖国的事谁也担当不起。所以，我们同英国人说，到1997年，香港岛、九龙半岛、新界，中国全收回。在这个前提下，维持香港自由港、国际金融中心的地位。我们设想，那时香港收回后，维持自由港和国际金融中心的地位。香港的社会制度不变，生活方式也不变。香港由香港人自己管理，组织地方政府，作为中国的特别行政区，挂中国国旗，也可能有个地方的旗帜，这可以商量，因为它也有些外事活动和国际交往。保留这样一个香港对我们益处比较大。不管怎样，香港必须收回。不搞这一条全国人民要反对。

8月10日，邓小平在同美籍华人科学家邓昌黎、陈树柏等谈到香港问题时说，就是一个原则，1997年香港一定要收回，同时宣布以后的政策。香港不收回，我们这些管事的人，历史上将怎样写我们？说得露骨点是卖国贼，含蓄点是清朝皇帝。香港收回后作为特别行政区，制度、生活方式等都不变，力求保持现在的国际贸易中心、金融中心的地位。打中华人民共和国的旗，称为"中国香港"。香港的管理，北京不派人，香港自己找人管，香港必须以爱国者为主体的香港人管理。①

邓小平密集会见各方人士，反复阐明中国政府解决香港问题的方针政策，为会见即将来访的英国首相撒切尔夫人预作了铺垫。

1982年9月24日，邓小平会见了来访的英国首相撒切尔夫人。此前，9月16日，他曾就撒切尔夫人访华事同李先念、胡耀邦等交换过意见，为会谈定下了基调。邓小平再次肯定1997年收回香港的决策是正确的，并指出，十五年中香港可能会发生波动，出乱子。我们要根据会出乱子这种可能性来安排一切。不仅对撒切尔夫人，而且对香港各界人士要说清楚，香港一定要收回，同时保护各方面的利益，使他们不要抱其他幻想。一切文章都要在收回香港，设立特别行政区这个大框子里来做。这次同撒切尔夫人会谈，就是将原则定下来。希望英国同我们合作。要说明，如果这中间发生大的风波，我们对收回香港的时间和方式，不得不作新的考虑。②

9月24日，邓小平会见撒切尔夫人，就香港前途问题交换意见，全面阐述中国政府对香港问题的基本立场，强调中国在1997年将收回香港。

邓小平指出，我们对香港问题的基本立场是明确的。这里主要有三个问题，一个是主权问题；再一个是1997年后中国采取什么方式来管理香港，继续保持香港繁荣；第三个是中英两国政府要妥善商谈如何使香港从现在到1997年的十五年中不出现大的波动。

邓小平强调，主权问题不是一个可以讨论的问题。中国在这个问题上没有回旋的余地。1997年中国将收回香港，不仅是新界，而且包括香港岛、九龙。否则，任何一个中国领导人和政府都不能向中国人民交代，甚至也不能向世界人民交代。如果不收回就意味着中国政府是晚清政府，中国领

---

① 《邓小平年谱》第5卷，中央文献出版社2020年版，第103、110—111、116、136页。
② 《邓小平年谱》第5卷，中央文献出版社2020年版，第147页。

导人是李鸿章！不迟于一、二年时间，中国就要正式宣布收回香港这个决策。中国的这个决策，从大的方面讲，对英国也是有利的，因为这意味着届时英国将彻底结束殖民统治时代。中英两国应该合作，共同来处理好香港问题。保持香港的繁荣，我们希望取得英国的合作，但这不是说，香港继续保持繁荣必须在英国的管辖之下才能实现。香港继续保持繁荣，根本上取决于中国收回香港后，在中国管辖之下，实行适合于香港的政策。香港现行的政治、经济制度，甚至大部分法律都可以保留，当然，有些要加以改革。香港仍将实行资本主义，现行的许多适合的制度要保持。

邓小平指出，现在人们议论最多的是，如果香港不能继续保持繁荣，就会影响中国的四化建设。我认为，影响不能说没有，但说会在很大程度上影响中国的建设，这个估计不正确。如果中国把四化建设能否实现放在香港是否繁荣上，那末这个决策本身就是不正确的。人们还议论香港外资撤走的问题。只要我们的政策适当，走了还会回来的。所以，我们在宣布1997年收回香港的同时，还要宣布1997年后香港所实行的制度和政策。

在撒切尔夫人提出有人说一旦中国宣布1997年要收回香港，香港就有可能发生波动时，邓小平指出，我的看法是小波动不可避免，如果中英两国抱着合作的态度来解决这个问题，就能避免大的波动。中国政府在做出这个决策的时候，各种可能都估计到了。如果在十五年的过渡时期内香港发生严重的波动，中国政府将被迫不得不对收回香港的时间和方式另作考虑。如果说宣布要收回香港就会像夫人说的"带来灾难性的影响"，那我们要勇敢地面对这个灾难，做出决策。我相信我们会制定出收回香港后应该实行的、能为各方面所接受的政策。我不担心这一点。我担心的是今后十五年过渡时期如何过渡好，担心在这个时期中会出现很大的混乱，而且这些混乱是人为的。这当中不光有外国人，也有中国人，而主要的是英国人。制造混乱是很容易的，我们进行磋商就是要解决这个问题。①

---

① 《邓小平文选》第3卷，人民出版社1993年版，第12—15页。

邓小平建议双方达成这样一个协议，即双方同意通过外交途径开始进行香港问题的磋商，前提是 1997 年中国收回香港，在这个基础上磋商解决今后十五年怎样过渡得好以及十五年以后香港怎么办的问题。撒切尔夫人同意邓小平的建议。

这次会谈为中英解决香港问题定下了基调。此后，中英两国政府开始通过外交途径就解决香港问题进行商谈。

为确定同英国商谈的基本方针，国务院港澳办公室等有关部门在廖承志主持下，根据邓小平会见撒切尔夫人时的谈话精神，对原来拟定的解决香港问题的初步方案进行了仔细的推敲和修改，于 1983 年 3 月 27 日上报中共中央。经过修改的方案共十二条，其主要内容是：一、中国政府决定于 1997 年 7 月 1 日对香港地区恢复行使主权。二、恢复行使主权后，在香港设立特别行政区，直辖于中央人民政府，享有高度自治权。三、特别行政区享有立法权，有独立的司法权和终审权。四、特别行政区政府由当地人组成。主要官员在当地通过选举或协商产生，由中央人民政府委任。五、现行的社会、经济制度不变，生活方式不变。六、香港特别行政区仍为自由港和独立关税地区。七、保持金融中心地位，继续开放外汇、黄金、证券、期货等市场，资金进出自由，港币照常流通，自由兑换。八、特别行政区财政保持独立。九、特别行政区可同英国建立互惠经济关系。英国在香港的经济利益将得到照顾。十、特别行政区可以"中国香港"的名义，单独地同世界各国、各地区以及有关国际组织，保持和发展经济、文化关系，签订协议。十一、特别行政区的社会治安由特别行政区政府负责。十二、上述方针政策，由全国人民代表大会以香港特别行政区基本法规定之，五十年不变。①

4 月 4 日，邓小平审阅港澳办公室《关于解决香港问题的修改方案的请示报告》，作出批示："我看可以。兹事体大，建议政治局讨论。"4 月

---

① 转引自《陈云传》（四），中央文献出版社 2015 年版，第 1694 页。

22 日，中共中央政治局召开扩大会议，审议港澳办公室关于解决香港问题的修改方案。邓小平在会上讲话指出，这个"十二条"，是我们下个月开始同英国谈判的基本方针。谈判首先要确定前提，就是 1997 年中国收回香港，这个问题是不容讨论的。第二是 1997 年中国收回香港之后，香港怎么办？怎么样保持香港的繁荣？保持繁荣的办法就是若干不变。第三是从现在起到 1997 年这十四年过渡时期中，怎么保证香港不出乱子，双方都不做损害香港繁荣的事情，怎么做到顺利交接，确定香港人怎么样在各行各业，特别是政治、经济、法律、对外事务等方面逐步参与的方式。他还指出，谈判可能谈好，也可能谈不好，如果谈不好，明年 9 月，我们也要单方面宣布 1997 年收回香港，并同时宣布中国收回香港以后的一系列政策，就是这"十二条"。"十二条"里面有个"五十年不变"，这样规定可以使香港人放心，减少他们的疑虑；可以使人们更感到我们政策的连续性、可靠性，有利于我们和英国谈判，有利于顺利收回香港和保持香港的繁荣。所以，"五十年不变"是个大问题。在谈到培养治港人才的问题时，邓小平说，将来特别行政区政府由香港爱国者为主体组成。爱国者的标准就一条，赞成中国收回香港，拥护国家统一。现在就要考虑培养人才，并逐步参与管理。为此，有必要在香港成立若干政治性社团，以便从中锻炼一批政治人物。①

之前，1982 年 3 月 20 日，香港工商界知名人士查济民曾向邓小平建议：香港百多年来都是在英国人统治下，香港人没有机会参政，香港回归后培养管理香港的人才是个很大的问题，建议成立几个政治性团体，以便培养这方面的人才。邓小平说，这个建议很重要。为了培养治港人才，需要建立一些政治性团体。②

这次政治局扩大会议原则批准关于解决香港问题的修改方案，作为同

---

① 《邓小平年谱》第 5 卷，中央文献出版社 2020 年版，第 197—198、199—200 页。
② 《邓小平年谱》第 5 卷，中央文献出版社 2020 年版，第 103 页。

英国谈判的基本方针。

中英两国政府关于解决香港问题的谈判分两个阶段，第一阶段从1982年9月英国首相撒切尔夫人访华至1983年6月，双方主要就原则和程序问题进行会谈。第二阶段从1983年7月至1984年9月，两国政府代表团就具体实质性问题进行了22轮会谈。

在撒切尔夫人访华后的半年里，由于英方在香港主权问题上立场不变，双方的磋商没有进展。1983年3月撒切尔夫人写信给中国总理，作出了她准备在某个阶段向英国议会建议使整个香港主权回归中国的保证。4月中国总理复信表示，中国政府同意尽快举行正式谈判。

1983年7月12日至13日，中英两国政府代表团举行第一轮会谈。由于英方仍然坚持1997年后英国继续管治香港，直至第四轮会谈毫无进展。9月10日，邓小平会见访华的英国前首相希思时明确指出，英国想用主权来换治权是行不通的。希望不要再在治权问题上纠缠，不要搞成中国单方面发表声明收回香港，而是要中英联合发表声明。在香港问题上，希望撒切尔夫人和她的政府采取明智的态度，不要把路走绝了。中国1997年收回香港的政策不会受任何干扰，不会有任何改变，否则我们就交不了账。邓小平还指出，从现在到1997年还有十四年，这十四年要过渡好，核心是1997年能顺利收回香港，不会引起动荡。比较顺当地交接对各方面都有好处。过渡期有个香港人参与管理的问题。参与管理，不当主角可以，但要开始知道哪些方面的管理。无论政治、经济、商业和金融方面等等，不知道怎么行，一下子拿过来怎么行！所以要逐步熟悉、参与，整个过程就完满了。邓小平最后说，希望本月22日开始的中英第四次会谈，英方不要再纠缠主权换治权问题，要扎扎实实地商量香港以后怎么办，过渡时期怎么办。这对彼此最有益处。①

10月，英国首相来信提出，双方可在中国建议的基础上探讨香港的

---

① 《邓小平年谱》第5卷，中央文献出版社2020年版，第230页。

持久性安排。第五、六轮会谈中，英方确认不再坚持英国管治，也不谋求任何形式的共管，并理解中国的计划是建立在1997年后整个香港的主权和管治权应该归还中国这一前提的基础上。至此，中英会谈的主要障碍开始排除。

从1983年12月第七轮会谈起，谈判纳入了以中国政府关于解决香港问题的基本方针政策为基础进行讨论的轨道。根据中国政府的基本方针政策，未来的香港特别行政区直辖于中华人民共和国中央人民政府。除外交和国防事务属中央人民政府管理外，香港特别行政区享有高度的自治权。中央人民政府将在香港特别行政区派驻部队，负责其防务。特别行政区政府将由当地人组成，英籍和其他外籍人士可担任顾问或政府一些部门中最高至副司级的职务。虽然英方明确承诺过不再提出任何与中国主权原则相冲突的建议，但在讨论中仍不时提出许多与其承诺相违背的主张，目的是要把未来香港变成英国能够影响的某种独立或半独立的政治实体，直接抵触中国主权原则。中方理所当然地坚决反对，未予采纳。

从1984年4月第十二轮会谈后，双方转入讨论过渡时期香港的安排和有关政权移交的事项。

在香港设立联合机构问题是谈判中遇到的最困难问题之一。中方提出了关于过渡时期的安排和有关政权交接的基本设想，建议在香港设立常设性中英联合小组，其任务是协调中英协议的执行、商谈有关实现政权顺利移交的具体措施。对此英方坚决反对，强调不要正式确定1997年前为"过渡时期"，不应建立任何常设机构，以免造成中英"共管"的印象。1984年4月英国外交大臣杰弗里·豪访华，邓小平在4月18日会见他时说，必须看到在过渡时期内有很多事情要做，需要双方合作。没有一个机构怎么行？可以考虑这个机构设在香港，轮流在香港、北京、伦敦开会。① 豪表示同意双方在此基础上讨论。但在此后三个多月的会谈中，英方仍反对

① 《邓小平年谱》第5卷，中央文献出版社2020年版，第268页。

在香港设立联合小组，使谈判陷入僵局。7月英外交大臣再次访华，中方表示如英方同意设立联合小组并以香港为常驻地，该小组进驻香港的时间以及1997年后是否继续存在一段时间都可以商量。最后双方商定，设立联合联络小组，小组于1988年7月1日进驻香港，2000年1月1日撤销。

在香港驻军问题是中英谈判中争论最大的问题。邓小平特别强调，中国有权在香港驻军。1984年4月18日，他在会见英国外交大臣杰弗里·豪时说，1997年后，我们派一支小部队去香港。这不仅象征中国恢复对香港行使主权，对香港来说，更大的好处是一个稳定的因素。5月25日，邓小平在会见港澳记者时又说，既然香港是中国的领土，为什么不能驻军！英国外相也说，希望不要驻军，但承认我们恢复行使主权后有权驻军。没有驻军这个权力，还叫什么中国领土！我国政府在恢复对香港行使主权之后，有权在香港驻军，这是维护中华人民共和国领土的象征，是国家主权的象征，也是香港稳定和繁荣的保证。①

中英通过谈判确定，中国收回香港、恢复行使主权，这一点在协议中必须有明确的表述。英方不接受中方对香港恢复行使主权的提法，先后提出的草案都具有三个不平等条约有效的含意，中方坚决不能接受。最后双方同意用《联合声明》的形式，采用以下表述方式，即中国政府声明："中华人民共和国政府决定于1997年7月1日对香港恢复行使主权。"英国政府声明："联合王国政府于1997年7月1日将香港交还给中华人民共和国。"这样就解决了主权归属问题的表述。

此后，双方代表团举行了三轮会谈，讨论了国籍、民航、土地等几个政策性和技术性都比较复杂的具体问题，并对协议的文字措辞进行了反复磋商。1984年9月18日双方就全部问题达成协议，并于9月26日草签了中英《联合声明》和三个附件。至此，为时两年的中英两国政府关于香港问题的谈判圆满结束。

---

① 《邓小平年谱》第5卷，中央文献出版社2020年版，第268、276页。

1984 年 12 月 19 日，中英两国政府首脑在北京正式签署了关于香港问题的联合声明。邓小平出席签字仪式并会见了英国首相撒切尔夫人。他在同撒切尔夫人谈话时指出，我们两国的领导人就香港问题达成协议，为各自的国家和人民做了一件非常有意义的事情。邓小平认为"一国两制"的构想在解决香港问题上起了最重要的作用。他说，如果"一国两制"的构想是一个对国际上有意义的想法的话，那要归功于马克思主义的辩证唯物主义和历史唯物主义，用毛泽东主席的话来讲就是实事求是。这个构想是在中国的实际情况下提出来的。中国面临的实际问题就是用什么方式才能解决香港问题，用什么方式才能解决台湾问题。采用和平方式解决香港问题，就必须既考虑到香港的实际情况，也考虑到中国的实际情况和英国的实际情况，就是说，我们解决问题的办法要使三方面都能接受。

针对人们担心中国在签署这个协议后，是否能始终如一地执行的疑虑，邓小平明确指出，我们不仅要告诉阁下和在座的英国朋友，也要告诉全世界的人：中国是信守自己的诺言的。他说，我们讲"五十年"，不是随随便便、感情冲动而讲的，是考虑到中国的现实和发展的需要。如果说本世纪内我们需要实行开放政策，那末在下世纪的前五十年内中国要接近发达国家的水平，也不能离开这个政策。保持香港的繁荣稳定是符合中国的切身利益的。

邓小平最后说，我还想请首相告诉国际上和香港的人士，"一国两制"除了资本主义，还有社会主义，就是中国的主体、十亿人口的地区坚定不移地实行社会主义。在这个前提下，可以容许在自己身边，在小地区和小范围内实行资本主义。我们相信，在小范围内容许资本主义存在，更有利于发展社会主义。我们对外开放二十来个城市，这也是在社会主义经济是主体这个前提下进行的，不会改变它们的社会主义性质。相反地，对外开放有利于壮大和发展社会主义经济。①

---

① 《邓小平文选》第 3 卷，人民出版社 1993 年版，第 101—103 页。

1985 年 5 月 27 日，中英两国政府在北京互换批准书，中英联合声明正式生效。1990 年 4 月，七届全国人大三次会议通过了《中华人民共和国香港特别行政区基本法》。1997 年 7 月 1 日，中国政府对香港恢复行使主权，香港特别行政区正式成立。

澳门问题也是通过邓小平提出的"一国两制"解决的，同样是实行澳人治澳。

澳门自古以来就是中国的领土。16 世纪中叶以后，被葡萄牙人逐步占领。中华人民共和国成立后明确宣布，对于澳门等历史遗留问题，中国政府主张在条件成熟时经过谈判和平解决，在未解决之前维持现状。

1979 年 2 月 8 日，中葡两国正式建立外交关系。关于澳门问题，双方在建交谈判中商定，澳门是中国领土，目前由葡萄牙政府管理，澳门问题是历史遗留问题，在适当的时候，中葡两国应通过协商友好解决。1980 年 3 月 13 日，邓小平在会见澳门总督伊芝迪时指出，关于澳门的地位，中国政府和葡萄牙政府建交谈判时已经商定了，这不是一项短期的政策，而是长期的政策。[1]

1984 年 9 月，中英达成关于解决香港问题的协议后，澳门问题的解决随之提上了日程。同年 10 月 3 日，邓小平在会见港澳同胞国庆观礼团时指出，澳门问题的解决，想用香港的方式，我们以前不讲，是不要因为澳门问题影响了其他。澳门问题的解决当然也是澳人治澳，"一国两制"。[2]10 月 6 日，邓小平在会见澳门中华总商会会长马万祺时，进一步阐述了解决澳门问题的原则。他说，澳门问题也将按照解决香港问题那样的原则来进行，"一国两制"、澳人治澳、五十年不变等等。[3]

1985 年 5 月，葡萄牙总统埃亚内斯访问中国。5 月 24 日，邓小平在会见他时说，中葡之间没有吵架的问题，只存在一个澳门问题。这个问题

---

[1] 《邓小平年谱》第 4 卷，中央文献出版社 2020 年版，第 609 页。

[2] 《邓小平年谱》第 5 卷，中央文献出版社 2020 年版，第 297 页。

[3] 《邓小平年谱》第 5 卷，中央文献出版社 2020 年版，第 299 页。

在两国建交时已经达成谅解，只要双方友好协商，是不难解决的。①1986
年6月30日，中葡双方在北京开始了解决澳门问题的谈判。双方在澳
门主权问题上的分歧不大，分歧较大的是中国收回澳门的时间问题。葡
方难以接受中方提出的在2000年前恢复对澳门行使主权。邓小平明确
表示，澳门问题必须在本世纪内解决，不能把殖民主义的尾巴拖到下一
世纪。②1986年12月31日，中国方面声明：在2000年以前收回澳门
是包括澳门同胞在内的十亿中国人民不可动摇的立场和愿望，任何关于
2000年以后交还澳门的主张都是不能接受的。1987年3月，中葡双方在
第四轮谈判中对各项协议文本内容最后取得一致意见。3月26日，中葡
两国政府代表团团长草签了两国政府关于澳门问题的联合声明及其附件。

1987年4月13日，中葡两国关于澳门问题的《联合声明》在北京正
式签署。声明宣布，中华人民共和国政府将于1999年12月20日对澳门
恢复行使主权。邓小平出席了签字仪式，并在签字仪式前会见了葡萄牙总
理席尔瓦。邓小平指出，中国在不长的时间内解决了香港问题、澳门问
题，为处理国际上有争议的问题树立了一个范例。③澳门问题的解决，再
次证明用"一国两制"方式解决这类问题是成功的。1993年3月，八届
全国人大一次会议通过《中华人民共和国澳门特别行政区基本法》。1999
年12月20日，中国政府对澳门恢复行使主权，澳门特别行政区正式成立。

实现大陆和台湾的和平统一，在邓小平心中占有特别重要的分量。中
共十一届三中全会后，邓小平审时度势，尊重历史，尊重现实，以深邃的
洞察力和高度的政治智慧，逐步创立了"和平统一、一国两制"的思想，
为解决台湾问题、推进祖国统一大业，在理论和实践上作出了卓越贡献。

台湾自古以来就是中国的神圣领土，台湾人民与大陆人民有着共同的
历史文化和不可分割的血肉联系。1949年蒋介石集团败退台湾，造成了

---

① 《邓小平年谱》第5卷，中央文献出版社2020年版，第347页。
② 《邓小平画传》下卷，中央文献出版社2014年版，第631页。
③ 《邓小平年谱》第5卷，中央文献出版社2020年版，第474页。

海峡两岸分裂的不幸局面。为了解决台湾问题，实现祖国的完全统一，邓小平呕心沥血、殚精竭虑，贡献了毕生精力。

作为以毛泽东为核心的党的第一代中央领导集体的重要成员，邓小平参与了对台工作的许多重大决策，并多次代表中国政府阐述关于解决台湾问题的原则立场。1977年7月邓小平第三次复出后，如何完成祖国统一大业，成为他反复思考的一个重要问题。这年8月24日，邓小平在会见美国国务卿万斯时指出，台湾问题是中国的内政，别人不能干涉。我们准备按三个条件实现中美建交以后，在没有美国参与的条件下，力求通过和平方式解决台湾问题，但不排除用武力解决。他表示，中国人民、中国政府当然会考虑台湾的实际情况，采取恰当的政策解决台湾问题，实现国家的统一。①

1978年下半年，在中美建交谈判的过程中，邓小平多次谈到可以用和平方式解决台湾问题，而且还谈到解决台湾问题后的政策问题。他指出："台湾归还中国，实现祖国统一，在这个前提下，我们将尊重台湾的现实来解决台湾问题。台湾的社会制度同我们现在的社会制度当然不同，在解决台湾问题时，会照顾这个特殊问题"，"台湾的某些制度可以不动，美、日在台湾的投资可以不动，那边的生活方式可以不动，但是要统一。"②这表明，邓小平已在考虑采取和平方式解决台湾问题，并在初步酝酿"一国两制"的伟大构想。

中共十一届三中全会后，邓小平作为党的第二代中央领导集体的核心，亲自领导了党和政府的对台工作，开创了对台工作的新阶段，推动海峡两岸关系发生历史性重大变化。

1979年1月1日，中美两国正式建立外交关系。解决台湾问题，完成祖国统一大业随之提上了具体日程。同日，全国人民代表大会常务委员

① 《邓小平年谱》第4卷，中央文献出版社2020年版，第189页。

② 《邓小平年谱》第4卷，中央文献出版社2020年版，第442、430页。

会发表《告台湾同胞书》，郑重宣布了中国共产党和中国政府关于台湾回归祖国、实现国家统一的大政方针。《告台湾同胞书》指出："我们的国家领导人已经表示决心，一定要考虑现实情况，完成祖国统一的大业，在解决统一问题时尊重台湾现状和台湾各界人士的意见，采取合情合理的政策和办法，不使台湾人民蒙受损失。""我们希望双方尽快实现通航通邮，以利双方同胞直接接触，互通讯息，探亲访友，旅游参观，进行学术文化体育工艺观摩。""我们相互之间完全应当发展贸易，互通有无，进行经济交流。"①

文告发布当天，全国政协举行座谈会，讨论《告台湾同胞书》。全国政协主席邓小平出席会议并讲话，宣布台湾归回祖国、完成祖国统一大业提到了具体日程。他指出："台湾归回祖国、完成祖国统一大业的事情能提到具体日程上来，也是由于在国内和国际的工作中取得重大成就的结果。"②次日，邓小平在会见阿什利率领的美国众议院银行、财政和城市事务委员会访华团时指出："我们对台湾问题的解决是采取现实态度的。昨天，全国人大常委会发表的《告台湾同胞书》已表明：我们的态度既是真诚的，也是合情合理的。"③重要文告的发表和邓小平的谈话，标志着我们党的对台方针政策在邓小平的倡导下实现了重大转变。

1979年1月，邓小平在访美前夕同美国访华团谈到台湾问题时说："统一台湾后，首先台湾的社会制度不变，生活方式不变。这是我们真实的政策。台湾拥有它自己的权力，台湾的武装可以不解除，只是它要把所谓的'中华民国'旗帜去掉。如果台湾人民感到它的现行制度要保持一百年，也可以。"④"我们的政策和原则合情合理。我们尊重台湾的现实。台湾当局作为一个地方政府拥有它自己的权力，就是它可以有自己一定的军

---

① 《三中全会以来重要文献选编》（上），中央文献出版社2011年版，第31、32页。
② 《邓小平文选》第2卷，人民出版社1994年版，第155页。
③ 《邓小平年谱》第4卷，中央文献出版社2020年版，第463页。
④ 《邓小平年谱》第4卷，中央文献出版社2020年版，第468页。

队，同外国的贸易、商业关系可以继续，民间交往可以继续，现行的政策、现在的生活方式可以不变，但必须是在一个中国的条件下。"①访美期间，邓小平进一步指出："只要台湾回归祖国，我们将尊重那里的现实和现行制度。"②"中国政府在解决台湾问题的时候，一定考虑到台湾的现实，重视台湾人民的意见，实行合情合理的政策。"③1981年8月26日，邓小平在会见台湾、香港知名人士傅朝枢时，进一步阐述了中央政府对台湾问题的政策。他指出："台湾不搞社会主义，社会制度不变，外国资本不动，甚至可以拥有自己的武装力量。台湾人民的生活水平不降低。"④这些谈话，进一步宣示了中国政府关于祖国统一后对台湾的方针政策。

1980年1月16日，邓小平在中共中央召集的干部会议上，将"台湾归回祖国，实现祖国统一"列为20世纪80年代的三件大事之一。⑤为将这件大事推向前进，1981年9月30日，全国人大常委会委员长叶剑英向新华社记者发表谈话，进一步阐明关于台湾回归祖国、实现和平统一的9条方针政策。其要点是：（1）建议举行中国共产党和中国国民党两党对等谈判，实行第三次合作，共同完成祖国统一大业。双方可先派人接触，充分交换意见。（2）建议双方共同为通邮、通商、通航、探亲、旅游以及开展学术、文化、体育交流提供方便，达成有关协议。（3）国家实现统一后，台湾可作为特别行政区，享有高度的自治权，并可保留军队。中央政府不干预台湾地方事务。（4）台湾现行社会、经济制度不变，生活方式不变，同外国的经济、文化关系不变。私人财产、房屋、土地、企业所有权、合法继承权和外国投资不受侵犯。（5）台湾当局和各界代表人士，可担任全国性政治机构的领导职务，参与国家管理。（6）台湾地方财政遇有困难时，

---

① 《邓小平年谱》第4卷，中央文献出版社2020年版，第474页。
② 《邓小平年谱》第4卷，中央文献出版社2020年版，第478页。
③ 《邓小平年谱》第4卷，中央文献出版社2020年版，第479页。
④ 《邓小平年谱》第5卷，中央文献出版社2020年版，第62页。
⑤ 《邓小平文选》第2卷，人民出版社1994年版，第240页。

可由中央政府酌情补助。（7）台湾各族人民、各界人士愿回祖国大陆定居者，保证妥善安排，不受歧视，来去自由。（8）欢迎台湾工商界人士回祖国大陆投资，兴办各种经济事业，保证其合法权益和利润。（9）热诚欢迎台湾各族人民、各界人士、民众团体通过各种渠道、采取各种方式提供建议，共商国是。① 这是党和政府对台政策的进一步深化和发展。

1982 年 1 月 11 日，邓小平在会见美国华人协会主席李耀滋时说，九条方针是以叶副主席的名义提出来的，实际上就是一个国家两种制度。两种制度是可以允许的。② 这是邓小平首次提出"一个国家、两种制度"的科学概念，标志着"一个国家、两种制度"的构想已基本形成。

1983 年 6 月 26 日，邓小平会见美国新泽西州西东大学教授杨力宇，进一步阐明实现中国大陆和台湾和平统一的方针政策。他指出，问题的核心是祖国统一。我们不赞成台湾"完全自治"的提法。"完全自治"就是"两个中国"，而不是一个中国。制度可以不同，但在国际上代表中国的，只能是中华人民共和国。邓小平在谈话中提出，祖国统一后，台湾特别行政区可以有自己的独立性，可以实行同大陆不同的制度。司法独立，终审权不须到北京。台湾还可以有自己的军队，只是不能构成对大陆的威胁。大陆不派人驻台，不仅军队不去，行政人员也不去。台湾的党、政、军等系统，都由台湾自己来管。中央政府还要给台湾留出名额。邓小平强调，和平统一不是大陆把台湾吃掉，当然也不能是台湾把大陆吃掉。所谓"三民主义统一中国"，这不现实。我们建议举行两党平等会谈，实行第三次合作，而不提中央与地方谈判。双方达成协议后，可以正式宣布。但万万不可让外国插手，那样只能意味着中国还未独立，后患无穷。③ 这些内容，后来被概括为"邓六条"。这六条方针，增加了统一后台湾可以实行独立的司法制度的新内容，进一步充实了"一个国家、两种制度"的构想，使

---

① 《三中全会以来重要文献选编》（下），中央文献出版社 2011 年版，第 279—280 页。
② 《邓小平年谱》第 5 卷，中央文献出版社 2020 年版，第 95 页。
③ 《邓小平文选》第 3 卷，人民出版社 1993 年版，第 30—31 页。

其更加具体化、系统化。

1984年10月22日，邓小平在中央顾问委员会第三次全体会议上的讲话中，将"一个国家、两种制度"这一科学概念概括为"一国两制"①。1985年六届全国人大三次会议正式将"一国两制"确定为我国的一项基本国策。至此，"和平统一、一国两制"基本方针臻于成熟。

在邓小平"和平统一、一国两制"思想和党的方针政策指引下，祖国统一问题取得明显进展。1987年10月，台湾当局有限制地开放台胞赴大陆探亲，打破了持续近40年的两岸隔绝状态，两岸人员往来和经济文化交流迅速展开。1992年11月，海峡两岸关系协会和台湾海峡交流基金会达成各自以口头方式表述"海峡两岸同属一个中国，共同努力谋求国家统一"的"九二共识"。在此基础上，海协会会长汪道涵、台湾海基会董事长辜振甫于1993年4月在新加坡成功举行"汪辜会谈"。海峡两岸关系打开新局面。

---

① 《邓小平文选》第3卷，人民出版社1993年版，第84页。

第十三章

推动以城市为重点的经济体制改革

农村经济体制改革在如火如荼地进行的同时，城市经济体制改革也从扩大企业经营管理自主权入手开始试点，并随后在试行经济责任制、改革财政管理体制、发展多种经济形式等方面逐步展开。中共十二大后，经济体制改革全面推进，改革的重心也逐渐由农村转向城市。在此过程中，邓小平发挥了重要的倡导、支持和推动作用。

早在1978年10月，四川省就选择有代表性的六家企业①进行扩大自主权的试点，对这些企业核定利润指标，规定当年增产增收指标，允许在完成计划后提留少量利润作为企业基金，允许给职工发放少量奖金，从而揭开了城市经济体制改革的序幕。中共十一届三中全会后，城市经济体制改革试点工作进一步拓展。1979年4月中共中央工作会议明确提出，要扩大企业自主权，把企业经营得好坏同职工的物质利益挂起钩来，同时要适当划分中央和地方的管理权限。同年5月25日，国家经济委员会、财政部等六个部门在北京、天津、上海选择首都钢铁公司、北京内燃机总厂、北京清河毛纺厂、天津自行车厂、天津动力机厂、上海汽轮机厂、上海柴油机厂、上海彭浦机器厂等八个企业进行扩大自主权的试点。改革的

---

① 这六家企业是重庆钢铁公司、成都无缝钢管厂、宁江机床厂、四川化工厂、新都县氮肥厂、南充织绸厂。

内容主要是：改企业基金制为利润留成制；企业在产品生产、销售、试制和资金使用、人事安排、职工奖惩等方面拥有部分权力；企业实行党委领导下的厂长负责制，建立职工代表大会制度，扩大职工的民主管理权力。这项改革得到许多企业和广大职工的拥护，许多地方、部门仿照八个试点企业自定办法进行试点。6月，国务院财经委员会成立经济体制改革研究小组。城市经济体制改革试点在国务院统一领导下从扩大企业自主权开始，在全国范围内逐步开展起来。

为加强和统一对改革试点的领导，1979年7月13日，国务院下达《关于扩大国营工业企业经营管理自主权的若干规定》《关于国营企业实行利润留成的规定》《关于提高国营工业企业固定资产折旧率和改进折旧费使用办法的暂行规定》《关于国营工业企业开征固定资产税的暂行规定》《关于国营工业企业实行流动资金全额信贷的暂行规定》等五个文件，要求各地区、各部门按照统一规定的办法选择少数企业进行扩权试点。各地企业改革的积极性很高，当时符合"企业产供销正常、规章制度比较健全、领导班子团结"等试点条件的企业几乎全部进入了试点企业行列。

城市经济体制改革的另一项重要内容是综合配套试点。1981年7月31日，国务院批准《关于在湖北省沙市市进行经济体制改革综合试点的报告》。从10月起，在沙市开始进行工业管理体制、计划体制、财政体制、银行体制、商业体制、物资体制、价格体制、劳动工资体制、科技体制和城市建设体制等十个方面的综合配套改革。只一年多就见到成效。1982年3月，国务院又决定在江苏省常州市进行综合改革试点。其特点是：以搞活企业、搞活流通为中心，进行工业管理体制、计划体制等11项配套改革。1983年2月，中共中央、国务院批准在重庆这样的大城市进行试点。这些改革举措，为推进以城市为重点的经济体制改革探索了道路，积累了经验，对搞活城市经济、提高企业效益起到了积极作用。

对于城市经济体制改革，邓小平一开始就是积极支持和充分肯定的。1980年7月中旬，他在同中共中央负责人谈到体制改革问题时说，体制改革，核心是搞好专业化，搞公司。公司完全按照经济办法搞，要有独立经营权、用人权。要用经济的办法管理经济，不然就是吃大锅饭。在用人问题上，要让能干的上来，不能干的淘汰。对干部要考核，经理不行就换人。公司经理当得好的，待遇可以高于部长，不管资历深浅。工程师也要有工程师的职权，应当由他决定的就由他点头。当上什么职务，就应该给什么待遇，对年轻的也应该如此。运动健将应当有运动健将的工资标准，差别可以大一些，但要规定最低不得低于多少，不如此不能鼓励上进。[①]同年9月14日，邓小平在向见日本客人介绍我国经济体制改革情况时指出，我国的改革工作刚刚开始，试验证明，各个企业、各个生产单位必须有比较多的自主权，并且要有相互竞争，才能促进生产力的发展，促进改革，促进技术和管理水平的提高。凡是试验了的都见效，而且效果比原来预想的好得多。改革就是要充分调动职工包括管理人员的积极性，通过改革，克服吃大锅饭的弊端。[②]这些谈话，其核心内容就是支持扩大企业自主权，主张实行按劳分配，以调动职工的积极性，促进生产力的发展。

在倡导和支持经济体制改革的过程中，邓小平对计划与市场的关系问题进行了思考和研究，并提出了重要的思想和主张，为确定经济体制改革的原则和方向发挥了重要的指导作用。

1979年11月26日，邓小平在会见美国不列颠百科全书出版公司副总裁吉布尼和加拿大麦吉尔大学东亚研究所主任林达光等时，提出了社会主义可以搞市场经济的重要思想。他指出，说市场经济只存在于资本主义社会，只有资本主义的市场经济，这肯定是不正确的。社会主义为什么不可以搞市场经济，这个不能说是资本主义。我们是计划经济为主，也结合市场经济，但这是社会主义的市场经济。市场经济不能说只是资本主义的。市场经济，在封建社会时期就有了萌芽。社会主义也可以搞市场

---

① 《邓小平年谱》第4卷，中央文献出版社2020年版，第656页。
② 《邓小平年谱》第4卷，中央文献出版社2020年版，第673页。

经济。① 邓小平是党内最早提出社会主义可以搞市场经济的中共中央领导人。虽然此时他提出的社会主义的市场经济是相对于资本主义的市场经济来说的，从内涵上还不完全等同于后来中共十四大提出的社会主义市场经济，但他提出的社会主义也可以搞市场经济，社会主义是计划经济为主，也结合市场经济等思想，是在社会主义经济理论上的重大突破，为中共十四大确立经济体制改革目标模式提供了思想先导。

在邓小平等中共中央领导人的引导和支持下，城市经济体制改革在扩大企业自主权的基础上向纵深推进。受农村家庭联产承包责任制的启发，"包字进城"，城市企业开始探索实施经济责任制，贯彻联产承包、按劳分配的原则，确定利润包干、明确岗位责任。这种办法，任务明确，考核简单，企业在完成包干任务后可以获得剩余利润的大部分，因而迅速推行到3.6万个工业企业。② 1981年10月29日，国务院批转国家经委、国务院体改办《关于实行工业生产经济责任制若干问题的意见》，要求通过实行这种责权利紧密结合的生产经营管理制度，把企业和职工的经济利益同他们承担的责任和实现的经济效果联系起来，使广大职工以主人翁的态度，用最小的人力、物力消耗取得最大的经济效益。1982年11月8日，国务院又批转国家体改委、国家经委、财政部《关于当前完善工业经济责任制的几个问题的报告》。此后，各地普遍推行经济责任制，并取得较好效果，在相当程度上解决了企业吃国家"大锅饭"和职工吃企业"大锅饭"的问题。

经济责任制的推行是工业企业管理体制改革的又一次探索。它比扩大企业自主权的试点前进了一步，在国家与企业的关系上，强调责权利的结合，并且把企业对国家承担的责任放在首位；在企业内部的关系上，围绕企业的总目标，把各个环节用责任与利益联结起来，为正确处理国家、企业、职工的关系完善了体制，积累了经验。

---

① 《邓小平文选》第2卷，人民出版社1994年版，第236页。
② 《当代中国的经济体制改革》，当代中国出版社2021年版，第145页。

邓小平对工业系统推行经济责任制予以肯定性评价，多次向外宾介绍中国实行工业责任制的情况及取得的成效。1981年9月9日，他在向日本客人介绍中国经济体制改革情况时说，现在的中心问题就是解放思想、实事求是、因地制宜，调动人民的积极性，概括起来就是建立责任制，在建立责任制的基础上真正体现按劳分配。农村的经验今年要推广到工厂。现在凡是那样搞的，都见效。1982年11月15日，邓小平在同美国客人谈到中国经济改革情况时说，工业方面的改革比农业方面晚了差不多两年的时间，可以说现在才开始，人们头脑里的旧框框太多。但是农业改革会给工业一种启发。拿农业来说，强调了责任制，工业方面凡是向这方面努力也强调责任制的，就都见效。1983年4月11日，邓小平在回答美国客人提出的中国是否实行工业责任制问题时说，责任制见效是在农村。实行责任制，农村面貌大变，不是小变。工业、商业各方面也要实行责任制，但不同于农业。这方面，我们要很谨慎，经过试点，在哪方面执行，要仔细研究，积累经验。①同年6月18日，他在同参加北京科学技术政策讨论会的外籍专家谈话时说，打破"大锅饭"的政策不会变。工业有工业的特点，农业有农业的特点，具体经验不能搬用，但基本原则是搞责任制，这点是肯定的。②这些谈话明确了工业改革的发展方向，对工业系统推行经济责任制改革产生了重要的指导和推动作用。

以城市为重点的整个经济体制改革虽然进行了多种试验和探索，采取了一些重大措施，取得了显著成效和重要经验，使经济生活开始出现了多年未有的活跃局面，但城市改革还只是初步的，城市经济体制中严重妨碍生产力发展的种种弊端还没有从根本上消除。突出表现在政企不分、条块分割依然存在，城市企业经济效益还很低，城市经济的巨大潜力还远远没有挖掘出来，生产、建设和流通领域中的种种损失和浪费还很严重。加快

---

① 《邓小平年谱》第5卷，中央文献出版社2020年版，第68、166、199页。

② 《邓小平年谱》第5卷，中央文献出版社2020年版，第212页。

改革是城市经济进一步发展的内在要求。

为将城市经济体制改革进一步引向深入，1984 年 10 月，中共十二届三中全会讨论通过了《中共中央关于经济体制改革的决定》。全会的召开和《决定》的通过，标志着中国进入以城市为重点的全面经济体制改革时期。

对中共十二届三中全会的召开，邓小平高度重视，并对《决定》的起草提出了重要指导意见。全会前夕，邓小平在会见外宾时多次介绍即将召开的中共十二届三中全会，并强调这次全会对推进经济体制改革的重要意义。10 月 2 日，邓小平在会见参加国庆活动的杨振宁、李政道等 60 多位外籍华人科学家时指出，不久要开十二届三中全会，我相信在将来的历史上会表明它的重要性。会议的主题是城市改革。如果说开拓新局面是从农业开始，这次则是全面改革，包括工业、商业、科技、教育等，范围很广。改革是很迫切的。因为农村政策见效，农民好起来了，如果城市不进行改革，就会妨碍农村继续前进，城市也满足不了占我国总人口百分之八十的农民的需要。城市改革要有更大的勇气。农村改革说明，城市改革不但必要，而且相信会成功。①10 月 6 日，他在会见参加中外经济合作问题讨论会全体中外代表时，指出中共十二届三中全会将在中国的历史发展中写上很重要的一笔。他说，即将召开的党的十二届三中全会的主题，就是城市和整个经济体制的改革。这意味着中国将出现全面改革的局面。由于城市改革的复杂性，可能会出些差错，我们是走一步看一步，有不妥当的地方，改过来就是了。总之，遵循一个原则，就是实事求是。我们相信，城市改革也会成功。10 月 10 日，邓小平在会见德意志联邦共和国总理科尔时，又指出中共十二届三中全会将是一次很有特色的全会。他说，前一次三中全会重点在农村改革，这一次三中全会则要转到城市改革。无论是农村改革还是城市改革，其基本内容和基本经验都是开放，对内把经

---

① 《邓小平年谱》第 5 卷，中央文献出版社 2020 年版，第 295 页。

济搞活，对外更加开放。我们把改革当作一种革命，当然不是"文化大革命"那样的革命。①

10月20日，中共十二届三中全会讨论通过《中共中央关于经济体制改革的决定》。《决定》阐明了加快以城市为重点的整个经济体制改革的必要性、紧迫性，规定了经济体制改革的任务、性质和各项基本方针政策，指出，改革是社会主义制度的自我完善，改革的基本任务是建立起具有中国特色的充满生机和活力的社会主义经济体制。围绕这一基本任务，《决定》要求，把增强企业活力作为经济体制改革的中心环节；自觉运用价值规律，发展社会主义商品经济；建立合理的价格体系，充分重视经济杠杆的作用；实行政企职责分开，正确发挥政府机构管理经济的职能；建立多种形式的经济责任制，认真贯彻按劳分配原则；积极发展多种经济形式，进一步扩大对外的和国内的经济技术交流；起用一代新人，造就一支社会主义经济管理干部的宏大队伍；加强党的领导，保证改革的顺利进行。《决定》突破了把计划经济同商品经济对立起来的传统观点，确认我国社会主义经济是公有制基础上的有计划的商品经济；商品经济的充分发展，是社会经济发展的不可逾越的阶段，是实现我国经济现代化的必要条件。

邓小平对这个《决定》给予高度评价。他在全会通过《决定》后的发言中指出，这个决定，是马克思主义的基本原理和中国社会主义实践相结合的政治经济学。我有这么一个评价。但是要到五年之后才能够讲这个话，证明它正确。②10月22日，他在中顾委第三次全体会议上谈到该《决定》时又指出，这次经济体制改革的文件好，就是解释了什么是社会主义，有些是我们老祖宗没有说过的话，有些新话。我看讲清楚了。过去我们不可能写出这样的文件，没有前几年的实践不可能写出这样的文件。写出来，也很不容易通过，会被看作"异端"。我们用自己的实践回答了新

---

① 《邓小平文选》第3卷，人民出版社1993年版，第78、81—82页。
② 《邓小平年谱》第5卷，中央文献出版社2020年版，第304页。

情况下出现的一些新问题。①

中共十二届三中全会后，在邓小平等的积极倡导和大力支持下，在《中共中央关于经济体制改革的决定》的指导和推动下，以城市为重点的经济体制改革全面展开。

在改革计划管理体制方面，国家宏观调控的范围和方式得到调整和改进。与改革前相比，1987 年由国家计委管理的指令性计划的工业产品从 120 种减少到 60 种，其产值占工业总产值的比重由 40% 下降到 17%；国家统配物资由 259 种减少到 26 种；国家计划管理的商品由 188 种减少到 23 种。全国用于生产和建设的资金，由财政筹集的从 76.6% 下降到 31.2%，由银行筹集的从 23.4% 上升到 68.8%。经济杠杆在宏观调控中的作用明显增强。②

在改革价格体系和促进市场发育方面，不仅消费品市场稳步发展，生产资料市场以及金融、技术劳务和房地产市场等都得到进一步开拓。在价格体系中，除国家定价和指导价外，由市场调节、价格完全放开的商品及服务越来越多，经济活力越来越强。

增强企业特别是全民所有制大中型企业的活力是城市经济体制改革的中心环节。在这方面各地采取的一项重要措施是广泛推行承包经营责任制，通过企业主管部门同企业的厂长（经理）签订任期目标责任制合同，对责权和奖惩作出明确规定，以增强企业经营者的责任感，取得较好经济效果。与此同时，有的企业已开始实行股份制改革试点。股份制的实行，使企业所有权和经营权进一步分离，给企业发展注入新的活力。1984年 11 月，上海飞乐音响公司开始发行股票。这是新中国首批公开发行的股票之一。1986 年 11 月 14 日，邓小平会见前来北京参加中美金融市场研讨会的纽约证券交易所董事长范尔霖一行。在接受客人赠送给他的纽约

① 《邓小平文选》第 3 卷，人民出版社 1993 年版，第 91 页。
② 《中国共产党的一百年——改革开放和社会主义现代化建设新时期》，中共党史出版社 2022 年版，第 705 页。

证券交易所证章和证券样后，邓小平将一张上海飞乐音响公司股票回赠给客人。① 这一具有象征意义的回赠，不仅体现了邓小平对中国企业进行股份制改革试点的支持，也对外表明股票和股份制并不为资本主义所专有，社会主义国家也可以利用。

城市经济体制改革涉及各个领域，比农村改革复杂得多，也存在一定风险。在推进城市改革的过程中，邓小平发表了一系列重要谈话，强调城市改革胆子要大，步子要稳。这既为城市改革抓住机遇、勇于探索提供了广阔空间和舞台，也为防止可能出现的偏差提供了保证。1983年9月10日，邓小平在会见英国前首相希思时说，农业问题同工业问题不一样，工业问题更复杂。农村的责任制可以用到城市，用到工业，但基本经验还是要城市自己来积累。现在开始一些试点，还是有希望的。这不能一哄而起，要走一步看一步。② 1984年11月20日，邓小平在会见挪威首相科勒·维洛克时指出，城市经济改革，实际上是对整个经济体制的全面改革。我们意识到，城市改革的问题要比农村复杂得多，而且搞不好容易出乱子。我们要在改革中走一步，看一步；走一步，总结一步经验。走的当中发现某一点有问题，不对，我们就改，不是方针政策改，而是在具体措施方面协调一下。这是一个大胆的行动，在大胆的行动中要采取谨慎步伐。③ 1985年5月24日，邓小平在会见葡萄牙总统拉马略·埃亚内斯时指出，我们正在进行的城市改革比农村改革复杂得多。人们有一些担心，是有理由的。我们对城市改革的态度是胆子要大，要坚决地改，不丧失时机，现在是一个好时机。但是，我们的步子要稳，走一步看一步，犯了错误，及时发现，及时改正。只要我们把事情办好了，也能说服那些对城市改革担心的人。我个人相信，这个改革肯定会成功。④ 这些重要谈话，

① 《邓小平年谱》第5卷，中央文献出版社2020年版，第453页。
② 《邓小平年谱》第5卷，中央文献出版社2020年版，第229页。
③ 《邓小平年谱》第5卷，中央文献出版社2020年版，第314页。
④ 《邓小平年谱》第5卷，中央文献出版社2020年版，第347页。

坚定了人们进行城市改革的信心和决心，保证了城市改革始终沿着正确方向顺利推进。

城乡个体经济、私营经济和外资经济在发展过程中出现了雇工等新问题。邓小平因势利导，保证了政策的稳定性，促进了城市改革的发展。20世纪70年代末，安徽省芜湖市出了一个叫年广久的个体户，他雇工经营，制作和销售瓜子，被称为"傻子瓜子"，得以致富。到1982年，他的雇工已超过一百多人，远远超过当时个体户雇工八人以下的界限。当时许多人不舒服，说他赚了一百万，主张动他。邓小平明确提出不能动。他说："如果你一动，群众就说政策变了，人心就不安了。你解决了一个'傻子瓜子'，会牵动人心不安，没有益处。让'傻子瓜子'经营一段，怕什么？伤害了社会主义吗？"①邓小平的明确表态和一系列相关政策的出台，打消了人们对发展个体经济及多种经济成分的顾虑，促进了多种所有制经济的迅速发展。城市经济生活呈现出前所未有的活跃局面。

随着经济体制改革的不断推进，科学技术体制和教育体制改革也逐步提上日程。

1985年3月，全国科技工作会议在北京召开，会议中心议题是研究科技体制改革的重大问题。3月7日，邓小平到会讲话，强调改革科技体制是为了解放生产力，是为了进一步解决科技和经济结合的问题。他指出："经济体制，科技体制，这两方面的改革都是为了解放生产力。新的经济体制，应该是有利于技术进步的体制。新的科技体制，应该是有利于经济发展的体制。双管齐下，长期存在的科技与经济脱节的问题，有可能得到比较好的解决。"②3月13日，中共中央发布《关于科学技术体制改革的决定》，提出应当按照经济建设必须依靠科学技术、科学技术工作必须面向经济建设的战略方针，尊重科学技术发展规律，从我国的实际出发，

---

① 《邓小平文选》第3卷，人民出版社1993年版，第91页。
② 《邓小平文选》第3卷，人民出版社1993年版，第108页。

对科学技术体制进行坚决的有步骤的改革。《决定》的基本精神，是促进技术成果商品化，开拓技术市场，加快技术成果向生产能力的转化，以适应社会主义商品经济的发展。

科技体制改革激发了广大科技工作者的积极性。1986年3月3日，王大珩、王淦昌、杨嘉墀、陈芳允等科学家致信邓小平、胡耀邦，提出关于跟踪研究外国战略性高技术发展的建议。3月5日，邓小平对来信作出批示，认为这个建议十分重要，要求找些专家和有关负责同志讨论，提出意见，以凭决策，并强调此事宜速作决断，不可拖延。根据邓小平批示精神，国家科委邀请部分科学家进行座谈。座谈中，对选择高技术项目是以发展国民经济为主，还是以增强军事实力为主，产生了不同意见。4月6日，邓小平阅国家科委副主任吴明瑜5日关于座谈情况的来信，作出批示："我赞成'军民结合，以民为主'的方针。"此后，国家科委成立"八六三"计划编制小组，组织论证，广泛征求专家意见。10月6日，邓小平审阅该计划给邓小平等中央领导同志的报告和有关文件，作出批示："我建议，可以这样定下来，并立即组织实施（如有缺点或不足，在实施中可以修改和补充）。"11月，中共中央、国务院批准《高技术研究发展计划纲要》。计划纲要确定从世界高技术的发展趋势和我国的需要与实际可能出发，选择十五个主题项目，分别属于七个领域，包括生物技术、航天技术、信息技术、先进防御技术、自动化技术、能源技术和新材料技术的一些领域，以此作为突破重点，在几个重要的高技术领域跟踪世界水平。[1]"863计划"的实施有力推动了我国科技事业的发展，一批具有世界先进水平的高科技成果相继诞生。

与此同时，教育体制改革也正式启动。1985年5月，全国教育工作会议在北京召开。这是从党的工作重点转移到社会主义现代化建设以后，教育战线的一次空前的盛会。会议期间，代表们讨论了中共中央关于教

---

① 《邓小平年谱》第5卷，中央文献出版社2020年版，第405—406页。

育体制改革的决定（草案），研究了实行教育体制改革的步骤和措施。5月19日，邓小平到会讲话，强调要把教育工作认真抓起来。他指出："忽视教育的领导者，是缺乏远见的、不成熟的领导者，就领导不了现代化建设。各级领导要像抓好经济工作那样抓好教育工作。各级党委和政府，对教育工作不仅要抓，并且要抓紧、抓好，严格要求，少讲空话，多干实事。"①

5月27日，中共中央发布《关于教育体制改革的决定》，提出教育体制改革的目的，是使各级各类教育能够主动适应经济社会发展的多方面需要。为此，要改革教育管理体制，扩大学校办学自主权；调整教育结构，相应地改革劳动人事制度；改革同社会主义现代化不相适应的教育思想、教育内容、教育方法。《决定》发布后，我国教育体制改革全面展开，适应现代化建设需要的各类人才不断涌现。

随着各方面改革的陆续推进，僵化的高度集中的计划经济体制开始被冲破，我国出现了农村改革和城市改革、经济体制改革和其他体制改革相互促进的生动局面，以城市为重点的经济体制改革迈出新的步伐，社会主义现代化建设进入新的发展阶段。

---

① 《邓小平年谱》第5卷，中央文献出版社2020年版，第345页。

第十四章

促进全方位对外开放

　　继 1979 年创办经济特区、1984 年开放 14 个沿海港口城市后，1985年初，邓小平又在着手策划对外开放的新举措。1 月 4 日，他约中共中央负责对外开放工作的谷牧谈话。在听取谷牧汇报 14 个沿海城市开放以来八个多月的主要情况后，邓小平指出，看起来大有希望。在谈到开放珠江三角洲和长江三角洲时，邓小平指出，沿海连成一片了，这很好。要再加上闽南三角洲。① 此前，1984 年 12 月 29 日，国务院提出将珠江三角洲和长江三角洲开辟为经济开发区，利用开放和改革的有利条件，充分发挥优势，加快社会主义现代化建设步伐。

　　1985 年 1 月 25 日至 31 日，谷牧受中共中央和国务院委托，在北京召开了长江三角洲、珠江三角洲和闽南厦（门）漳（州）泉（州）三角地区座谈会。会议认为，先将长江三角洲、珠江三角洲和闽南厦漳泉三角地区，继而将辽东半岛、胶东半岛开辟为沿海经济开发区，是我国在进一步实行改革与开放的新形势下，加速沿海经济发展、带动内地经济开发的重要战略部署。2 月 18 日，中共中央、国务院发出《批转长江、珠江三角洲和闽南厦漳泉三角地区座谈会纪要的通知》，批准将长江三角洲、珠江三角洲和闽南厦漳泉三角地区划为沿海经济开放区。这一决策的实施，使

---

① 《邓小平年谱》第 5 卷，中央文献出版社 2020 年版，第 321—322 页。

我国对外开放初步形成了从经济特区到沿海开放城市再到沿海经济开放区这样一个多层次、有重点、点面结合的对外开放格局，在沿海形成了包括2个直辖市、25个省辖市、67个县、约1.5亿人口的对外开放前沿地带，中国的对外开放在邓小平的推动下又打开新的局面。

对外开放新格局的初步形成，促使我国引进外资、先进技术和设备的步伐进一步加快，商品出口能力和出口创汇能力进一步增强。到1987年，全国累计签订利用外资协议（合同）项目10350项，累计协议金额625.09亿美元，其中外商直接投资等达257.73亿美元。14个沿海开放城市引进技术改造项目5000个，成交额34.5亿美元，推动了现有企业技术改造、产品更新换代和结构调整，并引进了一批新技术，发展了一批新产品，有的还填补了国内空白。对外开放成为我国经济社会发展的重要推动力。①

天津经济技术开发区，是继深圳、珠海、汕头、厦门四个经济特区取得成功经验后，根据邓小平和中共中央、国务院关于进一步开放大连、天津、上海、广州等14个沿海港口城市的决策，于1984年开始创建的。邓小平对沿海港口城市的对外开放工作十分重视。1986年8月19日至21日，他在时任中共天津市委副书记、市长李瑞环的陪同下，专程视察了天津经济技术开发区、天津港、中环线和居民小区等，发表了对天津和其他沿海港口城市对外开放事业具有重要指导意义的谈话。

8月19日晚，邓小平乘专列抵达天津。他在车站对前来迎接的李瑞环说："我这次来天津，要看看你们的开发区，看看市容，还要到港口看一看。"②

8月20日上午，邓小平视察天津市区，站在中环线西半环的八里台立交桥上俯瞰街景。在李瑞环汇报到34公里长的中环线用10个月建成，连外国人都表示惊讶时，邓小平说："改革，现代化科学技术，加上我们

① 《中国共产党的一百年——改革开放和社会主义现代化建设新时期》，中共党史出版社2022年版，第710页。

② 《邓小平文选》第3卷，人民出版社1993年版，第165页。

讲政治，威力就大多了。到什么时候都得讲政治，外国人就是不理解后面这一条。"在听到天津许多工程都发动群众参加义务劳动时，邓小平说："你们经常搞义务劳动，这也是政治嘛。"①

在东半环的中山门蝶式立交桥上，邓小平下车进行了察看，并接见设计者胡习华，称赞他干得好。在得知他是一位30岁的中专毕业生，并即将被破格批准为工程师时，邓小平说："应该，这是谁也不应反对的，这也叫改革。"当得知中环线搞得这么快是因为搞了承包时，邓小平说："就是要搞改革，搞承包，分段、分级承包，实行责任制。"②

视察中环线后，邓小平又视察了居民小区。看到群众个个笑逐颜开，邓小平高兴地说："建设居民小区，人民群众有了好的环境，看到了变化，就有信心，就高兴，事情也就好办了。"③

8月21日上午，邓小平视察天津新港和天津经济技术开发区。在去新港途中，邓小平对李瑞环说："你们在港口和市区之间有这么多荒地，这是个很大的优势，我看你们潜力很大。可以胆子大点，发展快点。你们这里有些基础设施比上海好，有些事情办起来可能容易些。你们准备向外国借一百亿美元，有没有对象？可以多找一些国家。人家借给我们钱都不怕，我们怕什么？我向来不怕。十年时间，有一两个地方，借百把亿美元，只要讲效益，有什么危险？两百亿也没有什么了不起！"④ 这些谈话，体现了他一贯强调的发展是硬道理的思想，并对天津充分利用自身优势，抓住机遇，加快发展提出了殷切希望。

在询问京津塘高速公路情况后，邓小平说："要研究投资方向问题。日本人说搞现代化要从交通、通讯上入手，我看有道理。我们在这方面老是舍不得花钱。"当天津港负责人汇报到，港口下放两年来经济效益提高

① 《邓小平文选》第3卷，人民出版社1993年版，第166页。
② 《邓小平文选》第3卷，人民出版社1993年版，第166页。
③ 《邓小平文选》第3卷，人民出版社1993年版，第166页。
④ 《邓小平文选》第3卷，人民出版社1993年版，第165页。

很大，解决了长期存在的压船问题时，邓小平说："人还是这些人，地还是这块地，一改革，效益就上来了。无非是给了他们权，其中最重要的是用人权。"①

在经济技术开发区，邓小平接见了合资企业的中外双方经理，参观了丹华公司的车间和试生产出的自行车。邓小平对开发区取得的成绩予以肯定，明确指出："对外开放还是要放，不放就不活，不存在收的问题。"并为开发区题词："开发区大有希望"。当听到开发区的年轻人都是自己去闯，有些年轻人是市里的第三梯队时，邓小平说："把年轻干部放到第一线压担子，这个路子对，不能只靠人家扶着。他们受到了锻炼，提上来别人也会服气。"结束对开发区的视察后，邓小平说："天津开发区很好嘛，已经创出了牌子，投资环境有所改善，外国人到这里投资就比较放心了。"②

中共十三大要求进一步扩大对外开放的广度和深度，不断发展对外经济技术交流与合作。报告指出："当今世界是开放的世界，我们已经在实行对外开放这个基本国策中取得了重大成就。今后，我们必须以更加勇敢的姿态进入世界经济舞台，正确选择进出口战略和利用外资战略，进一步扩展同世界各国包括发达国家和发展中国家的经济技术合作与贸易交流，为加快我国科技进步和提高经济效益创造更好的条件。"③

1988年1月，在中共十三大精神的指引下，国务院根据对外开放从外向型经济起步和演进的成功启示，向中共中央提交《沿海地区经济发展的战略问题》的报告。报告提出：一、沿海地区要抓住有利机遇，大力发展外向型经济；二、加快外贸体制改革；三、进一步搞活企业机制，充分发挥乡镇企业的生力军作用；四、切实提高管理水平，让外国企业家能够按照国际惯例来中国管理企业；五、促进科技转化为生产力，充分发挥

---

① 《邓小平文选》第3卷，人民出版社1993年版，第165—166页。

② 《邓小平文选》第3卷，人民出版社1993年版，第165、166页。

③ 《十三大以来重要文献选编》（上），中央文献出版社2011年版，第20页。

我国科技开发能力强的优势；六、既要加快沿海经济发展，又要稳定全国经济。1月23日，邓小平对报告作出批示："完全赞成。特别是放胆地干，加速步伐，千万不要贻误时机。"①

同年3月，为落实邓小平批示精神，国务院召开沿海地区对外开放工作会议。经过这次会议讨论，中共中央、国务院决定将沿海经济开放区扩大到长江以北的山东半岛、辽东半岛、环渤海地区和沿海其他地区；确定包括5个经济特区、14个沿海开放城市及其经济技术开发区和广大的沿海经济开放区在内的沿海开放地带，实行发展外向型经济的战略。这是我国对外开放继1979年、1984年之后，第三次采取重大步骤。由此，我国沿海开放全面展开。

为贯彻实施沿海地区经济发展战略，充分发挥沿海地区的优势，积极发展外向型经济，促进我国社会主义现代化建设，1988年3月，国务院向各省、自治区、直辖市和国务院各部门发出通知，决定进一步扩大我国沿海经济开放区范围。这次新划入沿海经济开放区的，共140个市、县，其中包括杭州、南京、沈阳3个省会城市。此举使我国由经济特区、沿海开放城市和经济开放区构成的沿海对外开放前沿地带显著扩大，市、县增加到288个，面积增加到约32万平方公里，人口增加到1.6亿。② 新列入沿海经济开放区的地区，同以前开放的地区一样，享受同样的优惠待遇，同时要求按照出口贸易的需要，加快工农业的技术引进和技术改造，建成贸工农的生产结构体系，成为对外贸易的重要基地。

沿海地区发展战略提出后，沿海各省市以及内地的一些省市积极行动，迅速研究、制订了各自的发展战略和规划。1988年3月23日，国务院作出《关于沿海地区发展外向型经济的若干补充规定》，决定扩大沿海

---

① 《邓小平年谱》第5卷，中央文献出版社2020年版，第521页。
② 《充分发挥沿海地区优势，积极发展外向型经济，我国决定扩大沿海经济开放区范围》，《人民日报》1988年4月9日。

地区吸收外商直接投资的审批权限，下放外贸企业审批权，改进对进料加工出口的海关监管，在沿海地区开放省辖市设立外汇调剂中心等，进一步激发了各地发展外向型经济的积极性。

20世纪80年代中期，继中国东南沿海举办的深圳、珠海、汕头、厦门四个经济特区初见成效后，邓小平深谋远虑，高瞻远瞩，开始思考、筹划开发海南岛问题。

1984年2月24日，邓小平视察广东、福建、上海等地回京后，同几位中共中央负责同志谈话，强调我们建立经济特区，实行开放政策，有个指导思想要明确，就是不是收，而是放。在这次谈话中，邓小平明确指出："我们还要开发海南岛，如果能把海南岛的经济迅速发展起来，那就是很大的胜利。"①3月26日至4月6日，为贯彻落实邓小平指示精神，中共中央书记处和国务院在北京召开沿海部分城市座谈会。会议讨论了进一步搞好对海南岛的开发建设。5月4日，中共中央、国务院转发《沿海部分城市座谈会纪要》，决定进一步开放14个沿海港口城市和海南岛，实行经济特区的某些经济政策。

1984年5月，六届全国人大二次会议审议了国务院关于撤销广东省海南行政公署，成立海南行政区人民政府的建议，通过关于海南行政区建制的决定。同年10月，海南行政区人民政府正式成立。1986年8月，国务院发出通知，赋予海南行政区以相当于省一级的经济管理权限，实行计划单列。邓小平的重要意见和中共中央、国务院的一系列重大决策，对加快海南岛改革开放和开发建设步伐发挥了重要的推动作用。

1987年6月12日，邓小平在会见南斯拉夫共产主义者联盟中央主席团委员科罗舍茨时，首次对外透露了创立海南经济特区的设想。他指出："我们正在搞一个更大的特区，这就是海南岛经济特区……海南岛好好发

---

① 《邓小平文选》第3卷，人民出版社1993年版，第52页。

展起来，是很了不起的。"① 此时，许多中共中央领导同志在北戴河开会，讨论海南建省开发建设的可能性，一致认为：海南要实行比特区更特殊的政策，才能吸引外资，加快建设；海南建省，势在必行。会后，时任国务院秘书长的陈俊生南下海南，传达了邓小平和中共中央的重要指示。

1987年9月5日，六届全国人大常委会第22次会议通过决定，授权国务院成立海南建省筹备组，开始筹备工作。9月26日，中共中央、国务院发出《关于建立海南省及其筹备工作的通知》。1988年1月23日，中央财经领导小组会议审议了《国务院关于鼓励投资开发海南岛的规定》(5月4日由国务院发布)。3月8日至9日，六届全国人大常委会第25次会议审议了国务院关于建立海南经济特区的议案。3月25日，国务院总理李鹏在七届全国人大一次会议上所作的《政府工作报告》中宣布："根据海南岛独特的历史、地理和资源条件，国务院建议成立海南省，把海南办成全国最大的经济特区，实行比现有经济特区更加优惠的政策。"②4月13日，七届全国人大一次会议通过《关于设立海南省的决定》和《关于建立海南经济特区的决议》。4月14日，国务院批转《关于海南岛进一步对外开放加快经济开发建设的座谈会纪要》。4月26日，中共海南省委、海南省人民政府正式挂牌，中国最大的经济特区宣告成立。邓小平向客人介绍的设想变成了现实。

正如江泽民同志所说，海南建省办经济特区，实行对外开放，这一决心是邓小平同志下的。这不仅仅是邓小平同志对海南岛开发建设的殷切期望，而且是他从我国改革开放和现代化建设的全局出发作出的重大战略决策和部署。③

邓小平对海南岛经济特区的建设和发展高度重视，对其遇到的困难予以积极支持。海南岛在开发经营洋浦经济开发区时，采取的"引进外资，

---

① 《邓小平文选》第3卷，人民出版社1993年版，第239页。
② 《十三大以来重要文献选编》(上)，中央文献出版社2011年版，第137页。
③ 转引自《回忆邓小平》(下)，中央文献出版社1998年版，第306页。

成片承包，系统开发，综合补偿"的方式，在海内外引起了广泛关注，同时也引起了一些争议。有人指责此举将出现"新的租借地"。五位政协委员在全国政协七届二次会议上作关于《对海南省拟引进外资，开发洋浦地区的意见的联合发言》，提出海南省拟将洋浦港中心地区30平方公里的土地，以每亩2000元人民币的低价租给日本企业熊谷组，期限长达70年，此举欠妥。"洋浦"模式的是非，不仅关系到洋浦的前途，更关系到海南大特区的未来。海南省主要领导同志上书中共中央、国务院，并通过国家副主席王震直送邓小平，报告情况，申述意见。就在国内外议论纷纷，外商止步，海南干部群众困惑为难的时刻，邓小平明确表态，赞成洋浦利用外资的方式。1989年4月28日，邓小平对中共海南省委书记许世杰、省长梁湘3月31日写给他和杨尚昆的《关于海南省设立洋浦经济开发区的汇报》作出批示："我最近了解情况后，认为海南省委的决策是正确的，机会难得，不宜拖延，但须向党外不同意者说清楚。手续要迅速周全。"①邓小平的批示，肯定了洋浦开发建设的路子正确，维护了海南经济特区改革开放的形象，促进了海南经济的发展。

进入20世纪90年代初，邓小平又把对外开放的战略眼光投向了上海。1990年2月13日，他在同中共上海市委书记朱镕基谈到建议开发浦东时说，你们搞晚了。但现在搞也快，上海条件比广东好，你们的起点可以高一点。从80年代到90年代，我就在鼓动改革开放这件事。胆子要大一点，怕什么。在谈到浦东开发需要优惠政策时，邓小平说，我赞成。2月17日，邓小平又同江泽民、杨尚昆、李鹏等谈浦东开发问题，并对李鹏说，你是总理，浦东开发这件事，你要管。②

为落实邓小平的重要指示，同年3月28日至4月7日，姚依林受江泽民、李鹏委托，带领国务院有关部门负责人在上海对开发开放浦东问题

---

① 《邓小平年谱》第5卷，中央文献出版社2020年版，第569页。

② 《邓小平年谱》第5卷，中央文献出版社2020年版，第606页。

进行专题研究。4月18日，李鹏在上海视察时正式宣布中共中央、国务院同意上海开发开放浦东，在浦东实行经济技术开发区和某些经济特区的政策。6月2日，中共中央、国务院批复同意中共上海市委、上海市政府《关于开发和开放浦东问题的请示》，指出，开发和开放浦东是深化改革、进一步实行对外开放的重大部署，必将对上海和全国的政治稳定与经济发展产生极重要的影响。

1990年3月3日，邓小平在同江泽民、杨尚昆、李鹏等谈话时指出，抓上海，就是一个大措施。上海是我们的王牌，把上海搞起来是一条捷径。① 邓小平建议开发浦东、打出上海这张"王牌"，绝不是仅就上海一地的发展提出的具体工作要求，而是站在历史的高度，环视世界政治经济形势，对中国发展的全局作出的战略思考，是确立上海在20世纪90年代乃至21世纪全国经济发展大格局中的一种全新战略定位。1991年1月28日，邓小平在视察上海时指出："浦东如果像深圳经济特区那样，早几年开发就好了。开发浦东，这个影响就大了，不只是浦东的问题，是关系上海发展的问题，是利用上海这个基地发展长江三角洲和长江流域的问题。"② 这就清楚地表明了开发浦东的战略意图。

邓小平对上海工作的一系列指示中，有一个鲜明的主题，就是"抓住机遇，加快发展"。他在1991年《视察上海时的谈话》这篇文章中的第一句话就是："我们说上海开发晚了，要努力干啊！"③ 邓小平晚年每次到上海视察，都强调要抓住机遇。1992年2月，他在视察上海时对吴邦国、黄菊说："这是你们上海最后一次机遇，这个机遇你们不要放过，你们要大胆地闯一闯。"④1994年2月19日，邓小平离开上海前，在火车上对吴邦国、黄菊说，你们要抓住20世纪的尾巴，这是上海的最后一次机遇。上

---

① 《邓小平年谱》第5卷，中央文献出版社2020年版，第608页。

② 《邓小平文选》第3卷，人民出版社1993年版，第366页。

③ 《邓小平文选》第3卷，人民出版社1993年版，第366页。

④ 转引自《回忆邓小平》（下），中央文献出版社1998年版，第132页。

海有特殊的素质，上海完全有条件上得快一点。① 急迫之情溢于言表。在邓小平的关心、支持与推动下，上海浦东开发取得显著成就，中国的对外开放进入新的发展阶段。

---

① 《邓小平年谱》第 5 卷，中央文献出版社 2020 年版，第 666 页。

第十五章

重视精神文明建设

邓小平在领导和推进改革开放的历史进程中，高度重视精神文明建设，反复强调要一手抓改革开放，一手抓精神文明建设，要坚持两手抓，两手都要硬。在邓小平的高度重视和有力推动下，精神文明建设在思想道德领域和教育科学文化领域都取得积极进展和明显成效，为改革开放和社会主义现代化建设提供了重要的精神动力和智力支持。

中共十一届三中全会后，邓小平在坚持以经济建设为中心、狠抓物质文明建设的同时，大力倡导和加强社会主义精神文明建设，并对此作出一系列重要论述。1979 年 10 月 30 日，他在中国文学艺术工作者第四次全国代表大会的祝词中指出："我们要在建设高度物质文明的同时，提高全民族的科学文化水平，发展高尚的丰富多彩的文化生活，建设高度的社会主义精神文明。"[1]1980 年 12 月 25 日，邓小平在中共中央工作会议上的讲话中再次指出，我们要建设的社会主义国家，不但要有高度的物质文明，而且要有高度的精神文明。同时，邓小平阐述了精神文明建设的内容。他要求每一个共产党员身体力行共产主义思想和共产主义道德，大大发扬我们党长期以来形成的一系列革命精神，并且要大声疾呼和以身作则地把这些精神推广到全体人民、全体青少年中间去，使之成为中华人民共和国精

---

[1] 《邓小平文选》第 2 卷，人民出版社 1994 年版，第 208 页。

神文明的主要支柱，为世界上一切要求革命、要求进步的人们所向往，也为世界上许多精神空虚、思想苦闷的人们所羡慕。①

邓小平之所以高度重视精神文明建设，一个重要原因是"文化大革命"产生了许多精神上的问题。他多次谈到"文化大革命"带来的精神上的问题很多，所以搞现代化要增加精神文明建设的内容。1981年1月12日，邓小平在会见德永正利率领的日本参议员代表团时指出，现在，大公无私、舍己为公、艰苦奋斗等道德观念都遭到了破坏。要恢复是一代人的问题。现在的社会风气不如过去，动不动就打砸抢，年轻的娃娃甚至动刀子，不讲礼貌了，也不照顾别人的利益、集体的利益、国家的利益。但不是说所有一代人都如此，不过在相当一部分年轻娃娃中有这个问题。没有好的道德观念和社会风气，即使现代化建设起来了也不好，富起来了也不好。同年3月13日，他在会见日本国际贸易促进协会会长藤山爱一郎一行时说，"文化大革命"带来的社会风气问题，长期受"左"的思想政策影响而导致的一些错误倾向等。这些问题不是一下子就能解决的。现在我们提倡精神文明，就是要解决社会风气不良的问题。1981年9月9日，邓小平在会见竹入义胜为团长的日本公明党第十次访华代表团时再次指出，在"文化大革命"以前，我们的精神面貌、道德风尚是很好的，人民有理想、有奔头，着眼于更远的目标，照顾整个国家、整个社会，照顾左邻右舍。正是因为有这样的精神文明，我们在延安非常困难的情况下，大家过得非常愉快，什么困难也压不倒我们，我们把它叫做"延安精神"。六十年代初，为了克服严重的经济困难，我们下放了职工两千多万，没有遇到什么困难。当时，我们物资非常贫乏，商品严重短缺，但人民精神面貌很好。那次调整是非常困难的，但很顺利地完成了，而且把欠苏联的债也还清了。回想历史，感到精神文明非常重要。②

---

① 《邓小平文选》第2卷，人民出版社1994年版，第367—368页。
② 《邓小平年谱》第5卷，中央文献出版社2020年版，第3—4、19、67页。

邓小平高度重视精神文明建设的另一个重要原因，是对内搞活、对外开放在促进我国经济快速发展的同时也不可避免地带来一些消极影响。1982年2月25日，邓小平在会见摩洛哥首相马蒂·布阿比德时指出，中国将继续实行对外开放政策。我们主要是引进先进的技术和管理知识，吸收对我们有用的资金。但是，贪污、盗窃、贿赂、走私这些资本主义世界腐朽的东西决不能引进来。这些事在资本主义世界不奇怪。既然开放，接触多了总会有影响，问题是你能否消除这些影响。这需要有清醒的头脑，既不要大惊小怪，又要认真抵制，采取有效的手段包括法律手段，消除这些坏的东西。① 同年8月10日，邓小平在同美籍华人科学家邓昌黎、陈树柏、牛满江等谈到精神文明建设时进一步指出，精神文明建设是实现四个现代化的重要保证。为什么提这个问题? 对外开放、对内搞活是正确的，但也带来了新的问题，世界上腐朽的东西、中国老的东西重新出现，而且已经出现。没有理想、没有艰苦奋斗的精神不行，精神面貌可以直接影响物质。延安时候我们有什么? 物质条件很差，就靠精神文明。靠有理想，靠坚强的信念，什么困难都能克服。在某种情况下，这种精神有决定意义。②

正因如此，邓小平在谈到精神文明时总是与现代化建设相联系，并将其看作实现社会主义现代化的一项重要保证。1982年7月4日，邓小平在中共中央军委座谈会上指出，最近我有两次讲话，讲了对坚持社会主义制度、搞好现代化建设的四个保证。第一是体制改革，目前进行机构改革。第二是搞社会主义精神文明。第三是坚决打击经济领域的犯罪活动，或者叫打击经济犯罪分子。第四是党的建设，党的组织和作风的整顿。这四件事都不能一次搞完，要长期搞下去。我们不搞运动，但是，随着四个现代化建设的进程，就要坚持四个保证，一天也不要丢掉，要把它变成一

---

① 《邓小平年谱》第5卷，中央文献出版社2020年版，第100页。
② 《邓小平年谱》第5卷，中央文献出版社2020年版，第136页。

种经常性的工作和斗争。① 同年 9 月 1 日，邓小平在中共十二大开幕词中再次将建设社会主义精神文明确定为到 20 世纪末的近 20 年内要重点抓紧的四件工作之一，并强调这是我们坚持社会主义道路，集中力量进行现代化建设的最重要的保证。②

关于精神文明建设的内容，邓小平强调教育人民特别是青年要有理想、有道德、有纪律，要继续发扬自力更生、艰苦奋斗的优良作风。1981 年 5 月 23 日，邓小平在会见北美、日本、欧洲三边委员会成员时说，我们在充分注意满足人民需要，逐步提高人民生活水平的同时，还要注意政治思想工作，其中心就是建设社会主义精神文明。我们要在人民中提倡，特别是教育青年要有理想、有纪律、有知识、有礼貌，也就是我们常说的"五讲四美"。我们现代化建设的目标是建立一个具有高度民主、高度文明的社会主义国家。为此就要使人们具有良好的精神面貌。③ 同年 9 月 9 日，邓小平在会见日本访华代表团时指出，精神文明，就是社会风尚，人民的理想、道德，精神面貌，包括讲礼貌在内，这些都很重要。现在我们搞四化，情况会逐步好起来，但是好起来也要保持艰苦奋斗的精神。④ 1982 年 2 月 25 日，邓小平在会见摩洛哥首相马蒂·布阿比德时指出，我们要提倡精神文明，在这方面我们有自己的传统，要教育我们的后代有理想，有道德，讲礼貌，守纪律，要艰苦奋斗。我们国家的每个人包括娃娃都要有爱国主义精神，有民族自尊心，这与实现四个现代化是密切相联的。⑤ 同年 4 月 3 日，邓小平在同胡乔木、邓力群谈话时指出，社会主义精神文明建设，中心是三句话，有理想、有道德、有纪律。要使全国各族人民，无论是男是女，是老是少，是党员还是非

① 《邓小平年谱》第 5 卷，中央文献出版社 2020 年版，第 127—128 页。
② 《邓小平文选》第 3 卷，人民出版社 1993 年版，第 3 页。
③ 《邓小平年谱》第 5 卷，中央文献出版社 2020 年版，第 41—42 页。
④ 《邓小平年谱》第 5 卷，中央文献出版社 2020 年版，第 67 页。
⑤ 《邓小平年谱》第 5 卷，中央文献出版社 2020 年版，第 100 页。

党员，都要成为有理想、有道德、有纪律的人。我们的人民，我们的党，要继续发扬艰苦奋斗、自力更生的精神。我们坚持对外开放，但是终究要以自力更生为主。无论干什么，都要立足在这个基础上。过去的革命和建设靠自力更生，今后进行社会主义现代化建设，还是靠自力更生。要在全党和全国各族人民中间，形成这样一种风气、一种作风、一种精神状态。①

在邓小平关于加强精神文明建设重要论述的指引下，我们党对精神文明建设的认识不断深化。1981 年 6 月，中共十一届六中全会通过的《关于建国以来党的若干历史问题的决议》强调，社会主义必须有高度的精神文明。1982 年 9 月，中共十二大报告从理论上论述了建设社会主义精神文明问题，指出社会主义精神文明是社会主义的重要特征，是社会主义制度优越性的重要表现。

20 世纪 80 年代初，在邓小平的大力推动和中共中央的积极号召下，我国社会主义精神文明建设活动广泛开展并取得一定成绩。1981 年 2 月 25 日，全国总工会、共青团中央、全国妇联等 9 个单位联合发出《关于开展文明礼貌活动的倡议》，向全国人民特别是青少年提出，开展以讲文明、讲礼貌、讲卫生、讲秩序、讲道德和心灵美、语言美、行为美、环境美为内容的"五讲四美"活动。这个倡议得到党和政府的大力支持。2 月 28 日，中共中央宣传部、教育部、文化部、卫生部、公安部联合发出《关于开展文明礼貌活动的通知》，要求各级宣传、教育、文化、卫生、公安等部门，积极支持各群众团体开展文明礼貌活动，把它作为建设社会主义精神文明的一件大事抓好，并提出了五条具体要求。同年 2 月，中国人民解放军总政治部根据军队的特点，在《关于加强部队青年工作的指示》中提出了"四有、三讲、两不怕"的口号，即"有理想、有道德、有知识、有体力，讲军容、讲礼貌、讲纪律，不怕艰难困苦、不怕流血

① 《邓小平年谱》第 5 卷，中央文献出版社 2020 年版，第 109 页。

牺牲"①。邓小平对此予以充分肯定。3月27日，他在听取韦国清、梁必业、华楠汇报解放军学习贯彻1980年12月中共中央工作会议精神情况时指出，最近有一件事做得好，就是大讲精神文明。总政治部提出的"四有、三讲、两不怕"的口号很好，军队就这样办，要好好宣传。②

1982年2月，中共中央根据广大人民群众的要求，倡导开展第一个"全民文明礼貌月"活动。从3月1日开始，活动在全国全面展开。其内容除"五讲四美"外，又同"三热爱"（即热爱祖国、热爱社会主义、热爱中国共产党）活动紧密结合起来。1983年2月26日，中共中央、国务院决定在中央和各省、自治区、直辖市成立"五讲四美三热爱"活动委员会，并设立相应办事机构。3月30日，中央"五讲四美三热爱"活动委员会成立，负责指导、协调、监督全国活动的开展。1984年后，"创建文明城市"及军民共建文明村镇、文明街道等活动在全国普遍开展起来。社会主义精神文明建设活动的开展对促进党风和社会风气的好转发挥了重要作用。

建设社会主义精神文明，必须坚决抵制盲目推崇西方资产阶级腐朽思想文化的错误倾向，反对企图脱离社会主义轨道、脱离党的领导的资产阶级自由化思潮。

"文化大革命"结束后，随着拨乱反正工作的不断开展，社会上出现了一股资产阶级自由化思潮，其要害是否定社会主义制度、否定中国共产党的领导。这股思潮集中攻击四项基本原则，公开发表反党反社会主义的错误言论，而一些人特别是有的党员领导干部对这股错误思潮的危害性认识不足，对这种错误倾向斗争不力。对此，1980年12月25日，邓小平在中共中央工作会议上严正指出："尤其严重的是，对于这些不正确的观

① 1983年1月，又根据中共十二大文件中关于建设社会主义精神文明的有关提法，将"四有、三讲、两不怕"的内容调整为"有理想、有道德、有文化、有纪律，讲军容、讲礼貌、讲卫生，不怕艰难困苦，不怕流血牺牲"。
② 《邓小平年谱》第5卷，中央文献出版社2020年版，第26页。

点、错误的思潮，甚至对于一些明目张胆地反对党的领导、反对社会主义的观点，在报刊上以及党内生活中，都很少有人挺身而出进行严肃的思想斗争。"①

针对社会上出现的资产阶级自由化思潮和思想战线存在的软弱涣散问题，1981年7月17日，邓小平同王任重、朱穆之等中共中央宣传部门负责同志谈话，就当前思想战线上的问题，特别是文艺问题发表意见。他指出，当前思想战线上，存在着涣散软弱的状态，对错误倾向不敢批评，而一批评有人就说是打棍子。现在我们开展批评很不容易，自我批评更不容易。党的三大作风有一条讲的是自我批评，这是我们区别于其他政党的主要标志之一，但是现在对不少人来说，这一条很难做到。我们今后不搞反右派运动，但是对于各种错误倾向决不能不进行严肃的批评。不仅文艺界，其他方面也有类似的问题。有些人思想路线不对头，同党唱反调，作风不正派，但是有人很欣赏他们，热心发表他们的文章，这是不正确的。

邓小平在谈话中列举了思想战线特别是文艺战线存在的问题，严肃批评了《苦恋》等作品的错误。他指出，当前的主要问题不在于有这些现象，而在于我们对待这些现象处置无力，存在着涣散软弱的状态。当然，对待当前出现的问题，要接受过去的教训，不能搞运动。对于这些犯错误的人，每个人错误的性质如何，程度如何，如何认识，如何处理，都要有所区别，恰如其分。批评的方法要讲究，分寸要适当，不要搞围攻、搞运动。但是不做思想工作，不搞批评和自我批评一定不行。批评的武器一定不能丢。

针对资产阶级自由化的实质和危害，邓小平明确指出，坚持四项基本原则的核心，是坚持共产党的领导。没有共产党的领导，肯定会天下大乱，四分五裂。资产阶级自由化的核心就是反对党的领导，而没有党的领导也就不会有社会主义制度。必须坚持党的领导，必须坚持社会主义制

---

① 《邓小平文选》第2卷，人民出版社1994年版，第365页。

度。党的领导和社会主义制度都需要改善，但是不能搞资产阶级自由化，搞无政府状态。

邓小平最后指出，我们坚持实行百花齐放、百家争鸣的方针，坚持正确处理人民内部矛盾，这是不会改变的。我们在思想文化的指导工作中还存在着"左"的倾向，这也必须坚决纠正和防止。但是，这丝毫不是说可以不进行批评和自我批评。从团结的愿望出发，经过批评和自我批评，达到新的团结，这就是正确处理人民内部矛盾的主要方法。坚持"双百"方针也离不开批评和自我批评。批评要采取民主的说理的态度，这是必要的，但是决不能把批评看成打棍子。这个问题一定要弄清楚，这关系到培养下一代的问题。①

8月3日至8日，根据中共中央书记处的决定，中央宣传部主持召开思想战线问题座谈会，讨论邓小平7月17日谈话。开幕当天，胡耀邦到会讲话。他指出，邓小平这次谈话的主旨是要解决我们党对思想工作领导软弱的问题。这次会议讨论这个问题，不是为了追究谁的责任，而是分析我们党对思想战线的领导涣散软弱的原因，研究克服涣散软弱的正确办法和途径。他强调，在思想批评和思想斗争上，要正确对待历史经验，既不能搞残酷斗争、无情打击，也不能一提起要搞批评和自我批评就反感，就抵制，就反对。胡耀邦提出"三个必须做好"：第一是要把对电影剧本《苦恋》的批评做好；第二是中央和省、市、自治区两级要按照四项基本原则清理1980年底以来理论界、文艺界和新闻出版界发表、出版的言论和作品，选择其中一些主要的错误的东西进行批评；三是中央和省、市、自治区两级的思想战线的各个部门在思想领导上有一个比较显著的好转。②

8月8日，朱穆之代表中共中央宣传部作会议小结。他说，讲涣散软弱，中宣部是有责任的。形成的原因，除了邓小平所讲的社会历史原因

---

① 《邓小平年谱》第5卷，中央文献出版社2020年版，第55—57页。
② 《三中全会以来重要文献选编》（下），中央文献出版社2011年版，第207—223页。

外，从主观上来看，主要是领导思想不一致，即对中央的方针认识不一致。表现在对形势看法不一致。他提出要解决这些问题，就要把认识统一到中央的精神上来，还要解决立场观点方法问题。根据邓小平讲话精神，朱穆之提出三条要求：一是由《文艺报》发批评《苦恋》的文章，批评文章在总量上要控制一下，不要形成围攻，形成运动；二是由各单位领导组织一些人清理错误的言论和作品，不搞人人清查；三是思想战线的领导软弱涣散状况要有一个显著的改进。①

当日，胡乔木就会议讨论中提到的 5 个问题作了一些说明：一是为什么要开这样一次会；二是资产阶级自由化思潮怎样影响着党内，形成党内思想战线的涣散软弱状态，以及怎样来扭转这种状态；三是怎样开展正确的批评；四是怎样认识毛泽东同志的文艺思想；五是文艺作品应该怎样对待"文化大革命"一类历史问题，以及怎样对待现实生活中的阴暗面。胡乔木大量引用邓小平和中央文件的相关论述，充分论证了中共中央反对资产阶级自由化是一贯的方针。②

8 月 11 日，中共中央印发邓小平 7 月 17 日谈话。9 月上旬，文化部和中国文联联合召开首都部分文艺工作者座谈会，讨论文艺界如何加强领导、改变涣散软弱状态、增强团结、改进工作等问题。会议一致拥护邓小平这个谈话，提出要认真开展批评和自我批评，克服各种错误倾向，特别是对于那种要脱离社会主义轨道、脱离党的领导、搞自由化的倾向，要进行正确的有力的批评和必要的斗争。

上述举措收到一定效果，但没有完全解决问题。"领导上的软弱涣散状态仍然存在；资产阶级自由化倾向有的有所克服，有的没有克服，有的发展得更严重了。"③1983 年 10 月 12 日，邓小平在中共十二届二中全会的

---

① 当代中国研究所著：《中华人民共和国史稿》第 4 卷（1976—1984），人民出版社、当代中国出版社 2012 年版，第 271—272 页。

② 《三中全会以来重要文献选编》（下），中央文献出版社 2011 年版，第 226—266 页。

③ 《邓小平文选》第 3 卷，人民出版社 1993 年版，第 40 页。

讲话中，列举了其种种表现：

一是党内有些同志抽象地宣传人道主义、人的价值，攻击社会主义是反人道的。

二是有些同志超出资本主义的范围，宣扬社会主义在经济领域、政治领域、思想领域都存在异化，认为社会主义在自己的发展中，由于社会主体自身的活动，不断产生异己的力量。他们还用克服这种所谓异化的观点来解释改革。这样讲，只会引导人们去批评、怀疑和否定社会主义，使人们对社会主义、共产主义的前途失去信心，认为社会主义和资本主义一样地没有希望。

三是在政治领域提出与四项基本原则相对立的观点。有人宣传抽象民主，直至主张反革命言论也应当有发表的自由；有人把民主同党的领导对立起来，在党性和人民性的问题上提出违反马克思主义的说法。有人对党提出坚持四项基本原则抱怀疑态度。有少数人认为，中国是不是社会主义社会，该不该或能不能实行社会主义，以至我们党是不是无产阶级政党，都还是问题。

四是在文艺方面，一些人对党中央提出的文艺为人民服务、为社会主义服务的口号表示淡漠，对文艺的社会主义方向表示淡漠，对党和人民的革命历史和他们为社会主义现代化而奋斗的英雄业绩，缺少加以表现和歌颂的热忱，对社会主义事业中需要解决的问题，很少站在党的积极的革命的立场上提高群众的认识，激发他们的热情，坚定他们的信心。相反，他们却热心于写阴暗的、灰色的、以至胡编乱造、歪曲革命的历史和现实的东西。有些人大肆鼓吹西方的所谓"现代派"思潮，公开宣扬文学艺术的最高目的就是"表现自我"，或者宣传抽象的人性论、人道主义，认为所谓社会主义条件下人的异化应当成为创作的主题，个别的作品还宣传色情。"一切向钱看"的歪风在文艺界也传播开来了。有些混迹于艺术界、出版界、文物界的人简直成了唯利是图的商人。

五是有些同志对于西方各种哲学的、经济学的、社会政治的和文学艺术的思潮，不分析、不鉴别、不批判，而是一窝蜂地盲目推崇。以至连一些在西方国家也认为低级庸俗或有害的书籍、电影、音乐、舞蹈以及录像、录音也输入不少，外来资产阶级腐朽思想的侵蚀日益严重。①

在这次讲话中，邓小平针对理论界、文艺界存在的相当严重的混乱，特别是存在精神污染的现象，着重强调思想战线不能搞精神污染。他指出，思想战线上的战士，都应当是人类灵魂工程师。但是，一些人却同时代和人民对他们的要求背道而驰，用他们的不健康思想、不健康作品、不健康表演，来污染人们的灵魂。精神污染的实质是散布形形色色的资产阶级和其他剥削阶级腐朽没落的思想，散布对于社会主义、共产主义事业和对于共产党领导的不信任情绪。搞精神污染的人只是少数，问题是对这少数人的错误言行缺乏有力的批评和必要的制止措施。邓小平进一步指出，精神污染的危害很大，足以祸国误民。它在人民中混淆是非界限，造成消极涣散、离心离德的情绪，腐蚀人们的灵魂和意志，助长形形色色的个人主义思想泛滥，助长一部分人当中怀疑以至否定社会主义和党的领导的思潮。他说："不要以为有一点精神污染不算什么，值不得大惊小怪。有的现象可能短期内看不出多大坏处。但是如果我们不及时注意和采取坚定的措施加以制止，而任其自由泛滥，就会影响更多的人走上邪路，后果就可能非常严重。从长远来看，这个问题关系到我们的事业将由什么样的一代人来接班，关系到党和国家的命运和前途。"

邓小平要求各级党委必须大力加强对思想战线的领导，对于造成思想混乱和精神污染的各种严重问题，必须采取坚决严肃认真的态度，一抓到底。他指出，解决思想战线混乱问题的主要方法，仍然是开展批评和自我批评。在强调开展积极的思想斗争的时候，仍然要注意防止"左"的错误。过去那种简单片面、粗暴过火的所谓批判，以及残酷斗争、无情打击的处理方法，决不能重复。邓小平最后强调，加强党对思想战线的领导，克服

---

① 《邓小平文选》第3卷，人民出版社1993年版，第41—44页。

软弱涣散的状态，已经成为全党的一个迫切的任务。在工作重点转到经济建设以后，全党要研究如何适应新的条件，加强党的思想工作，防止埋头经济工作、忽视思想工作的倾向。①

根据邓小平讲话和全会精神，全国思想文化领域开展了反对精神污染和反对资产阶级自由化的斗争。在此期间，胡乔木按照邓小平"需要写有分量的文章"②的要求，组织写作班子，写出了题为《关于人道主义和异化问题》的长篇文章，批评了在人道主义和异化问题上的错误观点。1984年1月11日，邓小平对胡乔木的文章作出批示："这篇文章写得好，可在人民日报发表或转载。由教育部规定大专学生必读。文艺、理论界可组织自由参加性质的座谈，允许辩论，不打棍子。"③文章1月27日在《人民日报》发表后产生了良好反响。

对外开放、对内搞活经济的政策是长期的，资产阶级自由化思想的侵蚀也将会是长期的，因此反对思想上的精神污染也将是长期的。对此，邓小平有着清醒的认识。1984年3月14日，他在同胡乔木、邓力群谈到清除精神污染问题时指出，过去一段时间，精神污染搞得很厉害。我说过，那是搞资产阶级自由化。二中全会后，整一下精神污染，很有必要，把那股搞精神污染的风刹住了。起码现在没有发现有什么人再搞二中全会以前那一套了。同精神污染的斗争，是长期斗争，要做长期的工作。④之后，以理论界和文艺界为重点的清除精神污染基本告一段落。

为加强精神文明建设，1986年9月，中共十二届六中全会作出《中共中央关于社会主义精神文明建设指导方针的决议》。《决议》从社会主义现代化建设总体布局的高度，阐述了社会主义精神文明建设的战略地

---

① 《邓小平年谱》第5卷，中央文献出版社2020年版，第237、238页；《邓小平文选》第3卷，人民出版社1993年版，第40、45页。
② 《邓小平年谱》第5卷，中央文献出版社2020年版，第236页。
③ 《邓小平年谱》第5卷，中央文献出版社2020年版，第251页。
④ 《邓小平年谱》第5卷，中央文献出版社2020年版，第265页。

位和根本任务，强调要培育有理想、有道德、有文化、有纪律的社会主义公民，用建设有中国特色的社会主义共同理想动员和团结全国各族人民，提高整个中华民族的思想道德素质和科学文化素质。《决议》指出，以马克思主义为指导的社会主义精神文明是社会主义社会的重要特征，为物质文明的发展提供精神动力和智力支持，为它的正确发展方向提供思想保证。社会主义精神文明建设是关系社会主义兴衰成败的大事。全面改革和对外开放对精神文明建设提出了新的更高的要求，能不能适应这种要求，有力地抵制资本主义和封建主义的腐朽思想，防止种种迷失方向的危险，是一个历史性的重大考验。《决议》强调，搞资本主义自由化，即否定社会主义制度、主张资本主义制度，是根本违背人民利益和历史潮流，为广大人民所坚决反对的。这是我们党第一个关于社会主义精神文明建设的纲领性文件，为我国社会主义精神文明建设的健康发展提供了基本指导方针。

9月28日，邓小平在全会讨论决议草案时发表讲话，明确提出决议中要写"反对资产阶级自由化"。他指出，反对资产阶级自由化，我讲得最多，而且我最坚持。自由化实际上就是要把我们中国现行的政策引导到走资本主义道路。这股思潮的代表人物是要把我们引导到资本主义方向上去。我们搞的四个现代化有个名字，就是社会主义四个现代化。我们实行开放政策，吸收资本主义社会的一些有益的东西，是作为发展社会主义社会生产力的一个补充。搞自由化，就会破坏我们安定团结的政治局面。没有一个安定团结的政治局面，就不可能搞建设。自由化本身就是资产阶级的，没有什么无产阶级的、社会主义的自由化，自由化本身就是对我们现行政策、现行制度的对抗，或者叫反对，或者叫修改。所以我们用反对资产阶级自由化这个提法。管什么这里用过、那里用过，无关重要，现实政治要求我们在决议中写这个。我主张用。反对自由化，不仅这次要讲，还要讲十年二十年。这个思潮不顶住，加上开放必然进来许多乌七八糟的东西，一结合起来，是一种不可忽视的、对我们社会主义四个现代化的冲击。一些香港的议论，一些外国资产阶级学者的议论，大都是要求我们搞自由化，包括说我们没有人权。我们要坚持的东西，他们反对，他们希望我们改变。我们还是按照自己的实际来提问题，解决问题。①

坚持四项基本原则，反对资产阶级自由化，是邓小平一贯的思想。中共十二届六中全会后，他又多次谈到这个问题。1987年2月18日，邓小平在会见加蓬总统邦戈时指出，历史告诉我们，中国走资本主义道路不行，中国除了走社会主义道路没有别的道路可走。一旦中国抛弃社会主义，就要回到半殖民地半封建社会，不要说实现"小康"，就连温饱也没有保证。所以了解自己的历史很重要。我们要用历史教育青年，教育人民。②同年3月8日，他在会见坦桑尼亚总统姆维尼时再次指出，在实现四个现代化的整个过程中，至少在本世纪剩下的十几年，再加上下个世纪的头五十年，都存在反对资产阶级自由化的问题。既然这是个长期的任务，我们就不能搞运动，方法以教育、引导为主。③这些重要论述，为加强社会主义精神文明建设、反对资产阶级自由化提供了重要的指导思想。

① 《邓小平年谱》第5卷，中央文献出版社2020年版，第439—440页。
② 《邓小平年谱》第5卷，中央文献出版社2020年版，第468页。
③ 《邓小平年谱》第5卷，中央文献出版社2020年版，第470—471页。

第十六章

提出和平和发展是当代世界的两大问题

进行改革开放和社会主义现代化建设，不仅需要一个稳定的国内环境，也需要一个和平的国际环境。邓小平站在国内大局和国际大局相互联系的高度，深刻洞察国内外发展大势，提出和平和发展是当代世界两大问题这一重要论断，为解决当今世界各种复杂问题提供了基本思路，也为我国制定改革开放的各项政策提供了基本依据。这是邓小平作为伟大的国际主义者，为推进我国社会主义现代化建设事业、为维护世界和平和促进共同发展作出的重要理论贡献。

进入 20 世纪 80 年代后，世界形势错综复杂，局部和地区冲突接连不断。1980 年 1 月 9 日，邓小平在会见日本参议院代表团时指出，全世界人民是用一种沉重心情来迎接 80 年代的。80 年代一开始就不平静。阿富汗事件、伊朗问题、印度支那问题还在发展，中东、近东形势更加不安宁。非洲、拉美也存在不少问题。就我们亚洲、太平洋地区来说，太平洋不太平。[①] 这是当时国际形势的真实写照。

邓小平密切关注国际形势的发展和变化。1979 年 7 月 5 日，他阅国际问题写作小组编辑的《一年来西方关于第三次世界大战的论述（概要）》，作出批示："这个材料很有意思，值得一看。"并要求印发中共中央政治局、

---

① 《邓小平年谱》第 4 卷，中央文献出版社 2020 年版，第 591 页。

中央军委常委、国务院副总理各同志。① 通过观察和分析，邓小平认为战争的危险确实存在，但维护世界和平是有希望的。1979年10月25日，他在会见英国前首相哈罗德·麦克米伦时指出，现在国际上越来越多的政治家们感到忧虑，一般都判断在80年代要出问题。这种观点，在英国有，西欧其他国家有，美国有，日本也有。日本一个作家甚至认为第三次世界大战已经开始了，从安哥拉开始，这话恐怕说得有些过分。我同意你们的话，危险确实存在，不看到这一点会犯错误，但也不是完全没有希望。希望就是大家联合起来，认真加强自己的力量。②

邓小平之所以对维护世界和平抱以信心，认为世界大战并非不可避免，是基于他对国际局势，特别是美苏竞争态势和国际力量对比的准确把握和深入思考。他在不同场合的谈话中多次指出，只有美苏两家有资格发动世界大战，但谁都不敢先动手。1980年8月，邓小平在回答意大利记者法拉奇关于国际形势问题的提问时指出，我们多年来一直认为，要打世界大战，只有美国和苏联有资格。战后，美国力量有很大削弱，处于防守地位。苏联处于进攻的地位。③1981年3月3日，他在听取杨得志、何正文汇报军队精简整编情况时指出，世界大战在几年内打不起来，美苏两霸在战争问题上谁也不敢先发动。1985年8月21日，邓小平在会见坦桑尼亚总统尼雷尔时指出，所谓战争，只有美苏两家有资格打，但谁都不敢先动手，因为双方都拥有能够毁灭世界几次的军事力量。这对世界战争就是一个制约。1986年9月14日，他在会见尼加拉瓜总统萨阿韦德拉时再次指出，美国和苏联两家谁也不敢首先发动新的战争，双方都有几次毁灭对方的力量。当然不排除有朝一日出现一个疯子，第二次世界大战不就是由一个疯子引起的吗？所以我们说战争危险存在。但总的趋势是战争可以

---

① 《邓小平年谱》第4卷，中央文献出版社2020年版，第532页。
② 《邓小平年谱》第4卷，中央文献出版社2020年版，第571—572页。
③ 《邓小平年谱》第4卷，中央文献出版社2020年版，第667页。

避免。①

邓小平对维护世界和平抱以信心的另一个重要原因，是世界和平力量的增长超过了战争力量的增长，因此他认为在较长时间内不发生大规模世界战争是有可能的，维护世界和平是有希望的。1982年8月21日，邓小平在会见联合国秘书长德奎利亚尔时说，我们不是悲观主义者，我们只是提出战争的危险性。我们说，战争的因素在增长，但制止战争的因素也在增长。1984年11月7日，他在会见美国使节基金会主席阿姆斯特朗一行时指出，现在战争的危险依然存在。小仗一直在打，但无关大局。和平因素不断增长，和平是有希望的。1985年3月4日，他在会见日本商工会议所百人访华团时指出，从政治角度说，我可以明确地肯定地讲一个观点，中国现在是维护世界和平和稳定的力量，不是破坏力量。中国发展得越强大，世界和平越靠得住。总起来说，世界和平的力量在发展，战争的危险还存在，但是制约战争的力量有了可喜的发展。同年5月11日，邓小平在会见约旦—巴勒斯坦联合代表团时进一步指出，对世界的形势，我们并不悲观，世界和平是有希望的。虽然战争的威胁始终存在，但世界上维护和平的力量在发展，制约战争的因素在增长。制约战争的力量首先是第三世界。第三世界的独立、发展每增加一分，制约战争的力量就增加一分。其次是不希望爆发战争的发达国家，例如欧洲的大多数国家，它们也是不愿意打仗的。②

尽管存在上述有利条件，但邓小平并不认为和平可以因此自然而得，而是积极主张各方联合起来，以扩大和平的力量，抑制战争的力量。1980年10月17日，他在接受法国电视台记者采访时指出，当前世界是更不安定，更加多事，这是肯定的。我们应该尽一切努力使大家联合起来，反对霸权主义，延缓世界大战的爆发，维护世界和平。③1981年2月12日，

① 《邓小平年谱》第5卷，中央文献出版社2020年版，第15、365—366、436页。

② 《邓小平年谱》第5卷，中央文献出版社2020年版，第139、311、329、343页。

③ 《邓小平年谱》第4卷，中央文献出版社2020年版，第682页。

邓小平在会见法国社会党政治代表团时指出，维护世界和平，延缓战争的爆发，单单依靠哪一家不行，必须大家联合起来。我们多年来一直希望欧洲联合和强大。1982 年 10 月 28 日，他在会见利比亚领导人时进一步指出，维护世界和平的主力是第三世界，因为首先受战争之害的是第三世界。中国历来主张第三世界联合起来，相互合作，同时要联合发达国家中反对超级大国霸权主义的力量。①

基于以上对国际形势的分析和判断，邓小平明确提出了和平和发展是当代世界两大问题这一重要论断。1984 年 5 月 29 日，他在会见巴西总统菲格雷多时指出，现在世界上问题很多，有两个比较突出。一是和平问题。现在有核武器，一旦发生战争，核武器就会给人类带来巨大的损失。要争取和平就必须反对霸权主义，反对强权政治。二是南北问题。这个问题在目前十分突出。发达国家越来越富，相对的是发展中国家越来越穷。南北问题不解决，就会对世界经济的发展带来障碍。

同年 10 月 31 日，邓小平在会见缅甸总统吴山友时指出，国际上有两大问题非常突出，一个是和平问题，一个是南北问题。还有其他许多问题，但都不像这两个问题关系全局，带有全球性、战略性的意义。现在世界上北方发达、富裕，南方不发达、贫困，而且相对地说，富的愈来愈富，穷的愈来愈穷。南方要改变贫困和落后，北方也需要南方发展。南方不发展，北方还有什么市场？资本主义发达国家遇到的最大问题是发展速度问题，再发展问题。所以，南南合作还有一个意义，可以推动南北合作。

1985 年 3 月 4 日，邓小平在会见日本商工会议所百人访华团时再次指出，现在世界上真正大的问题，带全球性的战略问题，一个是和平问题，一个是经济问题或者说发展问题。和平问题是东西问题，发展问题是南北问题。概括起来，就是东西南北四个字。南北问题是核心

---

① 《邓小平年谱》第 5 卷，中央文献出版社 2020 年版，第 10、163 页。

问题。①

在和平与发展这两大问题中，和平问题主要是反对霸权主义，维护世界和平，防止新的世界大战和其他战争问题发生；发展问题主要是世界各国特别是第三世界国家的经济和社会发展问题。在邓小平看来，和平离不开发展，发展需要和平。只有在长期稳定的和平国际环境中，各国的经济和社会发展才能得到保障。世界各国特别是第三世界国家经济和社会发展了，就能为维护世界和平提供更加有利的条件。因此，他认为发展与和平是相互关联的。第三世界国家越发展，和平就越有希望。同时，也只有在和平的国际环境中，第三世界国家才能得到发展。② 在和平与发展这两件大事中，邓小平认为最重要的是发展，但两个方面密不可分。因此，他强调，讲世界经济发展，要提高到全人类经济发展的角度来考虑。③

和平和发展的主要障碍是霸权主义。邓小平强调，要争取和平就必须反对霸权主义，反对强权政治。1982 年 8 月 21 日，他在会见联合国秘书长德奎利亚尔时指出，中国的对外政策是一贯的，有三句话，第一句话是反对霸权主义，第二句话是维护世界和平，第三句话是加强同第三世界的团结和合作，或者叫联合和合作。④1986 年 9 月 14 日，邓小平在会见尼加拉瓜总统萨阿韦德拉时指出，我们现在主要是做两件事。第一件是一心一意搞社会主义现代化建设，力争在本世纪内摆脱贫困状态，达到一个小康社会的水平。最根本的就是这件事。第二件是反对霸权主义，维护世界和平。凡是有利于和平的事情，我们就拥护、赞成；凡是搞霸权主义的，我们就批评、反对。不管是大霸权主义，还是小霸权主义，我们都反对。⑤

① 《邓小平年谱》第 5 卷，中央文献出版社 2020 年版，第 277、308—309、329 页。
② 《邓小平年谱》第 5 卷，中央文献出版社 2020 年版，第 418 页。
③ 《邓小平年谱》第 5 卷，中央文献出版社 2020 年版，第 412 页。
④ 《邓小平文选》第 2 卷，人民出版社 1994 年版，第 415 页。
⑤ 《邓小平年谱》第 5 卷，中央文献出版社 2020 年版，第 436 页。

邓小平提出和平和发展这两大问题，抓住了当代世界最突出的矛盾和最主要的特征，反映了国际环境的新特点和国际战略格局变动的新趋势，为我国在新时期准确判断国际形势和及时调整外交方针提供了重要理论依据。1985年6月4日，邓小平在中共中央军委扩大会议上的讲话中，阐明了我国对国际形势判断和对外政策的两个重要转变。他指出，第一个转变，是对战争与和平问题的认识。世界战争的危险还是存在的，但是，世界和平力量的增长超过战争力量的增长。由此得出结论，在较长时间内不发生大规模的世界战争是有可能的，维护世界和平是有希望的。根据对世界大势的这些分析，以及对我们周围环境的分析，我们改变了原来认为战争的危险很迫近的看法。第二个转变，是我们的对外政策。过去一段时间，针对苏联霸权主义的威胁，我们搞了"一条线"战略，就是从日本到欧洲一直到美国这样的"一条线"。现在我们改变了这个战略，这是一个重大的转变。我们奉行独立自主的正确的外交路线和对外政策，高举反对霸权主义、维护世界和平的旗帜，坚定地站在和平力量一边，谁搞霸权主义就反对谁，谁搞战争就反对谁。所以，中国的发展是和平力量的发展，是制约战争力量的发展。现在树立我们是一个和平力量、制约战争力量的形象十分重要，我们实际上也要担当这个角色。只要坚持这样的判断和政策，我们就能放胆地一心一意地好好地搞我们的四个现代化建设。① 这段话深刻阐明了两个重要转变对推进我国改革开放和社会主义现代化建设事业的全局性意义。

在对国际形势的判断上，中共十一届三中全会前，由于当时严峻复杂的国际环境，我们曾一度认为世界大战不可避免，因此要立足于早打、立足于大打、立足于明天就打。这种对世界大战的估计，使我们的精力过多地集中到打仗和备战上面，一定程度上影响了四个现代化建设。邓小平关于时代主题的新判断，特别是对战争危险的新看法，为我们把党和国家的

---

① 《邓小平年谱》第5卷，中央文献出版社2020年版，第349页。

工作重点转到经济建设上来，奠定了重要的认识基础。对此，1984 年 11 月 1 日，邓小平在中共中央军委座谈会上作了清晰的阐述。他指出，讲战争危险，从毛主席那个时候讲起，讲了好多年了，粉碎"四人帮"后我们又讲了好久。现在我们应该真正冷静地做出新的判断。这个判断，对我们是非常重要的。首先就是我们能够安安心心地搞建设，把我们的重点转到建设上来。没有这个判断，一天诚惶诚恐的，怎么能够安心地搞建设？更不可能搞全面改革，也不能确定我们建军的正确原则和方向。①

在对外政策上，根据邓小平关于和平和发展是当代世界两大问题这一重要论断，我们改变了原来的"一条线"战略。对此，1985 年 9 月 14 日，邓小平在会见奥地利总统基希施莱格时作了说明。他指出，现在我们对战争不可避免的看法有了变化。毛主席当时提出的国际战略有当时的历史条件。那时苏联在各方面都占优势，美国加上西欧都处于劣势，是很大的劣势。我们当时面临的形势是，从美苏力量对比来看，苏占优势，而且张牙舞爪，威胁中国。我们的判断是，苏联处于进攻性态势，而且是全球性进攻，战争的危险主要来自苏联。为了避免战争，毛主席提出了建立从日本经欧洲到美国的"一条线"战略，以对付苏联的挑战。美国同中国的关系改善了，日本和欧洲同中国的关系也改善了。那时我们的判断也有缺陷，所以现在改变了，更大的原因是情况变了。我们现在的判断是战争是可以避免的。如果现在发生战争就不只是来自一家了，所以我们改变了"一条线"的战略。我们对战争的判断和采取的政策比过去更妥当一些。② 对外政策的重要转变，为我国改革开放创造了更加有利的外部环境。

邓小平认为，在和平与发展成为时代主题的条件下，维护我国的独立和主权，促进世界的和平与发展，是中国外交政策的基本目标。为此，他为我国确立了独立自主的和平外交政策，并进行了深刻阐述。他强调，要

① 《邓小平年谱》第 5 卷，中央文献出版社 2020 年版，第 310 页。
② 《邓小平年谱》第 5 卷，中央文献出版社 2020 年版，第 374—375 页。

始终把国家的主权和安全放在第一位，坚决维护国家的独立、主权和安全，决不允许别国干涉中国内政。他主张从国家利益出发，改善和发展同世界各国的友好合作关系。我们不把自己的社会制度和意识形态强加于人，也决不允许别国把自己的社会制度和意识形态强加于我们。

1982年9月，邓小平在中共十二大开幕词中指出，中国的事情要按照中国的情况来办，要依靠中国人自己的力量来办。独立自主，自力更生，无论过去、现在和将来，都是我们的立足点。中国人民珍惜同其他国家和人民的友谊和合作，更加珍惜自己经过长期奋斗而得来的独立自主权利。任何外国不要指望中国做他们的附庸，不要指望中国会吞下损害我国利益的苦果。[1] 中共十二大报告阐述了中国坚持独立自主的外交政策，强调中国决不依附于任何大国或国家集团，决不屈服于任何大国的压力。中国的对外政策有长远的、全局的战略依据，决不迁就于一时的事变，不受任何人的唆使和挑动。中国同各国发展关系的一贯原则是和平共处五项原则，这一原则适用于中国同包括社会主义国家在内的一切国家的关系。

1984年5月29日，邓小平在会见巴西总统菲格雷多时指出，中国的对外政策是独立自主的，是真正的不结盟。中国不打美国牌，也不打苏联牌，中国也不允许别人打中国牌。中国对外政策的目标是争取世界和平。在争取和平的前提下，一心一意搞现代化建设，发展自己的国家，建设具有中国特色的社会主义。同年11月1日，他在中共中央军委座谈会上指出，我们现在是独立自主的外交政策，谁搞霸权主义就反对谁。不允许任何人打"中国牌"。这是维护和平的最好的政策。因为中国这个力量，加到任何一方，都会发生质的变化。我们说十年打不起来，包括我们这个对外政策的作用。最好的是我们现行的政策，这个最有分量，最有利于世界和平和国际形势的稳定。1985年8月21日，他在会见坦桑尼亚总统尼雷尔时指出，中国的对外政策也有改变。过去我们讲"一条线"反对苏联霸

---

[1]　《邓小平文选》第3卷，人民出版社1993年版，第3页。

权主义。我们现在奉行的是独立自主的对外政策，不倾向于任何一个超级大国。谁搞霸权主义，就反对谁，谁愿与我们友好，我们也愿与谁友好，但决不卷入任何集团，不同它们结盟。我们相信这种独立自主的对外政策有利于世界和平。1986 年 3 月 25 日，邓小平在会见丹麦首相施吕特时说，中国奉行独立自主的政策，希望欧洲国家也奉行独立自主的政策。我们深信这种政策有利于世界和平。现在中国考虑的是国内搞建设，国际上搞和平。就中国本身来讲，要取得发展，要实现四个现代化的宏伟目标，没有和平的环境不行，所以，执行独立自主的和平外交政策，是我们应该走的唯一正确的道路。①

在邓小平以上论述的基础上，1986 年 3 月，六届全国人大四次会议把我国外交政策概括为"独立自主的和平外交政策"，并阐述了这一政策的主要内容和基本原则。共包括 10 个方面：（一）中国从本国人民和世界人民的长远利益和根本利益出发，把反对霸权主义、维护世界和平、发展各国友好合作和促进共同经济繁荣，作为自己对外工作的根本目标。（二）中国主张世界上所有国家不论大小、富贫、强弱一律平等，坚决反对以大欺小，以富压贫，以强凌弱。中国自己决不称霸，也坚决反对来自任何方面和以任何形式出现的霸权主义。（三）中国在任何时候和任何情况下都坚持独立自主，对一切国际问题都根据其本身的是非曲直决定自己的态度和对策。（四）中国决不依附于任何一个超级大国，也决不同它们任何一方结盟或建立战略关系。（五）中国信守互相尊重主权和领土完整、互不侵犯、互不干涉内政、平等互利、和平共处五项原则，并在这个基础上同世界各国建立、恢复和发展正常关系，和睦相处，友好合作，而不以社会制度和意识形态的异同来决定亲疏、好恶。（六）中国属于第三世界，坚持把加强和发展同第三世界国家的团结与合作作为我国对外工作的一个基本立足点。（七）中国反对军备竞赛，反对把这种竞赛扩展到外层空间。

---

① 《邓小平年谱》第 5 卷，中央文献出版社 2020 年版，第 277、310、366、406—407 页。

（八）中国坚持长期实行对外开放，在平等互利的基础上不断扩大和发展同各国的经济、贸易、技术交流与合作。（九）中国遵循联合国宪章的宗旨和原则，支持联合国组织根据宪章精神所进行的各项工作，积极参加联合国及其各专门机构开展的有利于世界和平与发展的活动。（十）中国重视各国人民之间的交往。① 这一概括，表明中国已基本完成外交方针的调整，中国对外关系格局已呈现向全方位发展的新特点。

随着改革开放的深入和我国外交方针的调整，中国在发展同世界各国友好关系方面取得明显进展和积极成效。根据独立自主的对外政策，我国改善了与美国、苏联等大国的关系，与欧洲国家的关系获得新的发展，同非洲、拉丁美洲等第三世界国家的友好合作关系得到进一步加强，周边关系实现睦邻友好，中国外交进入新的发展阶段，为我国现代化建设赢得了更为有利的国际条件。

1987年10月，中共十三大报告将和平与发展明确为当代世界的"两大主题"，标志着我们党对时代主题的认识实现了从"战争与革命"到"和平与发展"的重大转变，邓小平提出的和平与发展是当代世界两大问题的观点，成为我们党科学认识和准确把握时代主题的重要理论成果。中共十三大强调，中国将继续坚定不移地奉行独立自主的和平外交政策，在和平共处五项原则的基础上同世界各国发展友好合作关系，将同全世界爱好和平的国家和人民一道，努力推动国际形势朝着有利于世界人民、有利于世界和平的方向继续发展。

20世纪80年代末90年代初，国际风云突变，世界动荡不安。东欧社会主义国家的改革非但没有成功，反而发生了剧变。接着，世界上第一个社会主义国家苏联解体，国际共产主义运动遭遇了严重挫折，中国特色社会主义事业面临空前压力。在这种形势的影响下，一些人的思想出现了

---

① 《关于第七个五年计划的报告——1986年3月25日在第六届全国人民代表大会第四次会议上》，《人民日报》1986年4月14日。

困惑。有人对社会主义前途缺乏信心。在此关键时刻和重要关头，邓小平接连发表重要谈话，强调中国要坚持走社会主义道路不动摇，要维护中国独立自主的形象，并提出了应对国际局势的 12 字方针。

1989 年 6 月 16 日，邓小平在同几位中共中央负责同志谈话时指出，"不走社会主义道路中国就没有前途。中国本来是个穷国，为什么有中美苏'大三角'的说法？就是因为中国是独立自主的国家。为什么说我们是独立自主的？就是因为我们坚持有中国特色的社会主义道路。否则，只能是看着美国人的脸色行事，看着发达国家的脸色行事，或者看着苏联人的脸色行事，那还有什么独立性啊！现在国际舆论压我们，我们泰然处之，不受他们挑动。"① 同年 9 月 4 日，他在同几位中共中央负责同志谈话时进一步指出："国际形势有一个战争问题。美苏两家打不起来，就没有世界大战。小的战争不可避免，现在不发达国家之间的战争，实际上是发达国家的需要。发达国家欺侮落后国家的政策没有变。中国自己要稳住阵脚，否则，人家就要打我们的主意。世界上希望我们好起来的人很多，想整我们的人也有的是。我们自己要保持警惕，放松不得。要维护我们独立自主、不信邪、不怕鬼的形象。我们绝不能示弱。你越怕，越示弱，人家劲头就越大。并不因为你软了人家就对你好一些，反倒是你软了人家看不起你。"② 关于国际局势，邓小平说："概括起来就是三句话：第一句话，冷静观察；第二句话，稳住阵脚；第三句话，沉着应付。不要急，也急不得。要冷静、冷静、再冷静，埋头实干，做好一件事，我们自己的事。"③ 这些重要谈话，坚定了我们走中国特色社会主义道路的信心，为我们党应对复杂严峻的国际局势提供了根本遵循和行动指南，是对邓小平关于和平与发展思想的丰富和发展。

---

① 《邓小平文选》第 3 卷，人民出版社 1993 年版，第 311—312 页。

② 《邓小平文选》第 3 卷，人民出版社 1993 年版，第 319—320 页。

③ 《邓小平文选》第 3 卷，人民出版社 1993 年版，第 321 页。

第十七章

走有中国特色的精兵之路

走有中国特色的精兵之路，是邓小平在对国际局势和我国安全环境科学判断的基础上，为适应全党工作重点的转移和国家现代化建设的需要，对新时期国防和军队建设提出的重大战略方针。在这一方针的指引下，中国人民解放军加强质量建设，进行精简整编，裁减员额一百万，有力地支持和配合了国家经济建设，为维护国际和平作出了重要贡献。

邓小平一贯主张把军队搞精干，多次提出军队要"消肿"。1975 年 7月 14 日，他在中共中央军委扩大会议上的讲话中，针对"文化大革命"后期军队存在的"肿、散、骄、奢、惰"的问题，提出整顿军队的首要任务就是"消肿"①。由于"四人帮"的干扰和破坏，军队"消肿"工作刚刚开始就被迫中断。粉碎"四人帮"特别是中共十一届三中全会后，军队"消肿"工作重又提上日程。1977 年 12 月 28 日，邓小平在中共中央军委全体会议上的讲话中指出："这里我还要讲一个肿字。过去不是讲五个字吗，肿、散、骄、奢、惰，第一个字就是肿。这个肿，我们还没有很好解决"②。1980 年 3 月 12 日，邓小平在中共中央军委常委扩大会议上的讲话中进一步指出："我们必须清醒地看到，我们存在的一个最大问题，就

---

① 《邓小平文选》第 2 卷，人民出版社 1994 年版，第 15—16 页。

② 《邓小平文选》第 2 卷，人民出版社 1994 年版，第 75 页。

是军队很臃肿。真正打起仗来，不要说指挥作战，就是疏散也不容易。"①
这些讲话为新时期军队精简整编作了酝酿和准备。

进入20世纪80年代，随着全党工作重点的转移以及国际局势的缓和，
我军精简整编工作的时机已日趋成熟。在此背景下，1984年11月召开的
中共中央军委座谈会，为百万大裁军做了重要准备。

11月1日，邓小平出席座谈会并发表重要讲话。在这次讲话中，他
提议减少军队员额一百万。邓小平主要从三个方面论述了裁军的必要性：
一是军队需要消肿；二是全党工作重点的转移；三是对国际形势的判断。

邓小平在讲话中针对我军臃肿的情况，明确提出"即使战争要爆发，
我们也要消肿"。关于军队臃肿的情况，邓小平指出："我们军队肿在哪
里？主要不是肿在作战部队，当然部队也多了一点，主要是肿在各级领导
机构，第一是三总部。总政人少一点，但也有点肿，也得减，减的有限就
是了，主要是总参、总后。军兵种也不能说不肿。空军的人数恐怕是世界
上最多的一个。海军不强，但也肿，因为我们舰艇只有那么多嘛。国防科
工委现在那么大的机构，这还不叫肿啊？再就是我们的大军区，每个都是
'麻雀虽小，肝胆俱全'，人多得不得了。所以说，消肿主要是总部、军兵
种和大军区。减一百万人，恐怕大多数人要从这里减。"关于军队臃肿的
危害，邓小平指出："我们的肿，真正打起仗来，就是跑反也跑不赢。确
实如此啊。如果真正打起仗来，像我们现在这种臃肿状态的高层领导机
构，根本不可能搞好指挥。"为此，邓小平明确指出："一个从节省开支看，
一个从提高军队素质看，都必须消肿。就是战争比较早地到来，也得消
肿。不消肿就不能应付战争。"②

为适应全党工作重点的转移，邓小平在讲话中要求军队必须以现代化
建设为中心，走有中国特色的精兵之路，注重质量建设，增强国防实力，

① 《邓小平文选》第2卷，人民出版社1994年版，第284页。

② 《邓小平军事文集》第3卷，军事科学出版社、中央文献出版社2004年版，第266—267页。

为国家改革开放和现代化建设提供坚强有力的安全保证。同时，军队要服从整个国家建设的大局，自觉在这个大局下行动，积极支持和参与国家经济建设。他指出："现在需要的是全国党政军民一心一意地服从国家建设这个大局，照顾这个大局。这个问题，我们军队有自己的责任，不能妨碍这个大局，要紧密地配合这个大局，而且要在这个大局下面行动。军队各个方面都和国家建设有关系，都要考虑如何支援和积极参加国家建设。无论空军也好，海军也好，国防科工委也好，都应该考虑腾出力量来支援国民经济的发展。"①这就为军队和国防建设指导思想的战略性转变指明了方向，也为军队精简整编提供了科学依据。

在这次讲话中，邓小平科学分析国际局势，作出了世界大战短期内不起来的新判断。他主要从国际形势和我国对外政策两个方面进行分析。关于国际形势，邓小平指出："消肿一直是我们军队的一个很大的问题。这里涉及到对国际形势的判断。仗打不起来这个话，我们多次讲过，过去讲十年，现在过了几年，还可以说十年。现在能发动战争的还是美苏两家，但是这两家都不敢动，哪一家都有毁灭世界的能力，谁敢动啊？"关于我国对外政策，邓小平指出："我们现在是独立自主的外交政策，谁搞霸权主义就反对谁，不允许任何人打'中国牌'。这个政策很重要。这是维护和平的最好的政策。因为中国这个力量，加到任何一方，都会发生质的变化。我们说十年打不起来，包括我们对外政策的作用。所以现在我们讲裁军、和平，我们有这个分量，有这个资格。我们现行的政策，最有力量，最有利于世界和平和国际形势的稳定。"由此，邓小平对战争危险作出了新的判断。他指出："讲战争危险，从毛主席那个时候讲起，讲了好多年了，粉碎'四人帮'后我们又讲了好久。现在我们应该真正冷静地作出新的判断。这个判断，对我们是非常重要的。首先就是我们能够安安心心地搞建设，把我们的工作重点转到建设上来。没有这个判断，一天诚惶

① 《邓小平年谱》第 5 卷，中央文献出版社 2020 年版，第 309—310 页。

诚恐的，我们怎么还能够安心地搞建设？不可能安心地搞建设，更不可能搞全面改革，也不可能确定建军的正确原则和方向。"①

基于上述分析，邓小平在这次会议上提议减少军队员额一百万。他指出："大家都很赞成减到三百万人这个方案。减到三百万人，一是必要，二是没有风险，好处多得很。这件事情看什么时候能够完成？我希望用两年、三年的时间实现这个决策。我们军队有个特点，就是行动快，有这个传统嘛。最好不要超过三年，拖长了不利。一年半、两年能够完成就很好。"②

这次会后，全军精简整编方案开始紧锣密鼓地制定。1985年5月23日至6月6日，中共中央军委扩大会议在北京召开，包括海军、空军、第二炮兵和11个大军区的最高首长出席了这次座谈会。会议中心议题是根据邓小平减少军队员额一百万的提议，讨论军队精简整编问题。6月4日，邓小平和胡耀邦、李先念、邓颖超、徐向前、聂荣臻等接见参加中央军委扩大会议的同志，并在会上发表讲话，郑重宣布中国人民解放军裁减员额一百万。他指出："我们下这样大的决心，把中国人民解放军的员额减少一百万，这是中国共产党、中国政府和中国人民有力量、有信心的表现。"③这一重大决策，用实际行动表明了中国共产党、中国政府和中国人民对维护世界和平的诚意，受到世界各国爱好和平人们的普遍赞扬和热烈欢迎。

邓小平在讲话中提出了我们对战争与和平问题的认识以及对外政策的调整上发生的两个重要转变，从国际形势的角度进一步论述了裁军一百万的必要性。关于对战争与和平问题认识的转变，邓小平指出，过去我们的观点一直是战争不可避免，而且迫在眉睫。这几年我们仔细地观察了形势，认为在较长时间内不发生大规模的世界战争是有可能的，维护世界和

---

① 《邓小平军事文集》第3卷，军事科学出版社、中央文献出版社2004年版，第265—266页。
② 《邓小平军事文集》第3卷，军事科学出版社、中央文献出版社2004年版，第267页。
③ 《邓小平文选》第3卷，人民出版社1993年版，第126页。

平是有希望的。根据对世界大势的这些分析，以及对我们周围环境的分析，我们改变了原来认为战争的危险很迫近的看法。关于我们对外政策的转变，邓小平指出，过去有一段时间，针对苏联霸权主义的威胁，我们搞了"一条线"的战略，就是从日本到欧洲一直到美国这样的"一条线"。现在我们改变了这个战略，这是一个重大的转变。①

在这次讲话中，邓小平再次强调了军队要服从整个国家建设大局的问题。他指出："军队装备真正现代化，只有国民经济建立了比较好的基础才有可能。所以，我们要忍耐几年。我看，到本世纪末我们肯定会超过翻两番的目标，到那个时候我们经济力量强了，就可以拿出比较多的钱来更新装备。可以从外国买，更要立足于自己搞科学研究，自己设计出好的飞机、好的海军装备和陆军装备。先把经济搞上去，一切都好办。现在就是要硬着头皮把经济搞上去，就这么一个大局，一切都要服从这个大局。"②

1985年6月8日，中共中央、国务院、中央军委发出《关于支持军队体制改革、精简整编的通知》。7月11日，中共中央、中央军委批转《军队体制改革、精简整编方案》，要求在会后两年内有秩序、有步骤地实施。整编方案提出的基本原则是：精减人员要与改革体制编制、改革有关制度同步进行；重点是精简机关、直属单位等；要减少层次，撤并机构，降低部分单位级别；淘汰陈旧落后的装备，封闭部分军事设施；裁减部分陆、海、空部队，多减步兵部队、守备部队和勤务保障部队；精干编制，减少部队的社会性负担，将可由地方承担的工作交给地方有关部门；调整军队编成比例，加强诸兵种合成；改革体制、精简整编与提高干部素质相结合，加强干部训练，促进干部队伍革命化、年轻化、知识化、专业化。③此后，军队精简整编工作按照先机关，后部队、院校和保障单位的顺序，自上而下地全面推开。

---

① 《邓小平文选》第3卷，人民出版社1993年版，第126—128页。
② 《邓小平文选》第3卷，人民出版社1993年版，第128—129页。
③ 转引自潘宏：《1985年百万大裁军》，《百年潮》2015年第12期。

根据邓小平的指示，这次大裁军的主要办法是撤、并、降、交、改、理等。"撤"就是成建制地撤部队，包括撤军、撤师等；"并"主要是合并结构，像大军区合并、院校合并等；"降"则是指降低有些单位的机构等级和压缩其规模，如兵团级、军级机构压为军级、师级等；"交"是将部分属于政府职能的机关部队，如县市人武部和内卫部队等交给国家和地方政府有关部门；"改"是对有些保障单位实行企业化管理、部分干部职务改用士官或兵等；"理"则是指调整理顺各方面的关系。

1984年11月1日，邓小平在提议军队精简一百万时明确指出，这次减人，要同体制改革结合起来。[①] 在这次整编中，军队体制编制进行了一系列改革，撤并减少了大量机构。三总部带头，机关处以上机构减少了将近1/6，人员在原有基础上平均精简了一半。[②] 陆军部队的建制单位撤销了1/4，全军撤并军以上机构30多个，师、团单位4000多个，对完成精简一百万人的任务，起到了决定性作用。[③]

1985年大裁军的具体成果是，各总部、各军兵种、各大军区和国防科工委机关及其直属单位，撤并机构，人员减少40%。将原来的11个军区合并为7个大军区，调整后的军区，战区范围扩大，兵源充足，物质资源雄厚，战役纵深加大，从而提高了大军区的独立作战能力；凡保留下来的陆军，军级建制全部改编为"合成集团军"，与原陆军军相比，集团军的火力、突击力、机动能力都有所加强，提高了现代条件下的合成训练和作战能力。海军舰队与基地分离，编成3个舰队；设"军士"减少军官，官兵比例调整到1∶3.3；内卫部队交地方双重领导；边防部队交武警（实际情况是边防部队5万人根据需要没有交）；部分技术军官改"文职"；较大幅度地调整各兵种的编成比例，加强了特种兵部队，组建陆军航空兵、海军陆战部队；等等。结合精简整编，按照革命化、年轻化、知识化、专

① 《回忆邓小平》（上），中央文献出版社1998年版，第348页。
② 《回忆邓小平》（上），中央文献出版社1998年版，第351页。
③ 《回忆邓小平》（上），中央文献出版社1998年版，第349页。

业化的方针调整配备了三总部、大军区、军兵种的领导班子。调整后的三总部领导班子人数比原来减少23.8%，大军区领导班子人数比原来减少一半。全军撤销或合并了一些初级指挥院校和专业技术院校。院校数量减少12%，人员数量减少20%。①

经过全军近3年的努力，当1986年"国际和平年"到来的时候，中国已经从总体上完成了裁军百万的战略性行动。到1987年，这一令世界震惊的百万大裁军顺利完成。1987年4月4日，在六届全国人大五次会议上，中国人民解放军副总参谋长徐信对外正式宣布：我军精简整编、裁减员额100万的任务已基本完成。全军总员额由原来的423.8万人减至323.5万人。②这是中国共产党、中国政府和中国人民对维护世界和平作出的重大贡献。

1985年6月，邓小平在中共中央军委扩大会议上的讲话中曾指出："减少一百万，实际上并没有削弱军队的战斗力，而是增强了军队的战斗力。"③事实的确如此。经过这次大裁军，我军加强了质量建设，提高了战斗能力，在有中国特色精兵之路上迈出重要一步，成为我军向现代化、正规化方向前进的新起点。

---

① 转引自潘宏：《1985年百万大裁军》，《百年潮》2015年第12期。
② 转引自张宝忠著：《跟随邓小平四十年》，中央文献出版社2015年版，第258页。
③ 《邓小平文选》第3卷，人民出版社1993年版，第126页。

第十八章

提出"三步走"发展战略

在领导和推动改革开放的历史进程中，邓小平经过长期思考，逐步形成了从 20 世纪 80 年代初到 21 世纪中叶分三步走基本实现现代化的战略构想。中共十三大确认了这一发展战略。这是邓小平为我国社会主义现代化建设事业作出的总体设计，是邓小平为中华民族伟大复兴作出的重大历史贡献，对我们党成功推进和拓展中国式现代化产生了深远影响。

把我国建设成为社会主义现代化强国，是中国共产党人始终不渝的奋斗目标。1964 年 12 月，周恩来在三届全国人大一次会议上，郑重宣布中国要争取在 20 世纪末，实现工业、农业、国防和科学技术的四个现代化。1975 年 1 月，周恩来在四届全国人大一次会议上重申了这一奋斗目标。此后，邓小平经常思考这个发展战略问题，而开始具体设计实现中国现代化的宏伟目标，则是到了 20 世纪 70 年代末。

中共十一届三中全会后，全党把工作重点转移到了经济建设上来，一心一意地进行"四个现代化"建设。在领导社会主义现代化建设的进程中，邓小平从我国人口多、底子薄的基本国情以及与西方国家发展水平差距较大的具体实际出发，遵循实事求是的原则，对实现四个现代化的内涵标准和发展步骤进行了调整，提出了"中国式现代化"的重大命题和"小康社会"的具体目标，有力地推进了中国社会主义现代化建设的历史进程。

1979 年 3 月 21 日，邓小平在会见英中文化协会会长麦克唐纳时指出，我们定的目标是在本世纪末实现四个现代化。我们的概念与西方不同，我姑且用个新说法，叫做中国式的四个现代化。现在我们的技术水平还是你们五十年代的水平。如果本世纪末能达到你们七十年代的水平，那就很了不起。就是达到这个水平，也还要做许多努力。由于缺乏经验，实现四个现代化可能比想象的还要困难些。① 两天后，即 3 月 23 日，邓小平在中共中央政治局会议上的讲话中，又将"中国式的四个现代化"的提法简化为"中国式的现代化"。他说，我同外国人谈话，用了一个新名词：中国式的现代化。到本世纪末，我们大概只能达到发达国家七十年代的水平，人均收入不可能很高。②

此后一段时间内，邓小平对"中国式的四个现代化"和"中国式的现代化"这两个提法并没有作严格区分，而是交替使用。比如 1979 年 4 月 17 日，邓小平在会见美国芝加哥大学历史系教授何炳棣时又使用了"中国式的四个现代化"的提法。他指出，当前我们调整经济计划，主要是想把我国经济发展搞得稳一点、快一点。我们要搞中国式的四个现代化。③不过他使用较多的还是"中国式的现代化"。

"中国式的四个现代化"和"中国式的现代化"这两个提法文字表述略有不同，但内涵一致。一方面是突出其中国特色。1979 年 3 月 30 日，邓小平在党的理论工作务虚会上的讲话中指出："过去搞民主革命，要适合中国情况，走毛泽东同志开辟的农村包围城市的道路。现在搞建设，也要适合中国情况，走出一条中国式的现代化道路。"又说："中国式的现代化，必须从中国的特点出发"，并对人口多、底子薄这两个重要特点作了阐释。④另一方面，是对"四个现代化"的标准进行调整。1979 年 10 月 4 日，邓小平在中共省、市、自治区委员会第一书记座谈会上的讲话中，明确指

---

① 《邓小平年谱》第 4 卷，中央文献出版社 2020 年版，第 496 页。
② 《邓小平年谱》第 4 卷，中央文献出版社 2020 年版，第 497 页。
③ 《邓小平年谱》第 4 卷，中央文献出版社 2020 年版，第 506 页。
④ 《邓小平文选》第 2 卷，人民出版社 1994 年版，第 163、164 页。

出了这一点。他说:"我们开了大口,本世纪末实现四个现代化。后来改了个口,叫中国式的现代化,就是把标准放低一点。特别是国民生产总值,按人口平均来说不会很高。"①

1979 年 12 月 6 日,邓小平在会见日本首相大平正芳,回答他关于中国将来会是什么样的情况,整个现代化的蓝图是如何构思的问题时,首次提出"小康"的概念,并将中国式现代化的标准进行了具体化。他指出:"我们要实现的四个现代化,是中国式的四个现代化。我们的四个现代化的概念,不是像你们那样的现代化的概念,而是'小康之家'。"邓小平用人均国民生产总值的指标说明了"小康之家"的具体内涵。他说:"到本世纪末,中国的四个现代化即使达到了某种目标,我们的国民生产总值人均水平也还是很低的。要达到第三世界中比较富裕一点的国家的水平,比如国民生产总值人均一千美元,也还得付出很大的努力。就算达到那样的水平,同西方来比,也还是落后的。所以,我只能说,中国到那时也还是一个小康的状态。"② 从此,中国现代化建设在 20 世纪的发展目标定位为"小康",原来的"到 20 世纪末实现四个现代化"的设想调整为"在中国建立一个小康社会"。

把我国建设成为社会主义现代化强国,实现中华民族的伟大复兴,其最终目的都是为了实现国家富强、民族振兴、人民幸福。坚持以人民为中心,是新中国现代化建设一以贯之的鲜明特色。小康目标的提出即充分体现了这一点。这一目标把国家的现代化建设和人民生活水平的提高紧密联系在一起,克服了之前的现代化目标偏重国家整体经济实力的增长、忽视个体生活水平提高的问题,因而一经提出就受到全国人民的热烈响应,极大地调动了人民群众建设社会主义现代化国家的积极性,对此后中国的社会主义现代化建设产生了深远影响。

---

① 《邓小平文选》第 2 卷,人民出版社 1994 年版,第 194 页。
② 《邓小平文选》第 2 卷,人民出版社 1994 年版,第 237 页。

提出"中国式的现代化"的命题和小康的目标，是邓小平对我国处于社会主义初级阶段的基本国情以及与西方国家发展水平差距较大的具体实际深入认识和长期思考的结果，体现了他尊重实际、实事求是的一贯作风。早在 1978 年 10 月 10 日，邓小平在会见德意志联邦共和国新闻代表团时就指出，中国 20 世纪末实现的四个现代化，不是西方发达国家 20 世纪末的现代化，甚至达不到西方发达国家 20 世纪 70 年代末的水平。[1] 此时距 1975 年 1 月周恩来在四届全国人大一次会议上提出到 20 世纪末，全面实现农业、工业、国防和科学技术的现代化只有三年多的时间；距邓小平 1977 年 7 月第三次复出只有 1 年多的时间；距 1978 年 2 月中共中央政治局批准的《关于经济计划的汇报要点》，提出到 2000 年的二十三年中，分三个阶段全面实现四个现代化的目标只有半年多的时间。"中国式的现代化"的提法为调整我国现代化的内涵和标准赢得了主动和空间，是邓小平为中国社会主义现代化建设事业作出的重要贡献。

2015 年 10 月 29 日，习近平总书记在中共十八届五中全会第二次全体会议上的讲话中指出，改革开放之初，邓小平同志首先用小康来诠释中国式现代化，明确提出到 20 世纪末"在中国建立一个小康社会"的奋斗目标。在全党全国各族人民共同努力下，这个目标在上世纪末如期实现，人民生活总体上达到小康水平。[2] 这是对邓小平为中国式现代化所作贡献的高度评价。

小康目标提出后，邓小平多次围绕这一问题进行论述。1980 年 1 月 16 日，他在中共中央召集的干部会议上的讲话中，首次提出了分两步走实现小康目标的战略设想。邓小平指出："我们要在本世纪实现四个现代化，从今年元旦起，只有二十年，就是八十年代和九十年代。如果四个现代化不在八十年代做出决定性的成绩，那它就等于遭到了挫折。所以，对

<hr>

[1] 《邓小平画传》下卷，中央文献出版社 2014 年版，第 474 页。
[2] 习近平：《在党的十八届五中全会第二次全体会议上的讲话（节选）》，《求是》2016 年第 1 期。

于我们的建设事业说来，八十年代是很重要的，是决定性的。这个十年把基础搞好了，加上下一个十年，在今后二十年内实现中国式的四个现代化，就可靠，就真正有希望。"①1981 年 4 月 14 日，邓小平在会见日本客人时，对分两步走实现小康目标的设想作了更为完整具体的表述。他说，讲到中国式的现代化的概念，就是在本世纪末我们肯定不能达到日本、欧洲、美国和第三世界中有些发达国家的水平。一九七九年我跟大平首相说到，在本世纪末，我们只能达到一个小康社会，日子可以过。经过我们的努力，设想十年翻一番，两个十年翻两番，就是达到人均国民生产总值一千美元。经过这一时期的摸索，看来达到一千美元也不容易，比如说八百、九百，就算八百，也算是一个小康生活了。②

1982 年 9 月，中共十二大正式将邓小平的这一战略设想确定为我国的发展战略。中共十二大报告指出："从一九八一年到本世纪末的二十年，我国经济建设总的奋斗目标是，在不断提高经济效益的前提下，力争使全国工农业的年总产值翻两番，即由一九八〇年的七千一百亿元增加到二〇〇〇年的二万八千亿元左右。""为了实现二十年的奋斗目标，在战略部署上要分两步走：前十年主要是打好基础，积蓄力量，创造条件，后十年要进入一个新的经济振兴时期。"③

此后，邓小平又多次对小康社会的蓝图进行勾画、描述，不断增加其内涵，使之逐步形成一个包括经济、政治、文化发展目标的较为全面的概念。

在作出分两步走实现小康目标战略部署的同时，邓小平已把目光投向21 世纪，开始酝酿中国跨世纪的发展战略，并最终形成了分三步走基本实现现代化、达到中等发达国家水平的战略构想。

1981 年 11 月 17 日，邓小平在会见美国客人时指出，中国式的现代

---

① 《邓小平文选》第 2 卷，人民出版社 1994 年版，第 241 页。
② 《邓小平年谱》第 5 卷，中央文献出版社 2020 年版，第 30 页。
③ 《十二大以来重要文献选编》（上），中央文献出版社 2011 年版，第 11—12、13 页。

化，不能同西方比。日本大平首相一九七九年访问中国时向我提出，你们搞的四个现代化是个什么样的现代化。我想了一下，说到本世纪末人均国民生产总值达到一千美元。这对中国来讲是一个雄心勃勃的计划。我们要实现这个目标，国民生产总值就要超过一万二千亿美元，因为到那时我们人口至少有十二亿。现在我们经过摸索、计算和研究各种条件，包括国际合作的条件，争取人均达到一千美元，最低达到八百美元。在这个基础上，在下个世纪再花三十年到五十年时间，接近西方的水平。我们就是这么一个设想。①

1982 年 8 月 21 日，邓小平在会见联合国秘书长德奎利亚尔时，首次提出了在小康的基础上"再花三十年到五十年时间，接近发达国家的水平"的目标。他指出，我们摆在第一位的任务是在本世纪末实现现代化的一个初步目标，这就是达到小康的水平。如果能实现这个目标，我们的情况就比较好了。更重要的是我们取得了一个新起点，再花三十年到五十年时间，接近发达国家的水平。②

1983 年 2 月，邓小平南下苏杭，调查小康目标实现的可能性。一路上看到的情况，让他感觉四个现代化希望很大。

2 月 7 日，邓小平同中共江苏省委负责人和苏州地委负责人座谈。他问道，到二〇〇〇年，江苏能不能实现翻两番？苏州有没有信心，有没有可能？人均收入八百美元，达到这样的水平，社会上是一个什么面貌？发展前景是什么样子？在听了江苏经济发展带来的物质和文化生活的巨大变化，苏州已有不少社、队人均超过了八百美元的汇报后，邓小平进一步追问，苏州农村的发展采取的是什么方法？走的是什么路子？在听到苏州社队企业凭借灵活的经营机制得到成长和发展时，邓小平说，看来，市场经济很重要。③

---

① 《邓小平年谱》第 5 卷，中央文献出版社 2020 年版，第 83 页。
② 《邓小平年谱》第 5 卷，中央文献出版社 2020 年版，第 140 页。
③ 《邓小平年谱》第 5 卷，中央文献出版社 2020 年版，第 184—185 页。

2月9日，邓小平抵达杭州。他在同中共浙江省委第一书记铁瑛，中共浙江省委书记、省长李丰平等谈话时说，这次，我在苏州看到的情况很好，农村盖新房子很多，市场物资丰富。现在苏州市人均工农业总产值已经到了或者接近八百美元的水平。到了人均工农业总产值达到八百美元，社会是个什么面貌呢？吃穿没有问题，用也基本上没有问题，文化有了很大发展，教师的待遇也不低。江苏从一九七七年到一九八二年的六年时间里，产值翻了一番，照此下去，到一九八八年前后可以达到翻两番的目标。浙江能不能实现这个目标？在听到浙江省委负责人表示翻两番不成问题时，邓小平说，浙江能否多翻一点呢？像宁夏、甘肃翻两番就难了。①

2月16日，邓小平听取铁瑛、李丰平等汇报。在谈到翻两番问题时邓小平说，翻两番是不是靠得住？现在是多少？到二〇〇〇年是多少？到那时要多少电？你们的收入在全国占第几位？辽宁、黑龙江的重工业产值高，人民生活水平不如江浙。生活好了，人就不愿往外走。江苏、浙江，还有山东，这两年也上得快，鲁西北这两年生活也好了，人也不往外走了。苏州，现在已经达到或者接近八百美元的水平。他们已经解决了知识青年的就业问题。江苏基本上解决了这个问题。南京还有一千多人。你们省哪个地方收入高些？经济发展了，案件也少些。到本世纪末，江苏说可以达到每人三千美元。你们少说也应该二千多美元。现在是五百多美元，翻两番应该有二千。你们人均二千美元，全国到不了八百。甘肃那些地方就低了，他们植树也不容易，首先是种草。当听到浙江省委的负责同志汇报说翻两番不成问题，而且还可以多翻一点时，邓小平高兴地说：“你们是沿海发展比较快的省。到二〇〇〇年，江苏、浙江应该多翻一点，这样可以拉一拉，保证达到全国翻两番的目标。”②

回到北京后，3月2日，邓小平同几位中共中央负责同志等谈话。他

① 《邓小平年谱》第5卷，中央文献出版社2020年版，第186页。
② 《邓小平年谱》第5卷，中央文献出版社2020年版，第187—188页；《邓小平画传》下卷，中央文献出版社2014年版，第474页。

说："这次，我经江苏到浙江，再从浙江到上海，一路上看到情况很好，人们喜气洋洋，新房子盖得很多，市场物资丰富，干部信心很足。看来，四个现代化希望很大。到本世纪末实现翻两番，要有全盘的更具体的规划，各个省、自治区、直辖市也都要有自己的具体规划，做到心中有数。"邓小平举苏州例子，从六个方面说明工农业总产值人均接近八百美元后的社会面貌和发展前景：第一，人民的吃穿用问题解决了，基本生活有了保障；第二，住房问题解决了，人均达到二十平方米，因为土地不足，向空中发展，小城镇和农村盖二三层楼房的已经不少；第三，就业问题解决了，城镇基本上没有待业劳动者了；第四，人不再外流了，农村的人总想往大城市跑的情况已经改变；第五，中小学教育普及了，教育、文化、体育和其他公共福利事业有能力自己安排了；第六，人们的精神面貌变化了，犯罪行为大大减少。①

到 1984 年，经过近 5 年的实践，已经明确地表明小康的目标能够达到。这年的 10 月 1 日，在新中国成立 35 周年庆祝典礼上的讲话中，邓小平庄严宣告："党的十二大提出，到二〇〇〇年，我国的工农业年总产值，要比一九八〇年翻两番。最近几年的情况，表明这个宏伟目标是能够达到的。"②此后，邓小平开始更多地谈论第三步战略目标。仅 1984 年，他就在不同场合谈了多次。

1984 年 4 月 18 日，邓小平在会见英国客人时指出，我们的第一个目标就是到本世纪末达到小康水平，第二个目标就是要在三十年至五十年内达到或接近发达国家的水平。5 月 12 日，他在会见尼日尔国家元首孔切时指出，我们的目标是到本世纪末，人均国民生产总值达到八百美元，把中国建成一个小康社会。这个目标看来很渺小，但对中国这样一个大国来说却是一个雄心壮志的目标。我们准备再用三十年、五十年的时间，赶

① 《邓小平文选》第 3 卷，人民出版社 1993 年版，第 24—25 页。
② 《邓小平文选》第 3 卷，人民出版社 1993 年版，第 70 页。

上西方发达国家的水平。5月29日，他在会见巴西总统菲格雷多时指出，我们的目标是，到本世纪末人均达到八百美元。这是雄心壮志。它意味着到本世纪末，国民生产总值达到一万亿美元。……更重要的是，在这样一个基础上，再发展三十年到五十年，我们就可以接近发达国家的水平。10月6日，他在会见参加中外经济合作问题讨论会全体中外代表时说，我们确定了一个政治目标：发展经济，到本世纪末翻两番，国民生产总值按人口平均达到八百美元，人民生活达到小康水平。这个目标，对中国来说是一个雄心壮志，是一个宏伟的目标。更为重要的是，在这个基础上，再发展三十年到五十年，力争接近世界发达国家的水平。①

1984年10月22日，邓小平在中共中央顾问委员会第三次全体会议上的讲话中指出，翻两番的目标肯定能实现。它的意义很大。这意味着到本世纪末，年国民生产总值达到一万亿美元。从总量说，就居于世界前列了。翻两番还有个重要意义，就是这是一个新的起点。再花三十年到五十年时间，就可以接近经济发达国家的水平。同年11月7日，他在会见美国客人时进一步指出，我们的目标是到本世纪末实现小康，国民生产总值人均达到八百至一千美元，虽然还很低，但日子好过。在此基础上，再花三十年至五十年的时间接近发达国家的水平。②

到中共十三大前夕，邓小平又多次谈起，而且目标越来越清晰、越来越具体，并最终形成了完整的三步走发展战略。1986年6月21日，他在会见马里总统特拉奥雷时说，到本世纪末，我们的目标是人均国民生产总值达到八百至一千美元，实现小康社会。不富，但日子好过。更重要的是奠定一个很好的前进的基础。下一个世纪再花三十年至五十年的时间，就可以接近发达国家的水平。同年10月24日，他在会见日中友好协会代表团时说，我们下决心花七十年时间接近发达国家的水平。这是我们压倒一

---

① 《邓小平年谱》第5卷，中央文献出版社2020年版，第268、271、277、299页。
② 《邓小平年谱》第5卷，中央文献出版社2020年版，第305、311页。

切的中心任务。最主要的工作就是搞经济建设，第一步摆脱贫困状态，实现小康。第二步再花三十年至五十年时间，再翻两番，达到人均国民生产总值四千美元。①

1987年4月30日，邓小平在会见西班牙客人时，阐述了完整的三步走发展战略。他指出，我们原定的目标是，第一步在八十年代翻一番。以一九八〇年为基数，当时国民生产总值人均只有二百五十美元，翻一番，达到五百美元。第二步是到本世纪末再翻一番，人均达到一千美元。实现这个目标意味着我们进入小康社会，把贫困的中国变成小康的中国。那时国民生产总值超过一万亿美元，虽然人均数还很低，但是国家的力量有很大增加。我们制定的目标更重要的还是第三步，在下世纪用三十年到五十年再翻两番，大体上达到人均四千美元。做到这一步，中国就达到中等发达的水平。这是我们的雄心壮志。②

半年后，中共十三大确认了邓小平提出的这个分三步走基本实现现代化的战略构想。报告指出："党的十一届三中全会以后，我国经济建设的战略部署大体分三步走。第一步，实现国民生产总值比一九八〇年翻一番，解决人民的温饱问题。这个任务已经基本实现。第二步，到本世纪末，使国民生产总值再增长一倍，人民生活达到小康水平。第三步，到下个世纪中叶，人均国民生产总值达到中等发达国家水平，人民生活比较富裕，基本实现现代化。"③

邓小平提出的"三步走"发展设想，把我国"到20世纪末实现四个现代化"改为"人民生活总体上达到小康水平"，把基本实现现代化的时间推到了21世纪中叶，避免了之前长期存在的急于求成、指标过高的问题，有力地推进了中国社会主义现代化建设的历史进程。

在"三步走"发展战略的指引和全国人民的积极努力下，我国改革开

---

① 《邓小平年谱》第5卷，中央文献出版社2020年版，第422、446页。

② 《邓小平年谱》第5卷，中央文献出版社2020年版，第481页。

③ 《十三大以来重要文献选编》（上），中央文献出版社2011年版，第14页。

放和社会主义现代化建设事业迅速推进。到 2000 年，国内生产总值已达 89404 亿元[①]，人均国民生产总值比 1980 年翻两番的任务，已经超额完成。由此，我国现代化建设"三步走"战略的第一步、第二步目标已顺利实现，人民生活总体上实现了由温饱到小康的历史性跨越。小康目标的基本实现，是我国社会主义制度的伟大胜利，是改革开放和社会主义现代化建设事业取得的伟大成就，在中华民族发展史上具有里程碑意义。

---

① 《十五大以来重要文献选编》（中），中央文献出版社 2011 年版，第 754—755 页。

第十九章

倡导政治体制改革

中共十一届三中全会后，邓小平在领导和推进改革开放的进程中，把政治体制改革摆在整个改革大业中的重要位置，强调政治体制改革要与经济体制改革及其他方面改革相互支持、相互配合。在邓小平的倡导和推动下，我国政治体制改革在发展社会主义民主、健全社会主义法制、改革政府工作机构和干部人事制度等方面取得重大进展，有力地调动了广大人民的积极性，促进了我国社会主义政治制度的自我完善和发展，加快了社会主义现代化建设的历史进程。

粉碎"四人帮"后，随着拨乱反正的展开和改革开放的起步，政治体制改革问题已初步提出，邓小平在这一时期的讲话中开始触及这个问题。1978年10月11日，他在中国工会第九次全国代表大会上的致词中指出："这是一场根本改变我国经济和技术落后面貌，进一步巩固无产阶级专政的伟大革命。这场革命既要大幅度地改变目前落后的生产力，就必然要多方面地改变生产关系，改变上层建筑，改变工农业企业的管理方式和国家对工农业企业的管理方式，使之适应于现代化大经济的需要。"[1]这里所说的"改变上层建筑"即比较明确地含有进行政治体制改革的意义。同年12月13日，邓小平在中共中央工作会议闭幕会上所作的《解放思想，实

---

[1] 《邓小平文选》第2卷，人民出版社1994年版，第135—136页。

事求是，团结一致向前看》的讲话中，进一步提出"正确地改革同生产力迅速发展不相适应的生产关系和上层建筑"①的任务。1979年10月30日，邓小平在中国文学艺术工作者第四次代表大会上的祝词中，明确提出了政治体制改革的主题。他指出："我们要在大幅度提高社会生产力的同时，改革和完善社会主义的经济制度和政治制度，发展高度的社会主义民主和完备的社会主义法制。"②这一系列重要论述，拉开了中国政治体制改革的序幕。

为进一步推进政治体制改革，1980年8月18日，邓小平在中共中央政治局扩大会议上发表重要讲话，对党和国家领导制度改革问题作了系统全面的论述，成为指导新时期政治体制改革的纲领性文件。

关于改革党和国家领导制度的必要性，邓小平指出："党和国家现行的一些具体制度中，还存在不少的弊端，妨碍甚至严重妨碍社会主义优越性的发挥。如不认真改革，就很难适应现代化建设的迫切需要，我们就要严重地脱离广大群众。"③他在讲话中列举了党和国家的领导制度、干部制度方面存在的五大弊端，即官僚主义现象、权力过分集中的现象、家长制现象、干部领导职务终身制现象和形形色色的特权现象，并对这些弊端的危害和产生这些弊端的根源进行了具体深刻的分析。邓小平进而指出："如果不坚决改革现行制度中的弊端，过去出现过的一些严重问题今后就有可能重新出现。只有对这些弊端进行有计划、有步骤而又坚决彻底的改革，人民才会信任我们的领导，才会信任党和社会主义，我们的事业才有无限的希望。"④

关于准备进行的几项重大改革，邓小平在讲话中作了如下列举：

第一，中央将向五届全国人大三次会议提出修改宪法的建议。要使我

① 《邓小平文选》第2卷，人民出版社1994年版，第141页。
② 《邓小平文选》第2卷，人民出版社1994年版，第208页。
③ 《邓小平文选》第2卷，人民出版社1994年版，第327页。
④ 《邓小平文选》第2卷，人民出版社1994年版，第333页。

们的宪法更加完备、周密、准确，能够切实保证人民真正享有管理国家各级组织和各项企业事业的权力，享有充分的公民权利，要使各少数民族聚居的地方真正实行民族区域自治，要改善人民代表大会制度，等等。关于不允许权力过分集中的原则，也将在宪法上表现出来。

第二，中央已经设立了纪律检查委员会，正在考虑再设立一个顾问委员会（名称还可以再考虑），连同中央委员会，都由党的全国代表大会选举产生，并明确规定各自的任务和权限。

第三，真正建立从国务院到地方各级政府从上到下的强有力的工作系统。今后凡属政府职权范围内的工作，都由国务院和地方各级政府讨论、决定和发布文件，不再由党中央和地方各级党委发指示、作决定。

第四，有准备有步骤地改变党委领导下的厂长负责制、经理负责制，经过试点，逐步推广、分别实行工厂管理委员会、公司董事会、经济联合体的联合委员会领导和监督下的厂长负责制、经理负责制。还有党委领导下的校长、院长、所长负责制等等，也考虑有准备有步骤地加以改革。

第五，各企业事业单位普遍成立职工代表大会或职工代表会议。职工代表大会或职工代表会议有权对本单位的重大问题进行讨论，作出决定，有权向上级建议罢免本单位的不称职的行政领导人员，并且逐步实行选举适当范围的领导人。

第六，各级党委要真正实行集体领导和个人分工负责相结合的制度。要明确哪些问题应当由集体讨论，哪些问题应当由个人负责。重大问题一定要由集体讨论和决定。①

这些重大改革均涉及党和国家的领导制度，体现了以邓小平为核心的党的第二代中央领导集体推进政治体制改革的力度和决心。邓小平的这篇重要讲话，从领导制度、组织制度这一带根本性、全局性、稳定性和长期性的问题，来总结"文化大革命"的经验教训，强调要从制度方面解决问

---

① 《邓小平文选》第 2 卷，人民出版社 1994 年版，第 339—341 页。

题，健全社会主义民主和法制，抓住了问题的实质，切中了问题的要害，在党内外引起广泛而强烈的反响，标志着中国共产党政治体制改革的纲领已经提出，基本决策已经形成。

在邓小平的积极倡导及其《党和国家领导制度的改革》这篇讲话的指导下，我国政治体制改革开始稳步推进，并在以下几个方面取得重要进展：

在改革和完善党的领导制度方面，1980年2月召开的中共十一届五中全会讨论通过了《关于党内政治生活的若干准则》和《中国共产党章程》（修改草案），决定重新设立中央书记处，作为中央政治局及其常委会领导下的经常性工作机构。全会通过的《关于党内政治生活的若干准则》规定：集体领导是党的领导的最高原则之一，各级党委都要按照这一原则实行集体领导和个人分工负责相结合的制度，凡是重大问题都由集体讨论决定，不得由个人专断；在党委会内，决定问题要严格遵守少数服从多数的原则；各级党组织应按党章规定，定期召开党员大会和代表大会，党的各级委员会要按期改选；每届代表和委员应有一定数量的更新，选举要充分体现选举人的意志；要建立和完善对干部的考试、考核、奖惩、轮换、退休、罢免等一整套制度。会议讨论的《中国共产党章程》（修改草案），明确规定不搞实际上存在的领导职务终身制，共产党的组织和党员必须在宪法和法律范围内活动等内容。中央书记处的设立，使中共中央形成了中央书记处、中央政治局和中央政治局常委三个层次的领导体制，在一定程度上起到了分权和制约作用。这既是改变权力过分集中于少数人甚至于个人的措施，又是改变个人交接班、实行集体接班的重大决策。上述举措为改革和完善党的领导制度奠定了重要基础。

在建立干部离退休制度方面，1982年2月20日，中共中央发出《关于建立老干部退休制度的决定》。《决定》对老干部离退休的年龄、条件、政治待遇（包括阅读文件、听重要报告、参加某些重要会议和重要政治活动）以及生活待遇（包括医疗和交通工具等）都作出了规定。同年4月

10 日，国务院发出《关于老干部离职休养制度的几项规定》，对新中国成立以前参加革命工作、达到规定年龄的干部实行离职休养制度。这两个文件基本确定了我国干部离退休制度，是改革干部制度的重要组成部分，对废除领导干部职务终身制起到了关键作用。

为使这项制度顺利执行和坚持下去，中共中央还制定了相应的配套政策。规定县以上领导机关设顾问职位，一部分年龄较大，已接近或超过离退休年龄的领导干部退居二线，继续参与部分领导工作，搞好传帮带，然后再按规定年龄办理离退休手续。县以上各级人民政府成立老干部局，专门管理离退休老干部事务，做好服务工作，组织老干部开展各项活动，使他们安度晚年并发挥余热。

在精简各级行政机构方面，1982 年 1 月，中共中央政治局召开会议，专门讨论中央机构精简问题。邓小平在会上作了《精简机构是一场革命》的重要讲话。他针对机构臃肿重叠、职责不清、办事效率低等弊病，论述了精简机构的重大意义，提出了精简机构的原则和应注意的问题。他说，精简是对体制的革命。这场革命不搞，让老人、病人挡住比较年轻、有干劲、有能力的人的路，不只是四个现代化没有希望，甚至于要涉及到亡党亡国的问题，可能要亡党亡国。如果不进行这场革命，不论党和政府的整个方针政策怎样正确，工作怎样有成绩，我们却只能眼睁睁地看着党和政府的机构这样地缺少朝气、缺少效率，正确的方针政策不能充分贯彻，工作不能得到更大的成绩。他指出，中央一级要精简三分之一，下面的不止三分之一。在精简中，不但要注意出的问题，还特别要注意进的问题。进和出，进摆在第一位。选人要选好，要选贤任能。精简是革命，选贤任能也是革命。①

国务院在综合各方面意见并进行总体研究的基础上，于 1982 年 3 月提出改革方案，其主要内容是削减中央和国家机关的机构、编制和领导干

---

① 《邓小平文选》第 2 卷，人民出版社 1994 年版，第 396—401 页。

部人数。这一方案仅用一个多月时间就得到全面实施。6 月 28 日，中共中央发出《中央党政机关机构改革第一阶段总结和下一阶段打算》的通知，指出在新形势下必须着手进行党政机构和政治、经济体制改革。改革的第一步就是精简机构，调整领导班子，紧缩编制，以克服官僚主义，提高工作效率。国家行政机构实行精简后，地方行政机构也开始了精简工作，并取得初步成果。

根据邓小平在 1980 年 8 月 18 日中共中央政治局扩大会议上的讲话精神，中共中央向五届全国人大三次会议提出修宪建议。经过两年多的紧张工作，1982 年 12 月 4 日，五届全国人大五次会议通过现行宪法。1982 年宪法对国家机构作了许多新的重要规定，在政治体制改革方面迈出重要步伐。

一是加强了人民代表大会制度。1982 年宪法规定，全国人民代表大会及其常务委员会行使国家立法权，全国人大常委会制定和修改除应当由全国人大制定的法律以外的其他法律。这就将原来属于全国人大的一部分职权交由它的常委会行使，扩大了全国人大常委会的职权。为加强全国人大的组织，1982 年宪法还增设一些专门委员会，这些专门委员会在全国人大及其常委会的领导下，研究、审议和拟订有关议案。

二是恢复设立国家主席①。新中国成立以来的实践证明，设立国家主席对健全国家体制是必要的，也比较符合我国各族人民的习惯和愿望。1975 年宪法取消了国家主席设置，1982 年宪法予以恢复，并规定国家主席的职权为：公布法律，任免国务院总理、副总理、国务委员、各部部长、各委员会主任、审计长、秘书长，授予国家勋章和荣誉称号，发布特

---

① 1982 年 2 月 20 日、23 日，邓小平出席中共中央政治局会议，讨论《中华人民共和国宪法修改草案（讨论稿）》。20 日，在会上主张设立国家主席，并就有人提出如果要设立只能由邓小平担任，这样会增加他的工作量、对健康不利的意见，表示，除了我，别人也可以担任。23 日下午，再次就设立国家主席职位问题发表意见，说，如果国家需要就设立，不能从对某一个人的考虑来确立我们国家的体制。《邓小平年谱》第 5 卷，中央文献出版社 2020 年版，第 99 页。

赦令，宣布进入紧急状态，宣布战争状态，发布动员令。

三是规定国务院实行总理负责制。总理、副总理、国务委员、秘书长组成国务院常务会议；总理召集和主持国务院常务会议和国务院全体会议。为加强对财政经济活动的监督，国务院增设审计机关，对国务院各部门和地方各级政府的财政收支、对国家财政金融机构和企事业组织的财务收支，进行审计监督。审计机关在国务院总理领导下，依照法律规定独立行使审计监督权，不受其他行政机关、社会团体和个人的干涉。

四是设立中央军事委员会，领导全国武装力量。中央军事委员会实行主席负责制。中央军事委员会主席由全国人民代表大会选举，对全国人民代表大会及其常务委员会负责。

五是规定县级以上地方各级人民代表大会设立常务委员会。省、直辖市的人民代表大会及其常务委员会，在不同宪法、法律、行政法规相抵触的前提下，可以制定地方性法规。地方各级人民政府实行省长、市长、县长、区长、乡长、镇长负责制。这些规定同样适用于民族自治地方。1982年宪法改变了农村人民公社政社合一的体制，设立乡政权，并把我国长期以来行之有效的居民委员会、村民委员会等基层群众性自治组织的地位作用列入宪法。

六是对民族区域自治的规定，不但恢复了1954年宪法的一些重要原则，而且根据情况的变化增加了新内容。1982年宪法规定：民族自治地方的人民代表大会常务委员会中应当有实行区域自治的民族的公民担任主任或者副主任；自治区主席、自治州州长、自治县县长由实行区域自治的民族的公民担任；自治机关在国家计划的指导下，自主地安排和管理地方性的经济建设事业；自治机关自主地管理本地方的教育、科学、文化、卫生、体育事业；国家在民族自治地方开发资源、建设企业时，应当照顾民族自治地方的利益；国家从财政、物资、技术等方面帮助各少数民族加速发展经济建设和文化建设事业；国家帮助民族自治地方从当地民族中大量培养各级干部、各种专业人才和技术工人。

七是规定全国人大常委会委员长、副委员长，国家主席、副主席，国务院总理、副总理、国务委员，最高人民法院院长和最高人民检察院检察长等职连续任职不得超过两届。这就取消了实际上存在的领导职务终身制，为党和国家领导制度改革提供了法律依据。

上述规定对当代中国的政治发展产生了重大而深远的影响，有力地推动了我国民主政治的建设进程。

对于这一时期我国政治体制改革的进展及成效，邓小平予以充分肯定。他在会见外宾时多次提到这一点。1982年2月18日，邓小平在会见柬埔寨西哈努克亲王和夫人时指出，我们正在搞体制改革。官僚主义、机构臃肿、人浮于事的现象必须消除。干部老化问题也到了非解决不可的时候了。我们下了很大的决心，把它当作一场革命，当然这是对体制的革命，而不是对人的革命。从一个月的实践看，这项工作进行得很顺利，可以行得通。我们能够顺利地进行体制改革工作，是因为这几年我们实现了政治上的稳定和政策的连续性，也因为我们党内的同志，特别是老同志认识是一致的，这是很好的条件。所有的社会主义国家差不多都没有解决这个问题，我们算是第一个试验。同年3月25日，他在会见巴西外交部部长格雷罗时指出，中国为推进四个现代化建设，当前正在搞体制改革，克服官僚主义。精简机构，就是"拆庙搬菩萨"。这件事搞不好，我们就会丧失民心，四个现代化也没有希望。从这两个月的情况看，我们的老干部顾大局，是经得起考验的。1985年12月14日，邓小平在会见美国前副总统蒙代尔、回答他提出的政府体制改革的进展如何时说，正在逐步进行，步子迈得不算小。我们是一步一步走的，还要继续下去。我们过去搞干部领导职务终身制。我国革命历史很长，有许多老革命，都是有功绩的。要他们把位子让给年轻人，可不是一件简单的事。可喜的是我们的老革命家都挺开明，是支持我们的政策的，所以改革进行得很顺利。我们干的是一件新的事情，没有一批有雄心壮志、精力充沛、事业心很强和有创新精神的年轻人是不行的。①

随着改革的逐步深入，政治体制不适应经济体制改革要求的问题日益显现出来。为此，邓小平进一步强调政治体制改革在整个改革大业中的重要性，在1986年特别是中共十三大前夕，对政治体制改革的重要意义、具体内容、总体目标和基本原则等方面进行了集中论述，为政治体制改革的深入开展提供了指导思想。

关于政治体制改革的重要性，邓小平强调："不搞政治体制改革，经济体制改革难于贯彻。"②1986年6月10日，他在听取当前经济情况汇报时指出，现在看，不搞政治体制改革不能适应形势。改革，应该包括政治体制的改革，而且应该把它作为改革向前推进的一个标志。同年6月28日，邓小平在中共中央政治局常委会议的讲话中指出，政治体制改革同经济体制改革应该相互依赖，相互配合。只搞经济体制改革，不搞政治体制改革，经济体制改革也搞不通，因为首先遇到人的障碍。从这个角度来讲，我们所有的改革最终能不能成功，还是决定于政治体制的改革。③1986年9月3日，邓小平在会见日本公明党委员长竹入义胜时进一步指出："我们提出改革时，就包括政治体制改革。现在经济体制改革每前进一步，都深深感到政治体制改革的必要性。不改革政治体制，就不能保障经济体制改革的成果，不能使经济体制改革继续前进，就会阻碍生产力的发展，阻碍四个现代化的实现。"④这些重要讲话充分论述了政治体制改革的必要性和紧迫性。

关于政治体制改革的具体内容，1986年9月13日，邓小平在听取中央财经领导小组汇报时指出："改革的内容，首先是党政要分开，解决党如何善于领导的问题。这是关键，要放在第一位。第二个内容是权力要下

---

① 《邓小平年谱》第5卷，中央文献出版社2020年版，第98、105、397页。
② 《邓小平文选》第3卷，人民出版社1993年版，第177页。
③ 《邓小平年谱》第5卷，中央文献出版社2020年版，第419、424页。
④ 《邓小平文选》第3卷，人民出版社1993年版，第176页。

放，解决中央和地方的关系，同时地方各级也都有一个权力下放问题。第三个内容是精简机构，这和权力下放有关。"①邓小平十分强调党政分开的必要性。1986年9月3日，他在会见日本公明党委员长竹入义胜时说："要通过改革，处理好法治和人治的关系，处理好党和政府的关系。党的领导是不能动摇的，但党要善于领导，党政需要分开，这个问题要提上议事日程。"②1987年4月6日，邓小平在会见瑞典首相卡尔松时说，我们正在考虑政治体制改革，党要善于领导，党政要分开。这件事我们没有经验，但又必须做。我们的官僚主义与这个问题有关。③

关于政治体制改革的总体目标，1986年9月29日，邓小平在会见波兰统一工人党中央第一书记、国务委员会主席雅鲁泽尔斯基时指出："我们政治体制改革总的目标是三条：第一，巩固社会主义制度；第二，发展社会主义社会的生产力；第三，发扬社会主义民主，调动广大人民的积极性。而调动人民积极性的最中心的环节，还是发展生产力，提高人民的生活水平。生产力发展了，人民积极性调动起来了，社会主义国家的力量就增强了，社会主义制度就巩固了。"④同年11月9日，他在会见日本首相中曾根康弘时，提出政治体制改革要向着三个目标进行。邓小平指出，第一个目标是始终保持党和国家的活力。这里说的活力，主要是指领导层干部的年轻化。明年党的十三大要前进一步，十四大再前进一步，十五大完成这个任务。哪一天中国出现一大批三四十岁的优秀的政治家、经济管理家、军事家、外交家就好了。同样，我们也希望中国出现一大批三四十岁的优秀的科学家、教育家、文学家和其他各种专家。要制定一系列制度包括干部制度和教育制度，鼓励年轻人。第二个目标是克服官僚主义，提高工作效率。效率不高同机构臃肿、人浮于事、作风拖拉有关，但更主要的

---

① 《邓小平文选》第 3 卷，人民出版社 1993 年版，第 177 页。
② 《邓小平文选》第 3 卷，人民出版社 1993 年版，第 177 页。
③ 《邓小平年谱》第 5 卷，中央文献出版社 2020 年版，第 473 页。
④ 《邓小平文选》第 3 卷，人民出版社 1993 年版，第 178 页。

是涉及党政不分，在很多事情上党代替了政府工作，党和政府很多机构重复。搞四个现代化不讲工作效率不行。现在的世界，人类进步一日千里，科学技术方面更是这样，落后一年，赶都难赶上，所以必须解决效率问题。当然，提高工作效率不仅是党政分开问题，还有其他方面的问题也需要解决。第三个目标是调动基层和工人、农民、知识分子的积极性。这些年来搞改革的一条经验，就是首先调动农民的积极性，把生产经营的自主权力下放给农民。农村改革是权力下放，城市经济体制改革也要权力下放，下放给企业，下放给基层，同时广泛调动工人和知识分子的积极性，让他们参与管理，实现管理民主化。领导层有活力，克服了官僚主义，提高了效率，调动了基层和人民的积极性，四个现代化才真正有希望。① 这些重要讲话清晰地指明了政治体制改革的前进方向。

关于政治体制改革的基本原则，邓小平强调，第一，一定要从中国的实际出发。1986 年 9 月 13 日，邓小平在听取中央财经领导小组汇报时指出：“在改革中，不能照搬西方的，不能搞自由化。过去我们那种领导体制也有一些好处，决定问题快。如果过分强调搞互相制约的体制，可能也有问题。”②1987 年 6 月 12 日，他在会见南斯拉夫共产主义者联盟中央主席团委员科罗舍茨时指出，政治体制改革不能搬用西方那一套所谓的民主，而要搞社会主义民主。我们要根据社会主义国家自己的实践、自己的情况来决定改革的内容和步骤。每一个社会主义国家的改革又都是不同的，历史不同，经验不同，现在所处的情况不同，各国的改革不可能一样。但是，共同的一点是要保持自己的优势，避免资本主义社会的毛病和弊端。③

第二，决策一定要慎重。1986 年 9 月 3 日，邓小平在会见日本公明党委员长竹入义胜时说，政治体制改革这个问题太困难，每项改革涉及的人和事都很广泛，很深刻，触及许多人的利益，会遇到很多的障碍，需要

① 《邓小平文选》第 3 卷，人民出版社 1993 年版，第 179—180 页。
② 《邓小平文选》第 3 卷，人民出版社 1993 年版，第 178 页。
③ 《邓小平年谱》第 5 卷，中央文献出版社 2020 年版，第 493 页。

审慎从事。要先从一两件事上着手，不能一下子大干，那样就乱了。决策一定要慎重，看到成功的可能性较大以后再下决心。同年 12 月 6 日，他在会见墨西哥总统德拉马德里时说，中国的政治体制改革关系到千千万万的人。进行政治体制改革，第一要大胆、要坚决，第二要谨慎，要照顾到我们的传统，要理顺各方面的关系。政治体制改革可能引起的波动不是经济体制改革可以相比的，波动更大。1987 年 8 月 29 日，邓小平在会见意大利共产党领导人说，政治体制改革很复杂，每一个措施都涉及千千万万人的利益。所以，政治体制改革要分步骤、有领导、有秩序地进行。① 这些讲话都强调了政治体制改革要审慎从事。

临近中共十三大前夕，邓小平更是对政治体制改革问题进行了集中论述，并提出了许多重要思想。

1987 年 3 月 27 日，邓小平在会见喀麦隆总统比亚时指出，我们评价一个国家的政治体制、政治结构和政策是否正确，关键看三条：第一是看国家的政局是否稳定；第二是看能否增进人民的团结，改善人民的生活；第三是看生产力能否得到持续发展。②

1987 年 5 月 22 日，邓小平会见朝鲜劳动党中央委员会总书记、国家主席金日成。在介绍将要召开的中共十三大时，邓小平说，十三大要进一步总结十一届三中全会以来的经验，更加肯定我们十一届三中全会制定的一系列政策，包括改革、开放、搞活经济的政策。如果说有更新的内容，就是把政治体制改革提到日程上来。最主要的是要搞个好的中央委员会和政治局，以进一步贯彻我们的领导干部逐步年轻化的方针。③

1987 年 6 月 4 日，邓小平会见日本公明党代表团。在介绍将要召开的十三大筹备情况时，邓小平指出，十三大总的路线方针政策没有什么变动，如果说有新内容，就是把政治体制改革提到了议事日程。政治体制改

---

① 《邓小平年谱》第 5 卷，中央文献出版社 2020 年版，第 432—433、454、502 页。

② 《邓小平年谱》第 5 卷，中央文献出版社 2020 年版，第 472 页。

③ 《邓小平年谱》第 5 卷，中央文献出版社 2020 年版，第 487—488 页。

革要符合中国的实际，不能照搬外国的东西。政治体制改革的目的，就是为搞经济建设创造一个良好的政治环境。还有一个重要问题，就是领导层将更加年轻化一些。①

1987年6月12日，邓小平会见南斯拉夫共产主义者联盟中央主席团委员科罗舍茨。在谈到中国的改革时，邓小平指出，现在我们提出了新的问题，就是把政治体制改革提到日程上来，这是将要召开的党的十三大的主要议程之一。我们改革总的目的是要有利于巩固社会主义制度，有利于巩固党的领导，有利于在党的领导和社会主义制度下发展生产力。对中国来说，就是要有利于贯彻执行党的十一届三中全会以来所制定的一系列路线、方针、政策。要做到这些，我个人考虑有三条：第一，党和行政机构以及整个国家体制要增强活力，就是说不要僵化，要用新脑筋来对待新事物；第二，要真正提高效率；第三，要充分调动人民和各行各业基层的积极性。调动积极性是最大的民主。至于各种民主形式怎么搞法，要看实际情况。我们的改革不能离开社会主义道路，不能没有共产党的领导，这两点是相互联系的，是一个问题。②

1987年7月4日，邓小平会见孟加拉国总统侯赛因·穆罕默德·艾尔沙德。在谈到十三大时，邓小平指出，我们即将召开的党的十三大，主要有两个内容：第一，把政治体制改革提到议事日程上来；第二，使我们领导层比较年轻化一些。这两件事都不容易，但是非干不可。政治体制改革如能在十年内搞成功就很了不起了。领导层年轻化要达到比较理想的状态，恐怕要十年时间。③

1987年7月14日，邓小平会见德意志联邦共和国总理科尔。在谈到政治体制改革时，邓小平说，八年来我们的经济体制改革取得了相当的成就，但随着经济体制改革的深化，不提出政治体制改革就不相适应了。政

---

① 《邓小平年谱》第5卷，中央文献出版社2020年版，第491页。
② 《邓小平年谱》第5卷，中央文献出版社2020年版，第493—494页。
③ 《邓小平年谱》第5卷，中央文献出版社2020年版，第497页。

治体制不改革就会阻碍经济体制改革的发展，并且会影响到许多事情。政治体制不改革，官僚主义就消除不了。政治体制改革要坚决搞下去。这是我们十三大的基调。十三大以后，我们党和国家机构领导班子要相对地年轻化，以增加党和国家机构的活力。这也是政治体制改革的一项重要内容。①

　　邓小平在上述讲话中进一步论述了政治体制改革的重要意义、具体内容、总体目标和基本原则等，为中共十三大的成功召开做了重要准备。1987年10月20日，邓小平和李先念、陈云等主持中共十二届七中全会。全会原则同意《政治体制改革总体设想》，决定将这个文件的主要内容写入中央委员会向中共十三大的报告。这次党代会后，中国政治体制改革进入新的发展阶段。

---

① 《邓小平年谱》第5卷，中央文献出版社2020年版，第499页。

第二十章

确立社会主义初级阶段基本路线

党的"一个中心、两个基本点"的基本路线，是在邓小平的指导下由中共十三大确立的。这次大会系统阐述了社会主义初级阶段理论，对政治体制改革进行了总体部署，推进了党的最高领导层的年轻化，在我国改革开放和社会主义现代化建设史上占有重要地位。邓小平为这次大会的成功召开及取得的标志性成果作出了重要贡献。

中共十三大是一次承前启后、继往开来的会议，承担着加快和深化改革的重任。因此，邓小平对大会的筹备工作高度重视，对报告的起草等工作予以重要指导。1987年2月6日，邓小平在住地同几位中共中央负责同志谈十三大的筹备和十三大报告的起草等问题。他指出，要组织一个好的政治局，多数是五十岁至六十岁之间的，四十岁的更好。中央委员会非常重要，因为再过几年就是他们上来了。他还指出，十三大报告要在理论上阐述什么是社会主义，讲清楚我们的改革是不是社会主义。要申明"四个坚持"的必要，反对资产阶级自由化的必要，改革开放的必要，在理论上讲得更加明白。十三大报告应该是一篇好的著作。① 这些谈话对十三大的筹备和十三大报告的起草提出了明确要求，为会议的成功召开奠定了重要的政治和理论基础。

---

① 《邓小平年谱》第5卷，中央文献出版社2020年版，第466页。

根据邓小平的指示精神，从 1987 年 2 月底到 3 月中旬，中共中央反复讨论了报告的思路、结构和主要内容。3 月 21 日，中共中央向邓小平报送《关于草拟十三大报告大纲的设想》。《设想》提出：十三大报告全篇拟以社会主义初级阶段作为立论的根据。"初级阶段"这个提法，在党的文件中已三次出现，但都没有发挥。十三大报告的起草工作准备循着这个思路加以展开，说明由此而来的经济建设的发展战略，由此而来的发展社会主义商品经济的任务和我国经济体制改革的方向，由此而来的建设社会主义民主政治的任务和我国政治体制改革的原则，由此而来的加强和改善党的领导的任务，由此而来的在理论和思想指导上避免"左"右两种倾向的必要性。四天之后，即 25 日，邓小平对这个设想作了批示："这个设计好。"① 后来的报告就是循着这个思路展开的。

　　中共十三大报告以社会主义初级阶段作为立论根据，抓住了问题的关键，顺应了改革的深入和实践的发展对理论建设提出的迫切要求。这是中共十三大的一个突出政治亮点，也是一个重要理论贡献。在中共十三大召开前，邓小平在各种场合多次对社会主义初级阶段理论进行论述，精辟概括了社会主义初级阶段的基本内涵。1987 年 8 月 29 日，他在会见意大利共产党领导人约蒂和赞盖里时指出："我们党的十三大要阐述中国社会主义是处在一个什么阶段，就是处在初级阶段，是初级阶段的社会主义。社会主义本身是共产主义的初级阶段，而我们中国又处在社会主义的初级阶段，就是不发达的阶段。一切都要从这个实际出发，根据这个实际来制订规划。"② 在邓小平这一思想的指导下，中共十三大报告对社会主义初级阶段理论进行了专门而又系统的论述，成功完成了邓小平提出的"十三大报告要在理论上阐述什么是社会主义"的重要任务。

　　中共十三大的一项中心任务是把政治体制改革提上议事日程并进行了

---

① 《邓小平文选》第 3 卷，人民出版社 1993 年版，第 407 页。

② 《邓小平文选》第 3 卷，人民出版社 1993 年版，第 252 页。

总体部署。邓小平在各种场合向外宾介绍大会筹备情况时，多次强调这项重要内容。

1987 年 5 月 12 日，邓小平在会见荷兰首相吕贝尔斯时指出："我们今年秋季召开党的十三大，将更加清楚地阐明我们的现行政策，而且要进一步提出政治体制改革的任务来适应经济的发展。"①

1987 年 5 月 22 日，邓小平在会见朝鲜劳动党中央委员会总书记、国家主席金日成时说，十三大要进一步总结十一届三中全会以来的经验，更加肯定我们十一届三中全会制定的一系列政策，包括改革、开放、搞活经济的政策。如果说有更新的内容，就是把政治体制改革提到日程上来。最主要的是要搞个好的中央委员会和政治局，以进一步贯彻我们的领导干部逐步年轻化的方针。②

1987 年 6 月 4 日，邓小平在会见日本公明党代表团时指出，十三大总的路线方针政策没有什么变动，如果说有新内容，就是把政治体制改革提到了议事日程。政治体制改革的目的，就是为搞经济建设创造一个良好的政治环境。还有一个重要问题，就是领导层将更加年轻化一些。③

1987 年 6 月 12 日，邓小平在会见南斯拉夫共产主义者联盟中央主席团委员科罗舍茨时强调："现在我们提出了新的问题，就是把政治体制改革提到日程上来，这是今年十月将要召开的党的十三大的主要议程之一。"④

1987 年 7 月 4 日，邓小平在会见孟加拉国总统艾尔沙德时指出："我们即将召开的党的十三大，主要有两个内容：第一，把政治体制改革提到议事日程上来；第二，使我们领导层比较年轻化一些。这两件事都不容

---

① 《邓小平文选》第 3 卷，人民出版社 1993 年版，第 235 页。
② 《邓小平年谱》第 5 卷，中央文献出版社 2020 年版，第 487—488 页。
③ 《邓小平年谱》第 5 卷，中央文献出版社 2020 年版，第 491 页。
④ 《邓小平文选》第 3 卷，人民出版社 1993 年版，第 240 页。

易，但是非干不可。"①

1987 年 7 月 14 日，邓小平在会见德意志联邦共和国总理科尔时说，八年来我们的经济体制改革取得了相当的成就，但随着经济体制改革的深化，不提出政治体制改革就不相适应了。政治体制不改革就会阻碍经济体制改革的发展，并且会影响到许多事情。政治体制不改革，官僚主义就消除不了。政治体制改革要坚决搞下去。这是我们十三大的基调。十三大以后，我们党和国家机构领导班子要相对地年轻化，以增加党和国家机构的活力。这也是政治体制改革的一项重要内容。②

1987 年 9 月 5 日，邓小平在会见日本自民党"星期四俱乐部"访华团时说，政治体制改革的问题几年前就提出来了，但过去把重点放在经济体制改革上，这次才提到议事日程上来。十三大要作的报告将从理论上阐述改革和开放的重要性、必要性，这是十三大的主题。政治体制改革要做的第一件事是使党和国家的领导层逐步年轻化。十三大选出的中央委员会、政治局、政治局常委会的成员都将比较年轻一些。③

这些谈话表明了以邓小平为核心的党的第二代中央领导集体推进政治体制改革特别是推进党的最高领导层年轻化的坚定决心，为中共十三大在该领域取得重要成果提供了政治保证和指导思想。

为身体力行地推进党和国家领导层的逐步年轻化，邓小平从党和国家的前途着眼，多次提出辞去领导职务。1986 年 9 月 2 日，他在接受美国哥伦比亚广播公司"六十分钟"节目记者华莱士电视采访时说："坦率地告诉你，我正在说服人们，我明年在党的十三大时就退下来。但到今天为止，遇到的是一片反对声。"④在中共十三大筹备期间，邓小平与陈云、李

---

① 《邓小平文选》第 3 卷，人民出版社 1993 年版，第 249 页。
② 《邓小平年谱》第 5 卷，中央文献出版社 2020 年版，第 499 页。
③ 《邓小平年谱》第 5 卷，中央文献出版社 2020 年版，第 504 页。
④ 《邓小平文选》第 3 卷，人民出版社 1993 年版，第 175 页。

先念共同商定，为了党和国家事业的需要，十三大时一起退下来。① 由于中共中央不同意他们"全退"，因此"十三大时一起退下来"的愿望没有完全实现，三位老人只好接受中共中央要求他们只退出中央第一线领导岗位的决定，采取了"半退"的方式。邓小平在会见外宾时谈到这个问题。

1987年9月11日，邓小平在会见日本民社党第八次访华团时说，我的本意是完全退休，提了好几年，但大家不赞成。从现在的情况看，从中国人民的愿望来说，还需要我。我搞半退休，这能实现政治局常委的比较年轻化，又能保证自己还能起应该起的作用。这种处理方法是中国式的，别的国家没有，只要在中国行得通，也是可以的。② 同年10月16日，他在会见德意志联邦共和国巴伐利亚州州长施特劳斯、谈到将要召开的十三大时说，十三大后会加快改革。十三大本身就是一个改革，不仅经济体制要改革，政治体制也要改革。各级领导机构要年轻化，也是政治体制的重要改革。这一时期，我提出全退，但都不赞成，所以半退，保留军委主席。根据国家的需要，根据党的需要，我还是可以起现在起的作用。这样的安排有一个最大的好处，就是一旦马克思召见，不会引起什么波动。在有生之年做好后事安排，非常有利。这次人事变动更加体现了政治的稳定和政策的连续性。比较年轻的人进入政治局常委会，不是五年的安排，而是十年的安排。中国需要稳定，没有稳定的政治局面就不可能搞建设。③

中共十三大之后，邓小平在会见外宾时又谈到这个问题。1988年5月15日，他在会见阿根廷总统阿方辛时说："现在年龄这么大了，为了国家更稳定，需要交班。现在我的主要任务就是支持新的领导班子，不干扰他们的工作。不仅我自己，与我年龄差不多的老同志也这样。这是我们全党的广泛意志。"四天之后，即5月19日，他在会见朝鲜人民武装力量部

---

① 《陈云传》（四），中央文献出版社2015年版，第1799页。

② 《邓小平年谱》第5卷，中央文献出版社2020年版，第505页。

③ 《邓小平年谱》第5卷，中央文献出版社2020年版，第509—510页。

部长吴镇宇时说："我、陈云、李先念，本来准备全退，就是什么职务也不担任。大家都不赞成，就改成半退。还有其他几位老同志，像彭真同志、邓大姐他们，都全退。我、陈云、李先念离开政治局，当然也离开政治局常委会。我现在名义上还担任军委主席，但是过一个时期连这项工作也退下来。我们十三大解决这个问题的时候，已经作了实际的安排。"①这些谈话体现了邓小平的深谋远虑和高风亮节。

经过周密筹备，1987 年 10 月 25 日，中共十三大在北京召开，邓小平出席大会并主持开幕式。中共中央向大会提交的政治报告《沿着有中国特色的社会主义道路前进》和《中国共产党党章部分条文修正案》等文件，是 10 月 20 日经中共十二届七中全会讨论并通过的。大会通过了关于政治报告的决议、关于党章部分条文修正案的决议等文件。

中共十三大报告对社会主义初级阶段理论进行了系统阐述。报告指出，我国社会主义的初级阶段，不是泛指任何国家进入社会主义都会经历的起始阶段，而是特指我国在生产力落后、商品经济不发达条件下建设社会主义必然要经历的特定阶段。我国从 20 世纪 50 年代生产资料私有制的社会主义改造基本完成，到社会主义现代化的基本实现，至少需要上百年时间，都属于社会主义初级阶段。

报告指出，我国正处在社会主义的初级阶段这个论断，包括两层含义。第一，我国社会已经是社会主义社会。我们必须坚持而不能离开社会主义。第二，我国的社会主义社会还处在初级阶段。我们必须从这个实际出发，而不能超越这个阶段。总起来说，我国社会主义初级阶段，是逐步摆脱贫穷、摆脱落后的阶段；是由农业人口占多数的手工劳动为基础的农业国，逐步变为非农产业人口占多数的现代化的工业国的阶段；是由自然经济半自然经济占很大比重，变为商品经济高度发达的阶段；是通过改革和探索，建立和发展充满活力的社会主义经济、政治、文化体制的阶段；

---

① 《陈云传》（四），中央文献出版社 2015 年版，第 1799—1801 页。

是全民奋起，艰苦创业，实现中华民族伟大复兴的阶段。

报告规定了党在社会主义初级阶段的基本路线，即领导和团结全国各族人民，以经济建设为中心，坚持四项基本原则，坚持改革开放，自力更生，艰苦创业，为把我国建设成为富强、民主、文明的社会主义现代化国家而奋斗。报告指出，坚持社会主义道路、坚持人民民主专政、坚持中国共产党的领导、坚持马克思列宁主义毛泽东思想这四项基本原则，是我们的立国之本。坚持改革开放的总方针，是中共十一届三中全会以来党的路线的新发展，它赋予四项基本原则以新的时代内容。坚持四项基本原则和坚持改革开放这两个基本点，相互贯通，相互依存，统一于建设有中国特色的社会主义的实践。

报告根据中国国情和邓小平的设计，确定20世纪后二十年和21世纪前五十年分三步走，基本实现现代化的战略目标，即第一步，在20世纪80年代实现国民生产总值比1980年翻一番，解决人民的温饱问题；第二步，到20世纪末，使国民生产总值再增长一倍，人民生活达到小康水平；第三步，到21世纪中叶，人均国民生产总值达到中等发达国家水平，人民生活比较富裕，基本实现现代化。①

报告指出，社会主义有计划商品经济的体制，应该是计划与市场内在统一的体制，计划和市场的作用范围都是覆盖全社会的。这是一个重大理论突破。

报告对建设有中国特色的社会主义理论进行了概括，指出，中共十一届三中全会以来开始找到建设有中国特色社会主义道路，这是马克思主义与中国实际相结合的过程中，继找到中国新民主主义革命道路、实现第一次历史性飞跃之后的第二次历史性飞跃。我们党在对社会主义再认识的过程中，在哲学、政治经济学和科学社会主义等方面，发展了

---

① 1987年12月4日，邓小平在会见日本国际贸易促进协会会长樱内义雄、谈到中共十三大时指出，十三大主题就是开放和改革。十三大实际上制定了至少五十年的路线和方针。《邓小平年谱》第5卷，中央文献出版社2020年版，第518页。

一系列科学理论观点。包括：关于解放思想，实事求是，以实践作为检验真理的唯一标准的观点；关于建设社会主义必须根据本国国情，走自己的路的观点；关于在经济文化落后的条件下，建设社会主义必须有一个很长的初级阶段的观点；关于社会主义社会的根本任务是发展生产力，集中力量实现现代化的观点；关于社会主义经济是有计划商品经济的观点；关于改革是社会主义社会发展的重要动力，对外开放是实现社会主义现代化的必要条件的观点；关于社会主义民主政治和社会主义精神文明是社会主义重要特征的观点；关于坚持四项基本原则同坚持改革开放的总方针这两个基本点相互结合、缺一不可的观点；关于用"一个国家、两种制度"来实现国家统一的观点；关于执政党的党风关系到党的生死存亡的观点；关于按照独立自主、完全平等、互相尊重、互不干涉内部事务的原则，发展同外国共产党和其他政党的关系的观点；关于和平与发展是当代世界的主题的观点；等等。这些观点，构成了建设有中国特色的社会主义理论的轮廓，初步回答了我国社会主义建设的阶段、任务、动力、条件、布局和国际环境等基本问题，规划了我们前进的科学轨道。

报告提出了深化经济体制改革和进行政治体制改革的任务。关于政治体制改革，报告指出，经济体制改革的开展和深入，对政治体制改革提出了愈益紧迫的要求。不进行政治体制改革，经济体制改革不可能最终取得成功。中共中央认为，把政治体制改革提上全党日程的时机已经成熟。邓小平同志1980年8月在中共中央政治局扩大会议上所作的《党和国家领导制度的改革》的讲话，是进行政治体制改革的指导性文件。报告对政治体制改革进行了总体部署，具体内容包括实行党政分开、进一步下放权力、改革政府工作机构、改革干部人事制度、建立社会协商对话制度、完善社会主义民主政治的若干制度、加强社会主义法制建设等。

报告对邓小平开创改革开放伟大事业的历史功绩予以高度评价，指出，中共十一届三中全会以来的路线是一条马克思主义的正确路线。在这条路线的形成和发展中，在一系列关键问题的决策中，在建设、改革、开放新局面的开拓中，邓小平同志以马克思主义的理论勇气、求实精神、丰富经验和远见卓识，做出了重大贡献。①

11月1日，邓小平出席大会闭幕式。大会选举了新一届中共中央委员会、中央顾问委员会和中央纪律检查委员会。邓小平卸下了中共中央委员、中央政治局委员、常委和中央顾问委员会主任的重担，与陈云、李先念一起退出了中共中央工作的第一线。

11月2日，中共十三届中央委员会召开第一次全体会议。会议选举产生了新的中共中央领导机构，决定邓小平任中共中央军事委员会主席。同上一届中共中央领导机构相比，中央政治局常委的平均年龄从76.6岁减为63.6岁，下降13岁；中央政治局成员（包括委员和候补委员）的平均年龄从70.7岁减为64.1岁，下降6.6岁；中央书记处成员（包括书记和候补书记）的平均年龄从62.3岁减为56.4岁，下降5.9岁。党的最高领导层在年轻化方面迈出重要一步。②

新的中共中央领导机构产生后，11月3日，《人民日报》发表题为《意义重大的一步》的社论。社论高度赞扬邓小平、陈云、李先念等老一辈革命家，说："新的比较年轻的中央领导机构的产生，是党的十一届三中全会以来，我们党逐步改革干部制度，积极培养、选拔新干部，使一大批富有改革创新精神的年轻干部茁壮成长的结果。在这方面，邓小平、李

---

① 《十三大以来重要文献选编》（上），中央文献出版社2011年版，第4—52页。邓小平历来反对突出个人。1987年11月16日，他在会见土井多贺子率领的日本社会党第三次访华代表团时指出，我们党的十三大报告是集体创作，集中了几千人的智慧，有许多内容并不是我提出来的。当然，其中也有我的看法和意见，但大部分是集体的意见。1978年党的十一届三中全会以来的路线、方针和政策的制定，我是出了力的，但不只是我一个人。所以，不能把9年来的成绩都写到我个人的账上，可以写我是集体的一分子。过分夸大一个人的作用并不有利。《邓小平年谱》第5卷，中央文献出版社2020年版，第516页。

② 《陈云传》（四），中央文献出版社2015年版，第1796页。

先念、陈云等老一辈无产阶级革命家以他们的远见卓识和广阔胸怀作出了不可磨灭的贡献。"社论还指出："邓小平、李先念、陈云同志以及其他几位老一辈无产阶级革命家从党的中央委员会和政治局退出来，但是他们在长期的革命实践中所确立的崇高威望和重大影响依然存在。他们的丰富经验是我们党的宝贵财富。今后，在建设有中国特色的社会主义的伟大事业中，他们仍将发挥无可替代的巨大作用。"①

对于中共十三大的成功召开，邓小平十分高兴。他在会后接连会见外宾，积极介绍和高度评价大会取得的重要成果。1987年11月11日，他在会见朝鲜民主主义人民共和国总理李根模时指出，党的十一届三中全会以后我们开始改革，制定了一系列新的方针和政策，到今年为止已经过了九年时间。九年来，发展比较顺利。我们党的十三大报告肯定这9年是搞对了，对过去作了一个很好的总结。这个报告是一个很好的报告，解答了一系列根本性问题，使十一届三中全会以来制定的一系列方针、政策能够持久地延续下去。十三大报告中一个很重要的部分，是讲了到建国一百年时的经济发展战略，就是下个世纪中叶，21世纪50年代，中国将发展到一个中等发达国家的水平。现在一百年已经过去三十八年，还有六十二年，所以说我们的路还很长。以后的六十二年，我们还要夹着尾巴做人，要很谨慎，并且要艰苦奋斗。在谈到中共十三大做出的人事安排时，邓小平指出，解决人事问题，也是改革问题。我们党的领导成员有大幅度的更新，这件事很重要。中国这样的大国，不把这个问题解决好，出了乱子就是大乱子。中国出了大乱子，收拾起来很不容易。现在我还保留军委主席职务。我原来同一些老同志商量全退，大家都不赞成。现在叫半退，但总有一天要全退，这也是一种过渡。我会力求减少自己的工作，力求减少对党和国家事务的过问。我的任务是逐渐使自己从党和国家的事务中消

① 《意义重大的一步》，《人民日报》1987年11月3日。

失掉。①

1987 年 11 月 16 日，邓小平在会见土井多贺子率领的日本社会党第三次访华代表团时指出，党的十三大的特点，一个是阐述了中国社会主义初级阶段的理论，在这个理论指导下，坚定地贯彻党的十一届三中全会以来的路线、方针和政策；另一个是更新了中央领导班子，保证我们的改革开放政策能够连续贯彻下去，并且加快步伐。在十三大以前，国际舆论和国内的人民还有些担心我们的改革开放政策是不是会连续下去，十三大回答了这个问题，我国人民和国际朋友都放心了。② 同年 12 月 25 日，他在会见阿拉伯也门共和国总统萨利赫、谈到中共十三大时说，最近召开的十三大很成功，对我们国家和人民来说，是一个解放的大会，它进一步解放了党和人民的思想，进一步解放了生产力。今后我们的经济会搞得更活，实现四个现代化的条件会更好。对我个人来说，也算是一个解放。我现在处于半退休状态，争取过一段时间全退下来。③ 这些谈话肯定了中共十三大在推进改革开放和实现党的最高领导层新老交替等方面取得的积极成果，对国际社会更好地了解中共十三大精神及我国的路线方针政策发挥了重要作用。

中共十三大后，我们党在大会确立的基本路线指引下，继续沿着邓小平开辟的中国特色社会主义道路胜利前进。中国的改革开放和社会主义现代化建设事业又翻开新的一页。

① 《邓小平年谱》第 5 卷，中央文献出版社 2020 年版，第 514、515 页。
② 《邓小平年谱》第 5 卷，中央文献出版社 2020 年版，第 516 页。
③ 《邓小平年谱》第 5 卷，中央文献出版社 2020 年版，第 518 页。

第二十一章
关注科技和教育事业

科技和教育工作是改革开放伟大事业的重要组成部分，在改革开放和社会主义现代化建设的健康发展中起着至关重要的作用。邓小平一向十分关注科技和教育事业。中共十一届三中全会后，他对这些领域的问题做出过一系列重要论述，提出了许多思想和主张，推动着中国科技和教育事业的不断发展，有力地加快了中国改革开放的历史进程。

在科技工作方面，邓小平重视科学技术的自主发展，强调要把发展科学技术作为优先方向摆在重要战略位置。同时，他也十分关心知识分子的生活，注重发挥知识分子在推动科技进步、服务经济社会发展中的主力军作用。

邓小平对中国发展自己的科技一贯高度重视，主张在世界高科技领域中国要占有一席之地。中共十一届三中全会后，随着改革开放的不断推进，邓小平更加关注科学技术的自主发展。北京正负电子对撞机这项世界高科技工程，就是在他的关心下建成的。

北京正负电子对撞机是我国第一台高能加速器，也是高能物理研究的重大科技基础设施。早在 1975 年主持中共中央日常工作时，邓小平即积极支持建造高能加速器，后因种种原因这项工程没能正常进行。1980 年 5 月 25 日，邓小平在审阅中国科学院副院长周培源等关于建造高能加速器的重要性的报告时作出批示："此事影响太大，不能下马，应坚决按原计划进行。"①

邓小平一方面积极支持高能加速器的建造，另一方面又注意听取各方特别是外国专家的意见，以确保决策的科学性。1980年12月25日，聂华桐等14位美籍华人科学家就中国决定建造高能加速器问题致信邓小平。信中对中国决定建造高能加速器持保留意见，希望中国领导人在科技政策的轻重取舍上有所调整，并建议国内科技界对建造高能加速器问题进行深入的论证。1981年1月10日，邓小平阅信后作出批示："这个问题值得重视，我过去是积极分子，看来需要重新考虑，请方毅同志召集一个专家会议进行论证。"②但美籍华人科学家的意见也不一致。吴健雄、袁家骝教授在致邓小平的信中，则建议中国在国民经济调整期间不应停止发展高能物理研究和电子加速器建造。2月5日，邓小平阅信后作出批示："此事请财经小组审定，宜早作抉择。"③

鉴于此事重大，且各方意见不一，邓小平指示国务院副总理兼国家科委主任方毅召集一个专家会进行论证。4月15日，邓小平将美籍华人李政道教授同其他一些外国专家就中国建造高能物理加速器的非正式讨论的意见，批转方毅考虑。4月23日，方毅回信给李政道，表示国内准备在5月上旬召开一个讨论会，请有关方面的专家参加，进一步论证北京高能物理研究基地的建设方案。遵邓小平嘱，回信转达了邓小平对李政道的谢意。④

1981年12月22日，中国科学院负责人给邓小平等中共中央领导同志写报告，请求批准在北京建设正负电子对撞机的方案。邓小平当日作出批示："这项工程已进行到这个程度，不宜中断，他们所提方针，比较切实可行。我赞成加以批准，不再犹豫。"12月25日，邓小平在会见李政

---

① 《邓小平年谱》第4卷，中央文献出版社2020年版，第638页。

② 《邓小平年谱》第5卷，中央文献出版社2020年版，第2页。

③ 《邓小平年谱》第5卷，中央文献出版社2020年版，第9页。

④ 《邓小平年谱》第5卷，中央文献出版社2020年版，第31页。

道前，就建设正负电子对撞机问题，对将陪同会见的万里、姚依林说，要坚持，下决心，不要再犹豫了。工程进度按五年为期限，经费要放宽一些。这个益处是很大的。①

经过反复论证，1983 年 4 月，国务院批准了对撞机工程计划任务书。同年 12 月，中共中央决定将对撞机工程列入国家重点建设项目，并由国家计委主任宋平负责组建工程领导小组。1984 年 10 月 7 日，邓小平出席北京正负电子对撞机国家实验室奠基典礼，在电子对撞机工地为基石培上第一锹土。基石上镌刻着邓小平书写的铭文："中国科学院高能物理研究所北京正负电子对撞机国家实验室奠基。"在参加奠基典礼前，邓小平会见了李政道教授，对他在工程论证过程中付出的艰巨劳动表示感谢。邓小平还参观了工程模型，听取了关于对撞机性能和用途的汇报，参观了中国科学院高能物理研究所的质子加速器，接见了中美双方参加中美高能物理第五次联合委员会会议的全体成员、中国科学院的一些专家和参加这项工程的各有关单位代表。②

经过广大科技工作者 4 年的努力，1988 年 10 月 16 日凌晨，中国第一台自行设计、研制和建造的高能粒子加速器——北京正负电子对撞机首次对撞成功。这是中国在高科技领域取得的一项重大突破性成就。这项世界高科技工程的建成，与邓小平的大力支持和长远眼光是分不开的。1986 年 10 月 18 日，邓小平在会见李政道教授时，谈了对这个问题的思考。他指出，发展高科技，我们还是要花点钱，该花的就要花。前几年有的外国科学家问我，你们在不富裕的情况下为什么要搞加速器？我说，我们是从长远考虑。现在看来搞对了，决心下对了，起码争取了几年时间。在高科技方面，我们要开步走，不然就赶不上，越到后来越赶不上，而且要花更多的钱，所以从现在起就要开始搞。③

---

① 《邓小平年谱》第 5 卷，中央文献出版社 2020 年版，第 91 页。
② 《邓小平年谱》第 5 卷，中央文献出版社 2020 年版，第 300—301 页。
③ 《邓小平文选》第 3 卷，人民出版社 1993 年版，第 183—184 页。

1988 年 10 月 24 日，邓小平视察了北京正负电子对撞机国家实验室。他在听取中国科学院院长周光召关于对撞机工程建设情况的汇报时指出，世界上一些国家都在制订高科技发展计划，中国也制订了高科技发展计划。下一个世纪是高科技发展的世纪。过去也好，今天也好，将来也好，中国必须发展自己的高科技，在世界高科技领域占有一席之地。这些东西反映一个民族的能力，也是一个民族、一个国家兴旺发达的标志。他强调：现在世界的发展，特别是高科技领域的发展一日千里，中国不能安于落后，必须一开始就参与这个领域的发展。不仅这个工程，还有其他高科技领域，都不要失掉时机，都要开始接触，这个线不能断了，要不然我们很难赶上世界的发展。① 随后，邓小平会见了参加对撞机建设的科技人员、干部、工人代表和来北京参加中美高能物理联合委员会第九次会议的美国科学家，参观了电子对撞机国家实验室的各项设施。

跟踪世界高技术发展的"863"计划也是在邓小平的支持下开始实施的。1986 年 3 月 3 日，王大珩、王淦昌、杨嘉墀、陈芳允等 4 位著名科学家给邓小平、胡耀邦等写信，提出关于跟踪研究外国战略性高技术发展的建议。3 月 5 日，邓小平作出批示："这个建议十分重要"，"找些专家和有关负责同志讨论，提出意见，以凭决策。此事宜速作决断，不可拖延。"根据邓小平的意见，国家科委邀请部分科学家进行座谈。座谈中，对选择高技术项目是以发展国民经济为主，还是以增强军事实力为主，产生了不同意见。4 月 6 日，邓小平阅国家科委副主任吴明瑜 5 日关于座谈情况的来信，作出批示："我赞成'军民结合，以民为主'的方针。"此后，国家科委成立"863"计划 ② 编制小组。经过组织论证，并广泛征求专家意见，比较全面地提出了关于高技术研究发展的计划报告。10 月 6 日，邓小平对该报告作出批示："我建议，可以这样定下来，并立即组织实施（如有

---

① 《邓小平文选》第 3 卷，人民出版社 1993 年版，第 279—280 页。

② 因为提出跟踪世界高技术发展的建议和邓小平作出批示的时间是 1986 年 3 月，所以中国高技术研究发展计划就简称"863"计划。

缺点或不足，在实施中可以修改和补充）。"在邓小平的支持和推动下，11月，中共中央、国务院批准《高技术研究发展计划纲要》。计划纲要确定从世界高技术的发展趋势和我国的需要与实际可能出发，选择15个主题项目，分别属于7个领域，包括生物技术、航天技术、信息技术、先进防御技术、自动化技术、能源技术和新材料技术的一些领域，以此作为突破重点，在几个重要的高技术领域跟踪世界水平。①1987年3月，这个计划开始组织实施。②

邓小平在重视科学技术自主发展的同时，也强调要把发展科技教育事业作为国民经济和社会发展的战略重点和优先方向，予以重点支持。1983年6月18日，邓小平在会见参加北京科学技术政策讨论会的外籍专家时说，搞四个现代化的关键问题是知识问题。就整个国家建设来说，能源、交通运输是重点，但更重要的恐怕是智力投资。③

发展科学技术，离不开专业人才，而广大知识分子是推动科技进步的主力军。因此，邓小平十分关心知识分子，强调要不断改善他们的工作和生活条件，提高他们的待遇，加大这方面的投入，为他们更好地发挥作用创造良好条件。

1980年3、4月间，邓小平在同胡耀邦等谈话时，称赞当时正在放映的电影《人到中年》是部很好的片子，并说，这是教育我们这些人的。我们为什么对这些中年知识分子这样挖苦，对他们的困难怎么能坐视不顾呢？④1983年3月9日，邓小平在同李政道谈到科技教育问题时又说，知识分子的待遇问题要解决，要搞职务工资。讲师月工资不低于100元，副教授不低于150元，考核要严格。学位也要有工资标准。住房方面也要

---

① 《邓小平年谱》第5卷，中央文献出版社2020年版，第405—406页。

② 1988年12月22日，王淦昌、王大珩、于敏致信邓小平，建议将激光核聚变研究列入高新技术跟踪发展计划。27日，邓小平作出批示："我看建议是可行的。"《邓小平年谱》第5卷，中央文献出版社2020年版，第559页。

③ 《邓小平年谱》第5卷，中央文献出版社2020年版，第211页。

④ 《邓小平年谱》第4卷，中央文献出版社2020年版，第614页。

创造条件。几百万知识分子月收入超过 100 元影响不会大的，现在财政情况还好，要着手解决这个问题。我们的奖金要控制，但知识分子的待遇要提高，首先是中年，是骨干，大多是 40 岁以上。[①] 这些谈话，都体现了邓小平对改善知识分子待遇问题的重视和关心。

邓小平关怀知识分子，强调改善知识分子的工作和生活条件，是从国家的大计和长远利益出发的。他在这方面的主张和要求，对于在党内形成一种尊重知识、尊重人才的空气起了重要的推动作用，在我国社会主义现代化建设事业中产生了重大而深远的影响力。

在教育工作方面，邓小平高度重视，主张要把教育摆在优先发展的战略位置，不断加大这方面的资金投入。同时他也强调要不断提高教师的社会地位和生活待遇。

百年大计，教育为本。在领导改革开放和现代化建设的过程中，邓小平始终高度重视教育事业，反复强调要把教育工作放在优先发展的战略地位抓紧抓好。

1985 年 5 月 19 日，邓小平在全国教育工作会议上指出，我们国家国力的强弱，经济发展后劲的大小，越来越取决于劳动者的素质，取决于知识分子的数量和质量。中央提出要以极大的努力抓教育，并且从中小学抓起，这是有战略眼光的一着。针对当时有的地区和部门轻视教育的错误做法，邓小平强调，一个地区，一个部门，如果只抓经济，不抓教育，那里的工作重点就是没有转移好，或者说转移得不完全。忽视教育的领导者，是缺乏远见的、不成熟的领导者，就领导不了现代化建设。他要求各级领导要像抓好经济工作那样抓好教育工作，对教育工作不仅要抓，而且要抓紧、抓好，并再次重申愿意给教育、科技部门的同志当后勤部长。[②] 1986 年 4 月 19 日，邓小平会见在大陆捐资兴学的香港知名人士包玉刚、霍英

---

① 《邓小平年谱》第 5 卷，中央文献出版社 2020 年版，第 192 页。
② 《邓小平文选》第 3 卷，人民出版社 1993 年版，第 120—121 页。

东等人时，再次强调了发展教育的重要意义。他指出，教育是一个民族最根本的事业。四化建设的实现要靠知识、靠人才。政策上的失误容易纠正过来，而知识不是立即就能得到的，人才也不是一天两天就能培养出来的，这就要抓教育，要从娃娃抓起。尊重知识、尊重人才是长远的根本大计。日本的明治维新就是从教育着手，特别是从小学教育着手的。①

改革开放之初，国家的财力虽有很大增长但还是比较紧张。在这样的情况下，邓小平仍力主要增加教育投资。1983 年 3 月 9 日，他在同李政道谈到科技教育问题时说："搞四个现代化，知识应放在第一位。我们现在正在搞改革，想步子快些，但太急了不行。现在我们要避免头脑发热，但不管怎样，科学和教育要多投资。"1985 年 10 月前后，国家教委所属36 所大学校长给邓小平写信，反映国家对教育基建投资远远不能满足教育事业的发展需要。11 月初，邓小平阅信后作出批示："再穷，也要照顾科教经费。"②1988 年 9 月 12 日，他在一次谈话中进一步指出，我们要千方百计，在别的方面忍耐一些，甚至于牺牲一点速度，把教育问题解决好。③ 这些都体现了邓小平对教育工作的高度重视。

邓小平一贯倡导要尊师重教。他指出，搞教育是很光荣的，要鼓励大家热心教育事业。要提高人民教师的政治地位和社会地位。不但学生应该尊重教师，整个社会都应该尊重教师。④ 但由于种种原因，在相当长一段时间内，轻视教育的错误思想仍然存在，教师的社会地位和生活待遇依然没有明显的改善。邓小平为改变这种状况做了许多工作。1980 年 2 月 18日，他在北京人民大会堂接见首都教育界各方面的代表。⑤ 从此，各省、市、自治区的领导干部在节日看望和慰问教师形成风气。1985 年，我国

① 《邓小平年谱》第 5 卷，中央文献出版社 2020 年版，第 410 页。
② 《邓小平年谱》第 5 卷，中央文献出版社 2020 年版，第 192、391 页。
③ 《邓小平文选》第 3 卷，人民出版社 1993 年版，第 275 页。
④ 《邓小平年谱》第 4 卷，中央文献出版社 2020 年版，第 204、300 页。
⑤ 《邓小平年谱》第 4 卷，中央文献出版社 2020 年版，第 602 页。

规定每年 9 月 10 日为教师节，全社会尊师重教蔚然成风。

邓小平十分重视改善教师的生活待遇，切实为教师队伍建设办实事。他说："要调动科学和教育工作者的积极性，光空讲不行，还要给他们创造条件，切切实实地帮助他们解决一些具体问题。""限于国家的经济力量，我们一时还难以较大地改善教职员工的物质生活待遇，但是必须为此积极创造条件。各级党委和教育行政部门，首先要在可能范围内，尽力办好集体福利事业。"在教师的工资待遇上，他主张"不能搞平均主义，不能吃大锅饭"。"对于终身为教育事业服务的人，应当鼓励。""对于优秀的教育工作者，应该大张旗鼓地予以表扬和奖励。"以促进教师学习先进、奋发向上、热心从事教育事业。1987 年，国家副主席王震作为中国中小学幼儿园教师奖励基金会的理事长到中央有关部委募集资金，邓小平听说后非常赞成，风趣地说："'王胡子'要钱，应该给，他是为人民办好事。"①

1988 年 9 月 12 日，邓小平在一次谈话中指出，我们不论怎么困难，也要提高教师的待遇。这个事情，在国际上都有影响。针对教师社会地位偏低的现状，他提出要把"文化大革命"时的"老九"提到第一，并说科学技术是第一生产力嘛，知识分子是工人阶级一部分嘛。② 这次谈话对提高教师的社会地位和改善教师的生活待遇产生了重要影响。

在邓小平的高度重视和大力推动下，全党全社会对教育战略地位的认识在逐步提高。1982 年 9 月，中共十二大首次把教育和科学作为实现二十年翻两番的重要保证，提高到全党三大战略重点之一的地位。1987年 10 月，中共十三大进一步明确提出把发展科学技术和教育事业放在首要位置，使经济建设转到依靠科技进步和提高劳动者素质的轨道上来。1992 年 10 月，中共十四大提出必须把教育摆在优先发展的战略地

---

① 《回忆邓小平》（中），中央文献出版社 1998 年版，第 164 页。
② 《邓小平文选》第 3 卷，人民出版社 1993 年版，第 275 页。

位，努力提高全民族的思想道德和科学文化水平。中共中央、国务院于1993年发布了到20世纪末的《中国教育改革和发展纲要》，初步明确了建设有中国特色社会主义教育体系的主要原则。1994年召开了全国教育工作会议，动员全党全社会认真实施《纲要》。1995年在全国科学大会上正式提出"科教兴国"发展战略。1996年在制定国民经济和社会发展"九五"计划和2010年远景目标时，又制定了我国中长期教育发展目标和改革的总体思路。1997年9月，中共十五大强调要切实把教育摆在优先发展的战略地位，并重申了实施科教兴国的跨世纪发展战略。这些都是对邓小平关于教育工作重要论述的贯彻和落实，是对其教育思想的继承和发展，为推动我国改革开放和社会主义现代化建设产生了积极影响，发挥了重要作用。

第二十二章

改善中苏关系

改善中苏关系，是邓小平在外交领域继调整与日本、美国关系后，做成的又一件大事。中苏关系的改善，意义重大，影响深远。它不仅为中苏两党两国关系的长远发展奠定了良好基础，为我国改革开放和现代化建设营造了有利的国际环境，也为维护国际和平作出了重要贡献。

邓小平与苏联有着很深的渊源。早年，他曾在这个国度留学。1956年至1963年，他曾多次率中国共产党代表团去莫斯科同苏联共产党进行谈判①，并在长达十年的中苏论战中"扮演了不是无足轻重的角色"②。从20世纪60年代中期起，由于苏联对中国实行大国沙文主义，并把两党之间的原则争论变为国家争端，对中国施加政治上、经济上和军事上的巨大压力，致使两国关系恶化了，后来基本上隔断了。③这种状况一直持续到

---

① 1983 年 4 月 29 日，邓小平在会见南布迪里巴德率领的印度共产党（马克思主义）中央代表团、谈到中苏两党两国关系时说，1960 年莫斯科会议我是我们党的主要发言人，在 26 国会议上我讲了四个多小时。但如果现在讲，有好多提法就不同了。同苏联打交道，我打得多了，我七次去莫斯科。同苏联谈判，中国党代表团差不多都是我出面的，他们是苏斯洛夫。《邓小平年谱》第 5 卷，中央文献出版社 2020 年版，第 203—204 页。

② 《邓小平文选》第 3 卷，人民出版社 1993 年版，第 291 页。

③ 1980 年 11 月 15 日，邓小平在会见美国《基督教科学箴言报》总编辑费尔、谈到中苏关系时指出，中苏在 50 年代就开始了分裂，主要原因是，苏联搞霸权主义，想控制中国。我们不甘心让它控制，它的目的没有达到，因而就反对中国。如果说中苏争论开始的时候主要是意识形态方面的问题，后来就远远超过意识形态了。《邓小平年谱》第 4 卷，中央文献出版社 2020 年版，第 691 页。

中苏关系正常化之前。

中共十一届三中全会后，中国共产党调整了对内对外政策，致力于创造一个和平的国际环境，特别是周边环境，以利于改革开放的顺利推进。与此同时，苏联方面在内外交困下，也开始调整对外战略，重新考虑与中国的关系。在这样的背景下，中苏开启了关系正常化的谈判。

中苏会谈是中国在照会中主动提出来的。[①]1979年8月22日，外交部向中共中央呈报《关于中苏国家关系谈判方案的请示》。8月25日，邓小平作出批示："以在政治局讨论为好。"[②]8月29日，中共中央政治局召开会议，专门讨论对苏谈判方案，确定了我方谈判的方针和策略。

邓小平在指导中苏关系正常化谈判时，首先考虑并始终坚持的是中国的国家利益，即不能在大兵压境的情况下同苏联改善关系。1979年9月18日，他在会见美国前总统尼克松时指出，要消除中苏关系的障碍，这是谈判的前提。障碍是苏联的扩张主义和霸权主义，而不只是中苏边界问题。苏联在中苏边界摆了一百万军队，这对中国是一个实实在在的威胁，这种情况能够继续吗？苏联必须减少中苏边境的军队，至少减到赫鲁晓夫时代的数量。苏联在蒙古驻军能够继续吗？理所当然我们要提出这个问题，要让苏联把军队从蒙古撤出去。还有，中苏双方都不在对方的邻国建立军事基地。苏联应该放弃支持扩张和霸权主义。[③]1980年3月25日，邓小平在会见扎伊尔总统塞科、谈到中苏两国进行的谋求关系正常化的谈判时再次指出，如果苏联要改善同我们的关系，就要把驻扎在中苏边界的军队数量减少到赫鲁晓夫时代的水平。那个时候，在中苏边界只有十几个师。要消除改善中苏关系的障碍，这是一个前提。[④]

对于中苏谈判的长期性和复杂性，邓小平有充分的估计。1979年9

---

① 《邓小平年谱》第4卷，中央文献出版社2020年版，第559页。

② 《邓小平年谱》第4卷，中央文献出版社2020年版，第546页。

③ 《邓小平年谱》第4卷，中央文献出版社2020年版，第556—557页。

④ 《邓小平年谱》第4卷，中央文献出版社2020年版，第612页。

月 25 日，他在会见加拿大前总理特鲁多时指出，中苏谈判要谈起来看，也许是"马拉松"式的谈判。① 果不其然。谈判刚开始不久，就在 1979 年 12 月底发生了苏联入侵阿富汗事件。对于苏联的霸权主义行径，中国予以强烈谴责，并果断中止了与苏联关于国家关系的谈判。1980 年 4 月 20 日，邓小平在会见穆恩率领的美国报界妇女俱乐部访华团、谈到阿富汗问题时指出，在阿富汗问题上，我们的立场很清楚，我们坚决谴责苏联这个侵略行动。阿富汗是我们的近邻，苏联侵略阿富汗的行动对世界构成威胁，当然也包括对中国构成威胁。我们谴责这个行动，支持世界上一切反对苏联侵略阿富汗的行动。② 同年 10 月 17 日，他在会见法国总统德斯坦、谈到中苏关系问题时又明确指出，我们废除了中苏友好同盟互助条约，后来进行了新的谈判。阿富汗事件出来后，我们就中断了这个谈判，这是从全球战略来考虑的。苏联军事占领一个主权国家，在这种情况下，我们与苏联进行谈判在政治上是不允许的。③

1980 年 1 月 20 日，中国外交部新闻司发言人宣布："苏联入侵阿富汗，威胁世界和平，也威胁着中国的安全，并为中苏两国关系正常化制造了新的障碍。在当前情况下，进行中苏谈判显然是不适宜的。"④

对于何时恢复中苏关系谈判，邓小平持慎重的态度。1980 年 4 月 11 日，他在会见美联社驻北京记者罗德里克、回答中国是否可能恢复因阿富汗问题而中断的中苏谈判问题时说，这要看阿富汗形势，也要看越南问题如何发展。中苏谈判不能只解决两国之间的问题，因为两国关系恶化的因素不是孤立的。我们提出改善中苏关系首先要消除障碍，所谓障碍就是指苏联驻扎在中苏边界的一百万军队和苏联在蒙古人民共和国的驻军，另外还包括越南支持苏联入侵阿富汗、搞印支联邦、侵略柬埔寨和

---

① 《邓小平年谱》第 4 卷，中央文献出版社 2020 年版，第 559—560 页。
② 《邓小平年谱》第 4 卷，中央文献出版社 2020 年版，第 624 页。
③ 《邓小平年谱》第 4 卷，中央文献出版社 2020 年版，第 682 页。
④ 《苏入侵阿富汗威胁中国安全　中苏谈判当前不宜举行》，《人民日报》1980 年 1 月 21 日。

老挝。①1981 年 2 月 11 日，邓小平在中共中央政治局会议上谈到外交战略方针时明确指出，我们的战略方针是建立国际反霸统一战线。我们的口号是反对霸权主义，维护世界和平。这个格局不要变。对苏联贸易可以维持一定数额，边界问题也可以有些接触，但涉及恢复两国关系的谈判就要慎重。没有出现新的大的情况（比如苏联从阿富汗撤军），两国关系的谈判就不能恢复。这是一个大的姿态，否则就会损害我们的外交格局。②

随着国际形势的不断变化以及我国对外政策的战略调整，邓小平逐步提出了消除中苏关系正常化的"三大障碍"问题，作为改善中苏关系的原则和条件。1982 年 4 月 27 日，他在平壤同朝鲜劳动党中央委员会总书记、国家主席金日成举行会谈时，表达了对中苏关系的看法。邓小平指出，中苏关系应该说总有一天要有所改善，但要恢复正常化，看来现在也不具备条件。所谓条件就是苏联在阿富汗问题、柬埔寨问题、中苏边界驻军与蒙古驻军问题上要有实际行动。③ 同年 9 月 18 日，邓小平在同金日成会谈时再次指出，我们同苏联接触主要是要使中苏关系正常化。现在关键的问题是要消除中苏关系正常化的障碍。主要在三个方面：第一，解决苏联在中苏边界一百万驻军，包括苏联在蒙古驻军的问题；第二，解决越南侵略柬埔寨的问题；第三，解决苏联入侵阿富汗的问题。苏联推行南下的政策不会变。越南和阿富汗都与中国有共同边界，因此柬埔寨问题、阿富汗问题都构成对中国的威胁。要使中苏关系正常化，苏联应在实际行动中有所表现，总要做点事情。④

邓小平在提出消除三大障碍的同时，也根据国际形势的变化，在要求苏方解决三大障碍问题上有所松动。1982 年 4 月 16 日，他在会见罗马尼亚共产党总书记齐奥塞斯库时，请齐奥塞斯库见到勃列日涅夫时带

---

① 《邓小平年谱》第 4 卷，中央文献出版社 2020 年版，第 619 页。
② 《邓小平年谱》第 5 卷，中央文献出版社 2020 年版，第 9 页。
③ 《邓小平年谱》第 5 卷，中央文献出版社 2020 年版，第 116 页。
④ 《邓小平年谱》第 5 卷，中央文献出版社 2020 年版，第 149 页。

话，叫他先做一两件事看看，从柬埔寨、阿富汗事情上做起也可以，从中苏边界或蒙古撤出他的军队也可以。先从一两件事做起。没有这样的行动，我们不赞成，世界上的人都不会赞成。① 同年 9 月 18 日，邓小平在同金日成会谈时说，要使中苏关系正常化，苏联应在实际行动中有所表现，总要做点事情。我们主张，三件事最好先从一件事做起。这是个信用问题。② 1984 年 10 月 11 日，邓小平在会见竹入义胜为团长的日本公明党代表团、谈到中苏关系时指出，消除三大障碍，哪怕是先解决一个，阿富汗问题或者柬埔寨问题，也是好事，我们欢迎。如果有实际行动，哪怕是一种，就表明苏联的领导人对人类、对和平有了一种好的贡献。③

1982 年 3 月 24 日，苏共中央总书记、苏联最高苏维埃主席团主席勃列日涅夫在苏联乌兹别克共和国首府塔什干发表讲话。他在讲话中明确承认中国是社会主义国家，强调中国拥有对台湾的主权，表示愿意改善同中国的关系。讲话同时对中国的政策作了不少攻击。这篇讲话引起了邓小平的注意。他即打电话给外交部，指示立即对勃列日涅夫 3 月 24 日讲话作出反应。④ 同年 4 月 16 日，邓小平在会见罗马尼亚共产党总书记齐奥塞斯库、谈到中苏关系时指出，勃列日涅夫在塔什干的讲话，除对他骂我们的话表示拒绝外，对其他的话我们表示注意到了。我们的立场在外交部发言人的谈话里都讲了。⑤ 我们重视实际行动。同时，邓小平请齐奥塞斯库见到勃列日涅夫时带话：叫他先做一两件事看看。⑥

---

① 《邓小平年谱》第 5 卷，中央文献出版社 2020 年版，第 113 页。
② 《邓小平年谱》第 5 卷，中央文献出版社 2020 年版，第 149 页。
③ 《邓小平年谱》第 5 卷，中央文献出版社 2020 年版，第 302 页。
④ 《邓小平年谱》第 5 卷，中央文献出版社 2020 年版，第 104 页。
⑤ 1982 年 3 月 26 日，外交部副部长钱其琛就勃列日涅夫的塔什干讲话在北京举行新闻发布会。钱其琛在声明中说："我们注意到 3 月 24 日苏联勃列日涅夫主席在塔什干发表的关于中苏关系的讲话。我们坚决拒绝讲话中对中国的攻击。在中苏两国关系和国际事务中，我们重视的是苏联的实际行动。"《就勃列日涅夫在塔什干的讲话　我国外交部发言人发表谈话》，《人民日报》1982 年 3 月 27 日。
⑥ 《邓小平年谱》第 5 卷，中央文献出版社 2020 年版，第 113 页。

1982 年 7、8 月间，邓小平和李先念、陈云等召集外交部主要负责人开会，研究中苏关系问题。邓小平在会上提出我们要采取一个大的行动，向苏联传递信息，争取中苏关系有一个大的改善，但必须是有原则的，条件是苏联要主动解决"三大障碍"，消除对中国安全的威胁。在谈到传递信息的方式时，邓小平指出，可由外交部苏欧司司长以视察使馆工作名义前往莫斯科，并同时前往波兰华沙。8 月 10 日，外交部苏欧司司长于洪亮赴莫斯科，向苏联副外长传递了中方建议双方共同努力改善中苏关系的信息。20 日，苏联作出正式答复，表示愿在任何时间、任何地点、任何级别上同中方讨论苏中双边关系问题，以便消除关系正常化的障碍。随后，邓小平在住地听取钱其琛、于洪亮汇报，并决定同意重开中苏谈判。10 月，中苏两国副外长级特使第一轮磋商在北京举行，改善中苏关系的进程正式启动。①

邓小平一直关注着中苏谈判的进展以及苏联领导人在双方关系正常化问题上的态度。1983 年 8 月 27 日，他在会见美国民主党参议员杰克逊一行、谈到中苏关系问题时说，昨天安德罗波夫发表了一个对外政策的讲话，讲话的末尾说，中苏关系的改善不能涉及第三国。这就把改善中苏关系的话统统推倒了。我们提出，要改善中苏关系，必须消除三大障碍。它侵略阿富汗，支持越南入侵柬埔寨，在中苏边境摆了 100 万军队和 1/3 的导弹，还在蒙古驻军，这些都对中国造成严重威胁。这是第三国吗？所以通篇讲话中，仅这一句就拒绝了中苏谈判的基础。中苏关系的前景，我还看不出来。②同年 9 月 24 日，邓小平在同金日成会谈时说，最近安德罗波夫的讲话有变化，过去讲两国改善关系不要涉及第三国，现在讲不要损害第三国的利益。解决中苏关系问题，毕竟还有三个障碍，谈判还是要继续下去。③

————————

① 《邓小平年谱》第 5 卷，中央文献出版社 2020 年版，第 133 页。

② 《邓小平年谱》第 5 卷，中央文献出版社 2020 年版，第 224 页。

③ 《邓小平年谱》第 5 卷，中央文献出版社 2020 年版，第 234 页。

在指导和关注中苏谈判进展的同时，邓小平持续向国际社会释放中国在坚持原则的前提下愿意同苏联打破僵局、增加接触的信号，以利于争取国际社会的理解和支持。1982 年 9 月 18 日，他在同金日成谈到中苏关系时说，在我看来，中苏谈判将是长期的。当然，我们还是愿意同苏联保持接触的。召开十二大之前，我们已答复了苏联，同意把两国之间的接触升级到副外长级。这是一个松动，当然一谈到实质性问题，就不那么简单了。① 同年 10 月 24 日，邓小平在会见日本公明党委员长竹入义胜、谈到中苏关系时说，中苏关系要改善，要正常化，首先是要消除中苏关系正常化的障碍，消除对中国的威胁。但中苏对话还要继续下去，不能设想两个国家永远这么僵持下去。②1982 年 12 月 15 日，他在会见土耳其总统埃夫伦、谈到中苏关系时进一步指出，我们同苏联既然是邻国，争取改善彼此的关系这件事还是要做的，但要有原则。③1984 年 12 月 19 日，邓小平在会见英国首相撒切尔夫人、谈到对国际局势的看法时更加明确地说，关于中苏关系，我们非常赞成打破僵局，增加接触，我们也在努力增加接触。僵持总不是办法。④

鉴于政治谈判进展缓慢，邓小平同意在坚持原则的前提下与苏联在科技、文化、教育等方面增加接触，以利于推动中苏关系的发展。1984 年 2 月 22 日，他在会见布热津斯基等率领的美国战略和国际问题研究中心代表团、谈到中苏关系时指出，中苏关系正常化的前提还是消除三个障碍，我们仍然坚持这一点。只要苏联不在消除三个障碍上迈出一步，中苏关系不可能有戏剧性的变化。但既然是邻国，可以在其他领域改善和发展一些关系。这对于稳定国际局势有益处。⑤ 同年 3 月 14 日，邓小平在同胡乔木、

---

① 《邓小平年谱》第 5 卷，中央文献出版社 2020 年版，第 149 页。
② 《邓小平年谱》第 5 卷，中央文献出版社 2020 年版，第 161 页。
③ 《邓小平年谱》第 5 卷，中央文献出版社 2020 年版，第 175 页。
④ 《邓小平年谱》第 5 卷，中央文献出版社 2020 年版，第 318 页。
⑤ 《邓小平年谱》第 5 卷，中央文献出版社 2020 年版，第 260 页。

邓力群谈话时指出，对苏联，政治上坚持消除三大障碍，不松口，经济上可以解冻，多做些生意。①1984 年 5 月 23 日，他在会见斯里兰卡总统贾亚瓦德纳、谈到中苏关系时指出，我们同苏联的关系差不多中断了十多年，但我们还是要同它改善和发展关系。中苏之间的贸易近年有发展，今后还会有发展。其他方面，如文化、体育交流都会有增加。尽管如此，两国关系正常化还是要消除三大障碍。②同年 10 月 11 日，邓小平在会见竹入义胜为团长的日本公明党代表团、谈到中苏关系时进一步指出，我们提出中苏关系正常化要消除三大障碍，即使一时不能解决，在其他的领域，包括经济、文化等领域也可以加强和发展我们之间的交往。③

在邓小平这一思想的指导下，中苏在贸易、文化交往等领域的关系有所改善。对此，邓小平予以肯定。1983 年 4 月 29 日，他在会见南布迪里巴德率领的印度共产党（马克思主义）中央代表团、谈到中苏两党两国关系时说，我们现在同苏联的接触，已提高到外长级的会见。但现在还是国家之间的接触，而不是党的关系。这不是说，党与党不可以接触，但首先要解决国家关系，为此要消除国家关系正常化的障碍。这些障碍不是小事。苏联在中苏边境驻扎一百多万军队，还在蒙古驻军。这样的障碍不消除，中国人民能够放心吗？不可能。中国的政策，就是从这种具体实际出发的。因此要首先消除两国关系正常化的障碍。当然在这段时间内，中苏之间的交往增加了，贸易增长了。④1985 年 7 月 21 日，邓小平在会见日本参议院议长木村睦男、谈到中苏关系时指出，我们现在在贸易、文化交往这些领域同苏联的关系有改善，政治领域的正常化还看不到迹象，我们希望在这方面有某种改善的迹象。⑤同年 8 月 1 日，他在会见竹入义胜率

---

① 《邓小平年谱》第 5 卷，中央文献出版社 2020 年版，第 265 页。
② 《邓小平年谱》第 5 卷，中央文献出版社 2020 年版，第 276 页。
③ 《邓小平年谱》第 5 卷，中央文献出版社 2020 年版，第 302 页。
④ 《邓小平年谱》第 5 卷，中央文献出版社 2020 年版，第 203—204 页。
⑤ 《邓小平年谱》第 5 卷，中央文献出版社 2020 年版，第 360 页。

领的日本公明党第 13 次访华团、谈到中苏关系时指出，中苏之间现在在经济、贸易关系方面有发展，人员交流方面有发展，而政治关系仍同过去的情况一样。至于党的关系，还提不上日程。^①

邓小平在推动与苏联改善关系的进程中，一直强调要掌握节奏，把握好分寸。1982 年 10 月 1 日，他在审阅中国人民对外友好协会《关于拟应邀派代表团参加苏中友协成立二十五周年活动的请示》报告时作出批示："谈判还未开始，目前不宜派代表团，可由大使参加。"^②同年 12 月 19 日，邓小平在审阅对外经济贸易部、外交部《关于中苏科技合作与交流项目的请示》报告时作出批示："与苏联科技交流，不要一哄而上，先做一二件事，切不可多。饥不择食的精神状态必须避免。"^③

从 1982 年 10 月开始的中苏两国副外长级特使磋商，由于在讨论消除妨碍两国关系的障碍问题上分歧较大，谈谈停停，两年过去了没有取得实质性进展。1985 年 3 月，戈尔巴乔夫当选苏共中央总书记后，对改善中苏关系表现出积极姿态。邓小平也一直在努力寻找使中苏关系正常化谈判走出僵局的办法。在这样的背景下，邓小平决定利用罗马尼亚共产党总书记齐奥塞斯库访华的机会，请他给戈尔巴乔夫捎口信。1985 年 10 月 9 日，邓小平在会见齐奥塞斯库、谈到中苏关系时说，请你给戈尔巴乔夫带个口信，如果苏联同我们达成谅解，越南从柬埔寨撤军，而且能够办到，我或者胡耀邦同志愿意跟戈尔巴乔夫会见。我出访的历史任务已经完成了，同志们也不让我出国了，但是如果同苏联能够达成这样一个谅解，我可以破一次例。为了这样一件好事，我愿意去。你向他转达后，我们等候答复。

邓小平在请齐奥塞斯库捎带的口信中，明白无误地宣布，解决中苏关系正常化问题、消除三大障碍，首先应从越南从柬埔寨撤军这件事情上做起。这一点邓小平之前已多次提到。1985 年 4 月 17 日，邓小平在会见比

① 《邓小平年谱》第 5 卷，中央文献出版社 2020 年版，第 362 页。
② 《邓小平年谱》第 5 卷，中央文献出版社 2020 年版，第 155 页。
③ 《邓小平年谱》第 5 卷，中央文献出版社 2020 年版，第 175 页。

利时首相马尔腾斯前，回答了比利时记者提出的关于中苏关系的问题。当比利时记者问，到目前为止，阻碍中苏关系正常化的三个问题中，你认为哪一个最难解决？换句话说，对你们来说在哪个问题上你们最坚持？邓小平说，这三个问题同等重要。中苏关系要真正实现正常化，必须逐步消除这三个障碍，因为它们构成了对中国的威胁。如果说，同时消除这三个障碍在苏联方面有困难，我们认为可以逐步来消除，可以先从解决其中的一个问题做起。看来，对苏联来讲，比较容易做到的事是使越南从柬埔寨撤军。这样做对苏联没有任何损害，苏联仍然能保持同越南的关系。如果苏联方面抱着明智的态度，就可以先从这件事情做起。① 第二天，他在会见英国前首相希思、谈到中苏关系时又说，中苏关系正常化，我们坚持消除三个障碍。三个障碍一下子消除很难，但是总应走出第一步。三个障碍消除都很重要。苏联人比较容易做而无任何损失的是，让越南人从柬埔寨撤出去。苏联整个战略态势对我们威胁很大。坚持消除三大障碍，就是要解除对我们的威胁。②1985 年 10 月 5 日，邓小平在会见德意志联邦共和国巴伐利亚州州长施特劳斯、谈到中苏关系将如何发展时进一步指出，从中苏两国关系来看，我们还要观察。我们有明确的标准，改善中苏关系存在三个障碍。这三个障碍无论苏联愿意先消除哪一个都行，愿意先走一步或两步都可以。如果苏联真正在消除三大障碍问题上走出一步，它对和平就做出了贡献。不管走的是哪一步，边界撤军问题、柬埔寨问题或阿富汗问题，对世界来说都没有害处。③

　　1985 年 10 月 22 日，齐奥塞斯库在保加利亚开会期间向戈尔巴乔夫转达了邓小平的口信。戈尔巴乔夫当即表示要予以认真考虑。11 月下旬，戈尔巴乔夫主动会见访问东欧回国途中在莫斯科作短暂停留的中国国务院副总理李鹏。戈尔巴乔夫在谈话中强调两国关系应该完全正常化，恢复和

① 《邓小平会见马尔滕斯并答记者问》，《人民日报》1985 年 4 月 18 日。
② 《邓小平年谱》第 5 卷，中央文献出版社 2020 年版，第 339 页。
③ 《邓小平年谱》第 5 卷，中央文献出版社 2020 年版，第 382 页。

建立一种积极的关系，同时还提出了两国最高级会晤的具体建议，作为对邓小平口信的答复。① 戈尔巴乔夫在答复中避而不谈促使越南从柬埔寨撤军问题，举行中苏两国最高级会晤显然是不现实的。中苏关系仍没有取得实质性进展。

1986 年 7 月 28 日，戈尔巴乔夫在海参崴发表讲话，表示苏联愿意改善同中国的关系。戈尔巴乔夫在讲话中提出，苏联准备在任何时候任何级别上同中国最认真地讨论关于创造睦邻气氛的补充措施，希望在不久的将来苏中边界能成为和平与友好的地区；苏联愿以黑龙江主航道为界划分苏中边界的正式走向；苏联正同蒙古领导人一起研究关于相当大一部分苏军撤出蒙古的问题；1989 年底以前，苏联将从阿富汗撤回 6 个团；理解和尊重中国的现代化目标。

半个月后的 9 月 2 日，邓小平在接受美国哥伦比亚广播公司"六十分钟"节目记者华莱士的电视采访时，对戈尔巴乔夫的讲话予以回应。他指出："戈尔巴乔夫在海参崴的讲话有点新东西，所以我们对他的新的带积极性的东西表示了谨慎的欢迎。但戈尔巴乔夫讲话也表明，他的步子迈得并不大。"② 在回答是否愿意同戈尔巴乔夫进行最高会晤时，邓小平说，如果戈尔巴乔夫在消除中苏间三大障碍，特别是在促使越南停止侵略柬埔寨和从柬埔寨撤军问题上走出扎扎实实的一步，我本人愿意跟他见面。越南入侵柬埔寨问题是中苏关系的主要障碍。越南在柬埔寨驻军也是中苏关系实际上处于热点的问题。只要这个问题消除了，我愿意破例地到苏联任何地方同戈尔巴乔夫见面。③

戈尔巴乔夫虽然在海参崴讲话中有点新东西，但并未触及越南入侵柬埔寨问题，中苏关系正常化仍是步履维艰。1987 年 3 月 3 日，邓小平在会见美国国务卿舒尔茨、回答是否计划访问莫斯科时说，访问的条件就是

----

① 《邓小平年谱》第 5 卷，中央文献出版社 2020 年版，第 384 页。

② 《邓小平文选》第 3 卷，人民出版社 1993 年版，第 167 页。

③ 《邓小平年谱》第 5 卷，中央文献出版社 2020 年版，第 429—430 页。

解决柬埔寨问题。如果我真的去莫斯科，那是好事，说明柬埔寨问题解决了。看来希望不大。再过两三年我也走不动了。① 同年11月16日，邓小平在会见土井多贺子率领的日本社会党第三次访华代表团、谈到中苏关系时说，我出国访问的任务早已完成了，不准备再出国了。但我答应了一件事情，就是在两年前我曾捎信给戈尔巴乔夫，如果他使越南从柬埔寨撤军，柬埔寨成为一个真正独立、自主、和平的国家，我可以到苏联任何一个地方同他会面，这件事还能办得到。如果在两年内我身体还可以，就还能实现这个诺言。② 谈话再次表达了邓小平对促进中苏关系正常化的真诚愿望。

对邓小平的这一表态，戈尔巴乔夫在11月27日会见赞比亚总统卡翁达时说，苏联领导注意到了邓小平在与日本社会党委员长土井多贺子的谈话中所表达的关于他准备与苏共中央总书记会见的愿望。这样的会见也是符合我们愿望的，会见可以在莫斯科、北京或其他任何方便的地方举行，但反对有任何先决条件。③

针对戈尔巴乔夫11月27日对卡翁达的讲话，12月4日，邓小平在会见日本国际贸易促进协会会长樱内义雄、谈到中苏关系时，强调同苏联领导人会晤是有先决条件的。邓小平指出，我上次会见日本社会党委员长土井多贺子时只是重申了我过去说过的话，如果苏联让越南从柬埔寨撤军，我愿意到莫斯科或者苏联其他地方同戈尔巴乔夫会晤。但实际上戈尔巴乔夫拒绝了，虽然他说愿意同我会晤，甚至说愿意到中国来，但是反对有任何先决条件。我的说法是有先决条件，就是苏联让越南从柬埔寨撤军。④

此后的一段时间里，为推动苏联在戈尔巴乔夫海参崴讲话的基础上

① 《邓小平年谱》第5卷，中央文献出版社2020年版，第469—470页。
② 《邓小平年谱》第5卷，中央文献出版社2020年版，第516—517页。
③ 《邓小平年谱》第5卷，中央文献出版社2020年版，第517页。
④ 《邓小平年谱》第5卷，中央文献出版社2020年版，第518页。

向前迈进，中国方面抓住时机做了一些卓有成效的工作，苏联方面也出于内政外交的需要，在消除影响中苏关系正常化的三大障碍问题上作出了切实努力，中苏关系出现新的转机。到1988年底，中苏高级会晤的条件已基本成熟。这年10月17日，邓小平在会见罗马尼亚共产党总书记齐奥塞斯库时说，三年前托你带的口信看来有成果，中苏明年能够实现高层会晤。①

为给中苏首脑会晤做准备，1988年底和1989年初，两国外长进行了互访。1989年2月4日，邓小平会见来访的苏联外交部部长谢瓦尔德纳泽，接受他转交的戈尔巴乔夫的来信。邓小平在谈话中指出，中苏两国领导人的任务是结束过去，开辟未来。这个任务相当繁重，两国之间存在的问题太多，牵扯面太广，而且都不是小问题。为了开辟未来，也需要了解过去。不过有个限度，只是了解，不予纠缠，重点在于开辟未来。② 中苏两国关系的发展有过曲折，并且中断了二十几年。中苏两国外长的互访，意味着已经开始了两国关系正常化的进程。当然，中苏关系正常化的正式开始，还是中苏高级会晤，也就是我同戈尔巴乔夫的会晤。中苏关系正常化要消除三大障碍，首先要解决柬埔寨问题，越南要真正从柬埔寨全部撤军。在这个问题上，苏联是可以大有作为的。在谈到中国的对外政策时，邓小平指出，就我个人而言，希望中国能为维护世界和平做出应有贡献。只有创造一个较长时期的国际和平环境，我们才能发展自己，摆脱落后。为此，我们必须改变同一些重要国家的关系。我们同美国在"废约、撤军、断交"三原则的基础上实现了中美关系正常化；我们同日本恢复了两国邦

① 《邓小平年谱》第5卷，中央文献出版社2020年版，第552页。

② 1988年10月13日，邓小平在会见芬兰总统科伊维斯托、阐述实现中苏两国关系正常化的指导原则时指出，我们要同苏联建立新的关系，即建立在和平共处五项原则基础上的新关系。可能明年实现中苏首脑会晤。我们在两国外长和高层会晤中不准备谈过去的问题。简单的历史回顾恐怕也难避免，这要当作结束过去、开辟未来来讲。重点是一切向前看，建立新型的中苏政治、经济关系。不纠缠过去，一切着眼于未来，在这些原则的指导下来解决中苏关系问题。《邓小平年谱》第5卷，中央文献出版社2020年版，第551页。

交，签订了中日和平友好条约；我们与英国发表了联合声明，按"一国两制"的原则解决了香港问题。现在剩下的重大问题就是中苏关系问题，我希望在有生之年能看到这个问题的解决。会见结束时，邓小平应客人要求在俄文版的《邓小平文选》上签名留念。同日，外交部副部长田曾佩和谢瓦尔德纳泽分别举行记者招待会。田曾佩说，消除中苏关系的三大障碍已获得实质性进展。谢瓦尔德纳泽宣布：戈尔巴乔夫将于5月访问中国。①

对于即将开始的中苏关系正常化，邓小平予以高度评价。1989年2月26日，他在会见在中国进行工作访问的美国总统布什时指出，同美国和苏联改善关系一样，中国也在改善同苏联的关系。这对维护世界和平是大功大德的事。②

1989年5月16日，邓小平在北京人民大会堂会见来访的苏联最高苏维埃主席团主席、苏共中央总书记戈尔巴乔夫。这是从1959年以后的三十年来中苏最高领导人之间的首次会晤，引起全世界的高度关注。邓小平握着戈尔巴乔夫的手说："中国人民真诚地希望中苏关系能够得到改善。我建议利用这个机会宣布中苏关系从此实现正常化。"戈尔巴乔夫表示同意。随即，邓小平提出，我们也宣布两党关系实现正常化。两位领导人再度握手。这是一次被推迟了的中苏高级会晤。为了中苏关系的改善，邓小平进行了多年的努力。

会谈开始后，邓小平提到了给戈尔巴乔夫的带信。他说，长期以来，我们面临的国际形势是非常严峻的，冷战和对抗的局面一直没有得到缓和。总的局势是军备竞赛，水涨船高。但是三年前我们已看到，美苏军备竞赛可能有一个转折，有一个解决的途径，美苏有可能由对抗转向对话。这就在中国人民面前提出了一个问题：中苏关系可不可以得到改善。出于这样的动机，才给你带信，时间过了三年多，我们才见面了。

---

① 《邓小平年谱》第5卷，中央文献出版社2020年版，第562页。
② 《邓小平年谱》第5卷，中央文献出版社2020年版，第565页。

邓小平明确指出，我们这次会见的目的是八个字：结束过去，开辟未来。结束一下过去，就可以不谈过去了，重点放在开辟未来的事情上。国与国之间的关系，关键是要平等。

会谈中，邓小平郑重地阐述了两个问题：一个是历史上中国在列强的压迫下遭受损害的情况；一个是近三十年间对中国的威胁从何而来。关于第一个问题，邓小平指出，历史上中国在列强的压迫下遭受过损害。从中国得利最大的，是两个国家，一个是日本，一个是沙俄，在一定时期一定问题上也包括苏联。沙俄通过不平等条约侵占的中国土地，超过150万平方公里。十月革命后也还有侵害中国的事情，例如黑瞎子岛就是1929年苏联从中国占去的。主要的是第二次世界大战接近胜利时，美、英、苏三国在雅尔塔签订秘密协定，划分势力范围，极大地损害了中国的利益。关于第二个问题，邓小平指出："60年代，在整个中苏、中蒙边界上苏联加强军事设施，导弹不断增加，相当于苏联全部导弹的1/3，军队不断增加，包括派军队到蒙古，总数达到了100万人。对中国的威胁从何而来？很自然地，中国得出了结论。1963年我率代表团去莫斯科，会谈破裂。应该说，从60年代中期起，我们的关系恶化了，基本上隔断了。这不是指意识形态争论的那些问题，这方面现在我们也不认为自己当时说的都是对的。真正的实质问题是不平等，中国人感到受屈辱。"讲到这，邓小平说，历史账讲了，这些问题一风吹，过去就结束了，这也是这次会晤取得的一个成果。在今后发展交往方面，我有一个重要建议：多做实事，少说空话。

在谈到马克思主义和社会主义问题时，邓小平提到了20世纪60年代的中苏论战问题。他指出，多年来，存在一个对马克思主义、社会主义的理解问题。从1957年第一次莫斯科会谈，到60年代前半期，中苏两党展开了激烈的争论。经过二十多年的实践，回过头来看，双方都讲了许多空话。马克思去世以后一百多年，究竟发生了什么变化，在变化的条件下，如何认识和发展马克思主义，没有搞清楚。绝不能要求马克思为解决他去世之后上百年、几百年所产生的问题提供现成答案。列宁同样也不能承担为他去世以后五十年、一百年所产生的问题提供现成答案的任务。真正的马克思列宁主义者必须根据现在的情况，认识、继承和发展马克思列宁主义。世界形势日新月异，特别是现代科学技术发展很快。现在的一年抵得上过去古老社会几十年、上百年甚至更长的时间。不以新的思想、观点去继承、发展马克思主义，不是真正的马克思主义者。在革命成功后，各国必须根据自己的条件建设社会主义。固定的模式是没有的，也不可能有。墨守成规的观点只能导致落后，甚至失败。

在宴请客人时，邓小平对其邀请自己访问苏联，回答说，我出国的使命已经完成了。我这一生只剩下一件事，就是台湾问题，恐怕看不到解决的时候了。已经做成的事情是，调整了与日本、与美国的关系，也调整了与苏联的关系，确定了收回香港，已经同英国达成协议。这是对外关系方面的参与。对国内工作的参与，确定了党的基本路线，确定了以四个现代化建设为中心，确定了改革开放政策，确定了坚持四项基本原则。还没有能够实现的，就是废除领导职务终身制，这是制度上的重要问题。①

这次中苏高级会晤，标志着中苏两国关系实现了正常化，中苏两党关系也随之正常化。中苏两国关系在经历了三十年的长期隔阂后，通过这一次历史性会晤，结束过去，开辟未来，走到了一个新的起点。

---

① 《邓小平年谱》第 5 卷，中央文献出版社 2020 年版，第 573—574 页；《邓小平文选》第 3 卷，人民出版社 1993 年版，第 291—295 页。

第二十三章

平息 1989 年政治风波

1989 年春夏之交，北京等地发生了一场引起社会极大震动的政治风波。这是在国际上反共反社会主义的敌对势力的支持和煽动下，由国际大气候和国内小气候所导致的。在这关系党和国家生死存亡的重大历史关头，以邓小平同志为核心的党中央采取果断措施，迅速平息了这场政治风波，捍卫了我国社会主义性质的国家政权，维护了人民的根本利益，保证了改革开放的正常进行。在这场严重的政治斗争中，邓小平等老一辈革命家发挥了重大作用，为维护我国的独立、尊严、安全和稳定作出了历史性贡献。

1989 年 4 月 15 日，胡耀邦逝世。在中共中央举行悼念活动期间，广大人民群众以各种形式表达哀思，但也出现了一些不正常情况。极少数人借机制造谣言，利用大小字报和标语，指名攻击党和国家领导人，攻击党的领导和社会主义制度；蛊惑群众举行示威游行，北京发生围聚新华门、冲击中南海的严重事件；在西安、长沙、成都等地发生一些不法分子打、砸、抢、烧的犯罪活动。

4 月 24 日，中共中央政治局常委召开碰头会，听取中共北京市委和国家教委关于首都高校情况和社会动向的汇报。会议认为，一场有计划、有组织的反党、反社会主义的政治斗争已摆在面前，决定成立中央制止动乱小组，由《人民日报》发表社论向全党全国人民指出这场斗争的性质，由中共北京市委在全市范围发动群众，向敌对势力进行斗争，尽快平息动乱。赵紫阳当时正在朝鲜访问，没有参加这次会议。

4月25日，邓小平在住地同李鹏、杨尚昆谈话，对中共中央政治局常委碰头会的决定表示完全赞成和支持。关于事件的性质，邓小平鲜明地指出，这不是一般的学潮，是一场动乱。就是要旗帜鲜明，措施得力，反对和制止这一场动乱。行动要快，要争取时间。前一段，上海态度明确，赢得了时间。这些人的目的是推翻共产党的领导，使国家和民族丧失前途。不能让他们的目的得逞。我们不要怕人骂娘，不要怕人家说名誉不好，不要怕国际上有反应，只有中国真正发展起来了，四个现代化实现了，才有真正的名誉。

在谈到发生的原因时，邓小平指出，"四个坚持"十分必要。反对资产阶级自由化，没有做到认真贯彻。反对精神污染，二十几天就丢掉了。如果贯彻得力，在思想界、教育界就不会像现在这么混乱。当然，小的动乱是不可避免的，但是可以个别处理，分散解决，不会发展到现在这个样子，迫使我们要集中去解决，迫使中央要直接干预。

在谈到如何处理时，邓小平指出，"四个坚持"中有一个人民民主专政，这个手段要用起来。当然，要运用得当，注意缩小打击面。这一场动乱完全是有计划的阴谋活动，他们想把一个很有前途的中国变成没有希望的中国，使我们永远没有希望。要害是否定共产党的领导，否定社会主义制度。要发一篇有分量的社论。这还不够，还要抓紧立法。准备迎接一场全国性的斗争，坚决把动乱压下去。不然天无宁日，国无宁日，天天不得安宁，甚至永远不得安宁。邓小平还指出，现在他们搞的那一套，都是"文化大革命"造反派搞的那一套，唯恐天下不乱。把一个很有希望的中国变成泡影，使我们的经济发展战略、改革开放都搞不下去，而毁于一旦。这场动乱，有后台，有黑手，方励之夫妇是个典型。表现坏的要解除职务，坚决调离。工人、农民是拥护我们的，干部是拥护我们的，民主党派也是好的。我们还有几百万人民解放军，我们怕什么？党的组织要发挥作用，党团员要发挥作用。要重申党的、团的纪律。大学、中学、工厂、机关都要开支部大会，还要开大会。要加强公安部门的工作，维护社会正常秩序。我们必须快刀斩乱麻，为的是避免更大的动乱。

邓小平最后指出，你们常委的决定是对的，常委的意见是一致的，这很好。只有态度鲜明，措施坚决，支持地方放手处理，才能把这场动乱制止下去。我们不是讲治理经济环境吗？现在也要治理政治环境。这样的斗争今后还会有。如果没有"四个坚持"，他们就会横行无阻，肆无忌惮。中央和国务院都要分两套班子，一套处理动乱，一套抓正常工作。还是要把主要力量放到建设上来，不能把人都陷到这里面去。短期是可以的，长期不行。行动不能慢，越慢被卷进去的人越多。①这次重要谈话为处理动乱确定了正确方针。

4月26日，《人民日报》根据中共中央政治局常委碰头会的决定和邓小平的谈话精神，发表题为《必须旗帜鲜明地反对动乱》的社论。社论指出，在悼念胡耀邦同志的活动中，极少数别有用心的人打着民主的旗号破坏民主法制，其目的是要搞散人心，搞乱全国，破坏安定团结的政治局面。这是一场有计划的阴谋，是一次动乱，其实质是要从根本上否定中国共产党的领导，否定社会主义制度。这是摆在全党和全国各族人民面前的一场严重的政治斗争。全国各大报纸都转载了这篇社论。社论的发表，使绝大多数干部群众明确了这一事件的性质，也使不少学生开始认识到问题的严重性。此后，绝大部分罢课学生开始复课，北京以及其他城市高校的局势开始趋于缓和。

正在这时，刚刚出访朝鲜回国的赵紫阳于5月4日会见参加亚洲开发银行理事会会议的各国和地区代表时，在没有征求其他政治局常委意见的情况下，发表了一篇同中共中央反对动乱的立场和方针完全不同的谈话，把中共中央的内部分歧公开暴露于世。次日，《人民日报》头版刊登了这

---

① 《邓小平年谱》第5卷，中央文献出版社2020年版，第570—572页。

篇谈话。由于赵紫阳对动乱采取纵容和支持的态度，助长了动乱的发展，使本来已经趋向平稳的局势骤然逆转，动乱由缓和转向激化。从 5 月 13 日起，一些别有用心的人煽动一些学生进行绝食请愿，占据天安门广场。15 日至 19 日，北京发生大规模游行活动，出现无政府状态。

5 月 17 日，中共中央政治局常委召开扩大会议，研究制止动乱问题。会上多数人认为，当前形势十分严峻，决不能退让，反对赵紫阳主张退让的意见。邓小平出席会议，支持多数常委的意见。会议决定对北京部分地区实行戒严。①

5 月 19 日晚，中共中央、国务院召开中央和北京市党政军干部大会。赵紫阳拒绝出席大会。李鹏代表中共中央政治局常委会讲话，指出，党中央和国务院紧急呼吁在天安门广场绝食的学生立即停止绝食，离开广场；希望广大同学和社会各界立即停止一切游行活动。会上宣布，为维护首都社会治安恢复正常秩序，从外地调动部分部队进驻北京。20 日，李鹏签署国务院命令，决定自 5 月 20 日 10 时起在北京部分地区实行戒严。

鉴于事态的发展以及赵紫阳对动乱主张退让的态度，在北京部分地区实行戒严期间，邓小平已开始考虑平息动乱以及动乱平息后迫切需要解决的问题，其中最重要的是改换中共中央领导层。5 月 20 日，中共中央政治局常委召开扩大会议。邓小平在讲话中指出，问题的根子出在党中央，是在中央内部。党内有两个司令部。中央处理这个问题，发表四月二十六日社论，事实证明是正确的。让不让步？不能再让步了。如果再让步，中华人民共和国就没有了。在这次会议上，邓小平提议江泽民任中共中央总书记。②

会后，5 月 31 日，邓小平同李鹏、姚依林进行了一次十分重要的谈话，就组成一个实行改革的有希望的新领导集体作政治交代。

---

① 《邓小平年谱》第 5 卷，中央文献出版社 2020 年版，第 574—575 页。
② 转引自《陈云传》（四），中央文献出版社 2015 年版，第 1820 页；《邓小平年谱》第 5 卷，中央文献出版社 2020 年版，第 575 页。

邓小平首先明确，改革开放政策要坚定不移，绝不因动乱的发生而改变。他指出，改革开放政策不变，几十年不变，一直要讲到底。国际国内都很关心这个问题。要继续贯彻执行十一届三中全会以来的路线、方针、政策，连语言都不变。十三大政治报告是经过党的代表大会通过的，一个字都不能动。这个我征求了李先念、陈云同志的意见，他们赞成。

关于动乱平息后迫切需要解决的问题，邓小平主要强调了两点：

一是要改换领导层，组成一个具有改革开放形象的中央领导班子，使人民放心。邓小平说，新的中央领导机构要使人民感到面貌一新，感到是一个实行改革的有希望的领导班子。这是最重要的一条。如果我们摆一个阵容，使人民感到是一个僵化的班子，保守的班子，或者人民认为是个平平庸庸体现不出中国前途的班子，将来闹事的情形就还会很多很多，那就真正要永无宁日。总之，有一个新的改革的面貌，是确定新班子成员的一个十分重要的问题。我们要看到这个大局。

二是要真正干出几个实绩以取信于民。邓小平说，腐败的事情，一抓就能抓到重要的案件，就是我们往往下不了手。这就会丧失人心，使人们以为我们在包庇腐败。这个关我们必须过，要兑现。是一就是一，是二就是二，该怎么处理就怎么处理，一定要取信于民。腐败、贪污、受贿，抓个一二十件，有的是省里的，有的是全国范围的。要雷厉风行地抓，要公布于众，要按照法律办事。该受惩罚的，不管是谁，一律受惩罚。他还说：一个好班子，搞改革开放的班子，就要明白地做几件开放的事情。凡是遇到机会就不要丢，就是要坚持，要干起来，要体现改革开放，大开放。总之，改革开放要更大胆一些。

这次谈话的中心内容是为组成新一届中央领导集体做准备，并对将要组成的新的中央领导班子提出明确要求。

邓小平指出，我们政治局、政治局常委会、书记处的同志，都是管大事的人，考虑任何问题都要着眼于长远，着眼于大局。许多小局必须服从大局，关键是这个问题。我们党的历史上，真正形成成熟的领导，是从毛刘周朱这一代开始。第二代是我们这一代，我们这个第二代，我算是个领班人，但我们还是一个集体。对我们这个集体，人民基本上是满意的，主要是因为我们搞了改革开放，提出了四个现代化的路线，而且真正干出了实绩。现在换第三代。要真正建立一个新的第三代领导。

对将要组成的新一届中央领导集体，邓小平提出了以下几点要求：

一是要取信于民，要得到人民对这个集体的信任，使人民团结在一个他们所相信的党中央领导集体周围。邓小平说，进入新的政治局、书记处特别是常委会的人，要从改革开放这个角度来选。新的领导机构要坚持做几件改革开放的事情，证明你们起码是坚持改革开放，是真正执行十一届三中全会以来的改革开放政策的。这样人民就可以放心了。现在我们起用人，要抛弃一切成见，寻找人民相信是坚持改革路线的人。要抛弃个人恩怨来选择人，反对过自己的人也要用。我诚恳地希望，在选人的问题上，要注意社会公论，不能感情用事。要用政治家的风度来处理这个问题。我们现在就是要选人民公认是坚持改革开放路线并有政绩的人，大胆地将他们放进新的领导机构里，要使人民感到我们真心诚意要搞改革开放。邓小平还特别指出，关门可不行啊，中国不可能再回到过去那种封闭时代。现在世界的发展一日千里，每天都在变化，特别是科学技术，追都难追上。又强调，反对资产阶级自由化，坚持四项基本原则，这不能动摇。这一点我任何时候都没有让过步。

二是组成的这个新的领导机构，眼界要非常宽阔，胸襟要非常宽阔，这是对第一届中央领导集体最根本的要求。邓小平说，我们的第一代领导人前期是胸襟宽阔的，我们第二代基本上也是胸襟宽阔的，对第三代领导以及以后的领导都应该有这样的要求。邓小平指出，进入中央最高层的每个成员，都要不再是过去的自己，不再停留在过去的水平上，因为责任不同了。每个人从自身的角度，包括自己的作风等方面，都要有变化，要自觉地变化。领导这么一个国家不容易呀！责任不同啊！最重要的问题是要胸襟开阔。要从大局看问题，放眼世界，放眼未来，也放眼当前，放眼一切方面。

三是党内无论如何不能形成小派、小圈子。邓小平指出，我们这个党，严格地说来没有形成过这一派或那一派。30年代在江西的时候，人家说我是毛派，本来没有那回事，没有什么毛派。能容忍各方面、团结各方面是一个关键性的问题。自我评论，我不是完人，也犯过很多错误，不是不犯错误的人，但是我问心无愧，其中一点就是从来不搞小圈子。过去我调任这样那样的工作，就是一个人，连勤务员都不带。小圈子那个东西害死人呐！很多失误就从这里出来，错误就从这里犯起。你们是要在第一线顶着干工作的，所以我今天要讲这一点。

邓小平最后说，新的领导班子一经建立了威信，我坚决退出，不干扰你们的事。希望大家能够很好地以江泽民同志为核心，很好地团结。只要这个领导集体是团结的，坚持改革开放的，即使是平平稳稳地发展几十年，中国也会发生根本的变化。关键在领导核心。我请你们把我的话带给将要在新的领导机构里面工作的每一个同志。这就算是我的政治交代。①

邓小平在这次谈话中突出强调了改革开放，明确指出要坚持改革开放不动摇，要从改革开放的角度选组新的中央领导层，并对新的中央领导班子提出了明确的政治要求，特别是要在改革开放方面做出实绩。这次谈话内容深广，语重心长，包含了邓小平的政治智慧和领导经验，体现了他对新的中央领导班子的谆谆嘱托和殷切期望，为平息政治风波后中央领导集体的平稳过渡和顺利交接，以及新班子沿着中共十一届三中全会确定的路线、方针、政策继续前进，作了充分的组织准备，提供了重要的指导思想。

动乱的组织者和策划者利用政府和戒严部队采取的克制态度，继续占据天安门广场，组织各种非法活动，冲击党政首脑要害部门，甚至发生焚烧军车、杀害解放军战士的严重事件，最终发展成为一场反革命暴乱。在

---

① 《邓小平文选》第3卷，人民出版社1993年版，第296—301页。

关系党和国家生死存亡的关键时刻，中共中央政治局在邓小平和其他老一辈革命家坚决有力的支持下，采取果断措施，在 6 月 4 日一举平息了北京地区的反革命暴乱，捍卫了社会主义国家的稳定和秩序，保证了改革开放和现代化建设的继续前进。

在此后不久的几次谈话中，邓小平讲到了他和陈云等老同志在处理这场政治风波中的作用。他说："在这次动乱中赵紫阳暴露了出来，明显地站在动乱一边。""好在有我和一些老同志在，处理不难。"邓小平还说："迅速解决动乱，取得安定的环境，这个决心我们下对了。不然，总在示威，每个角落天天在闹，死的人不知会有多少，十年发展的成果就不见了，局面没有人能收拾。我们能收拾这个局面的，我是其中一个，还有一批老的革命家。"①

这场政治风波在 1989 年发生不是偶然的，是国际国内多种因素交互作用的结果。正如邓小平所说："这场风波迟早要来。这是国际的大气候和中国自己的小气候所决定了的，是一定要来的，是不以人们的意志为转移的，只不过是迟早的问题，大小的问题。"②从国际环境来看，苏东剧变前后，一些西方国家的政治势力趁机对社会主义国家进行有计划的思想、政治渗透，支持和扶植各种反共反社会主义活动，加紧推行和平演变战略，这使我国一些主张搞资产阶级自由化的人受到鼓舞。从国内环境来看，一段时间内，主持中共中央工作的领导人在推进改革开放、发展商品经济的同时，对坚持四项基本原则缺乏一贯性，未能使反对资产阶级自由化方针得到认真的贯彻执行，忽视了党的自身建设和精神文明建设，削弱了思想政治工作，再加上少数干部中滋生了严重的腐败现象，损害了党在群众中的威信，致使资产阶级自由化思潮不但没有得到遏制，反而愈演愈烈。

---

① 转引自《陈云传》（四），中央文献出版社 2015 年版，第 1822 页。
② 《邓小平文选》第 3 卷，人民出版社 1993 年版，第 302 页。

这种情况引起了邓小平的高度警觉。1989年3月4日，他在同赵紫阳谈话中特别提醒说："中国的问题，压倒一切的是需要稳定。凡是妨碍稳定的就要对付，不能让步，不能迁就。不要怕外国人议论，管他们说什么，无非是骂我们不开明。多少年来我们挨骂挨得多了，骂倒了吗？总之，中国人的事中国人自己办。中国不能乱，这个道理要反复讲，放开讲。不讲，反而好像输了理。要放出一个信号：中国不允许乱。"①但言者谆谆，听者藐藐，邓小平的谈话没能引起赵紫阳的重视。在国内外各种因素的作用下，一场政治风波最终未能避免。

平息政治风波后，全党进行了认真反思。6月9日，邓小平接见首都戒严部队军以上干部并发表重要讲话。他首先对解放军、武警和公安干警在平息暴乱中付出的牺牲和作出的贡献予以高度评价。邓小平再次指出了这次事件的性质，认为是资产阶级自由化和坚持四项基本原则的对立。

在这次讲话中，邓小平提出两个需要认真思考的问题：一个是党的十一届三中全会制定的路线、方针、政策，包括我们发展战略的"三部曲"，正确不正确？是不是因为发生了这次动乱，我们制定的路线、方针、政策的正确性就发生问题？我们的目标是不是一个"左"的目标？是否还要继续用它作为我们今后奋斗的目标？一个是党的十三大概括的"一个中心、两个基本点"对不对？两个基本点，即四个坚持和改革开放，是不是错了？对这两个各方关注的重大问题，邓小平明确回答，我们的一些基本提法，从发展战略到方针政策，包括改革开放，都是对的，不能因为这次事件的发生，就说我们的战略目标错了。党的十三大概括的"一个中心、两个基本点"没有错。四个坚持本身没有错，如果说有错误的话，就是坚持四项基本原则还不够一贯，没有把它作为基本思想来教育人民，教育学生，教育全体干部和共产党员。改革开放这个基本点也没有错。没有改革开放，就没有今天。如果说不够，就是改革开放得还不够。邓小平最后强

① 《邓小平文选》第3卷，人民出版社1993年版，第286页。

调，我们原来制定的基本路线、方针、政策，照样干下去，坚定不移地干下去。① 这次讲话充分肯定了"一个中心、两个基本点"的基本路线，在关键时刻坚定了全国人民进一步推进改革开放的信心和决心，为政治风波后中国的改革发展指明了方向。

这场政治风波平息后，中共中央政治局常委会起草出《关于赵紫阳同志在这场否定党的领导否定社会主义制度的动乱中所犯错误情况的报告（草稿）》，分送中共中央领导人审阅和修改。6 月 19 日至 21 日，中共中央政治局召开扩大会议。会议批评了赵紫阳的错误，一致同意《关于赵紫阳同志在反党反社会主义的动乱中所犯错误的报告》，决定召开中共十三届四中全会。21 日，邓小平出席会议并讲话。

6 月 23 日至 24 日，中共十三届四中全会在北京举行。全会分析了近两个月来全国的政治形势，认为在这场同极少数人利用学潮策动的动乱和反革命暴乱的斗争中，党中央的决策和采取的一系列重大措施都是必要的和正确的。全会高度评价以邓小平为代表的老一代无产阶级革命家在这场斗争中发挥的重大作用，高度评价在平息暴乱中解放军、武警和公安干警的巨大贡献。全会审议通过《关于赵紫阳同志在反党反社会主义的动乱中所犯错误的报告》，指出他在关系党和国家生死存亡的关键时刻犯了支持动乱和分裂党的错误；他在担任党和国家重要领导职务期间，虽然在改革开放和经济工作方面做了一些有益的工作，但在指导思想和实际工作中也有明显失误；特别是他主持中央工作以来，消极对待坚持四项基本原则、反对资产阶级自由化的方针，严重忽视党的建设、精神文明建设和思想政治工作，给党的事业造成了严重损失。全会决定撤销他的中央委员会总书记、政治局常委、政治局委员、中央委员、中央军委副主席的职务。

这次全会对中央领导机构的部分成员进行了调整，选举江泽民为中央委员会总书记，增选江泽民、宋平、李瑞环为政治局常委；新的中央政治

----

① 《邓小平文选》第 3 卷，人民出版社 1993 年版，第 302—308 页。

局常委会由江泽民、李鹏、乔石、姚依林、宋平、李瑞环组成。江泽民在会上表示，我们党已经制定和形成了一条建设有中国特色社会主义的路线和一系列基本政策。概括地说，就是小平同志多次指出、最近再次强调的，以经济建设为中心，坚持四项基本原则，坚持改革开放。这是我们有信心做好工作的根本的、坚实的基础。这次中央领导机构作了一些人事调整，但是，党的十一届三中全会以来的路线和基本政策没有变，必须继续贯彻执行。在这个最基本的问题上，我要十分明确地讲两句话：一句是坚定不移，毫不动摇；一句是全面执行，一以贯之。①

6 月 16 日，即中共十三届四中全会召开前夕，邓小平同江泽民、李鹏等几位中共中央负责同志进行了谈话。这是他继 5 月 31 日与李鹏、姚依林谈话之后就改换中央领导层问题进行的又一次重要谈话，为即将召开的十三届四中全会和调整中央领导机构部分成员做了进一步的准备。

邓小平在谈话中郑重指出，我们中国共产党现在要建立起第三代的领导集体。任何一个领导集体都要有一个核心，没有核心的领导是靠不住的。第一代领导集体的核心是毛主席。第二代实际上我是核心。第三代的领导集体也必须有一个核心，就是现在大家同意的江泽民同志。新的常委会从开始工作的第一天起，就要注意树立和维护这个集体和这个集体中的核心。只要有一个好的政治局，特别是有一个好的常委会，只要它是团结的，努力工作的，能够成为榜样的，就是在艰苦创业反对腐败方面成为榜样的，什么乱子出来都挡得住。这是最关键的问题。国家的命运、党的命运、人民的命运需要有这样一个领导集体。

邓小平再次表示，新的领导一经建立有秩序的工作以后，我就不再过问。不希望在新的政治局、新的常委会产生以后再宣布我起一个什么样的作用。一个国家的命运建立在一两个人的声望上面，是很不健康的，是很危险的。不出事没问题，一出事就不可收拾。新的领导要一切负起责任，

---

① 《江泽民文选》第 1 卷，人民出版社 2006 年版，第 57 页。

放手工作。

关于第一届中央领导集体的当务之急，邓小平强调了三点：第一，经济不能滑坡。凡是能够积极争取的发展速度还是要积极争取。要采取有力的步骤，使我们的发展能够持续、有后劲。农业问题也要研究，最终可能是科学解决问题。科学是了不起的事情，要重视科学。第二，要做几件使人民满意的事情。主要是两个方面，一个是更大胆地改革开放，另一个是抓紧惩治腐败。要表明我们改革开放的政策不变，而且要进一步改革开放。对我们来说，要整好我们的党，实现我们的战略目标，不惩治腐败，特别是党内的高层的腐败现象，确实有失败的危险。第三，平息暴乱抓到底。邓小平最后叮嘱，常委会的同志要聚精会神地抓党的建设，这个党该抓了，不抓不行了。①

中共十三届四中全会后，新一届中央领导集体立即采取一系列重大措施，贯彻全会确定的治理整顿方针，维护社会稳定，加强党的建设和思想政治工作，使全国政治局面迅速稳定，经济形势趋于好转，思想战线出现新的转机。人民群众普遍感到，这是一个充满希望的能够推进改革开放的领导集体。

鉴于新的中央领导集体已卓有成效地开展工作，邓小平决定利用这个时机辞去中央军委主席职务，实现他多年来一再提出的从领导岗位上完全退下来的夙愿。9月4日，邓小平在住地同江泽民、李鹏等中共中央负责同志谈话，主要商量自己退休的时间和方式。他说，现在看来，我们四中全会选出的新的领导班子是能够取得人民的信任和国际上的信任的。我退休的时间是不是就确定在五中全会。我辞职后，要有新的军委主席，首先要确定党的军委主席，同时也是确定国家军委主席。我提议江泽民同志当军委主席。②

---

① 《邓小平文选》第3卷，人民出版社1993年版，第309—314页。

② 《邓小平文选》第3卷，人民出版社1993年版，第315—317页。

同日，邓小平致信中共中央政治局，正式请求辞去担任的中央军委主席职务。他在信中说，1980年我就提出要改革党和国家的领导制度，废除干部领导职务终身制。党的十三届四中全会选出的以江泽民同志为首的领导核心，现已卓有成效地开展工作。经过慎重考虑，我想趁自己身体还健康的时候辞去现任职务，实现夙愿。这对党、国家和军队的事业是有益的。作为一个为共产主义事业和国家的独立、统一、建设、改革事业奋斗了几十年的老党员和老公民，我的生命是属于党、属于国家的。退下来以后，我将继续忠于党和国家的事业。我们党、我们国家和我们军队所取得的成就是几代人努力的结果。我们的改革开放事业刚刚起步，任重而道远，前进中还会遇到一些曲折。但我坚信，我们一定能够战胜各种困难，把先辈开创的事业一代代发扬光大。中国人民既然有能力站起来，就一定有能力永远岿然屹立于世界民族之林。①

　　11月6日至9日召开的中共十三届五中全会接受了邓小平的这一请求，决定江泽民为中共中央军委主席。全会认为，邓小平从党和国家的根本利益出发，在自己身体还健康的时候辞去现任职务，实现他多年来一再提出的从领导岗位上完全退下来的夙愿，表现了一个伟大的无产阶级革命家的广阔胸怀。对他身体力行地为废除干部领导职务终身制作出的表率，全会表示崇高的敬意。

　　全会高度评价邓小平对我们党和国家建立的卓著功勋。邓小平是我国各族人民公认的享有崇高威望的杰出领导人，在党所领导的革命和建设的各个历史时期都做出了重大贡献。特别是党的十一届三中全会后，邓小平成为我们党第二代领导集体的核心。十年来，在我们党和军队工作的各个方面，在经济建设和改革开放方面，在努力实现和平统一祖国和外交活动方面，邓小平都是当之无愧的总设计师。在以他为核心的领导集体的坚强领导下，我国人民在社会主义现代化建设中取得了举世瞩目的成就，在社

---

① 《邓小平文选》第3卷，人民出版社1993年版，第322—323页。

会主义新中国的历史上开创了一个新的时期。几十年来的革命实践表明，邓小平不愧是杰出的马克思主义者，坚定的共产主义者，卓越的无产阶级革命家、政治家、军事家，我们党、国家和军队久经考验的领导人。①

11月12日，邓小平和新任军委主席江泽民一道，接见参加中央军委扩大会议的全体同志，并合影留念。邓小平对大家说，我确信，我们的军队能够始终不渝地坚持自己的性质。这个性质是，党的军队，人民的军队，社会主义国家的军队。这与世界各国的军队不同。就是与别的社会主义国家的军队也不同，因为他们的军队与我们的军队经历不同。我们的军队始终要忠于党，忠于人民，忠于国家，忠于社会主义。邓小平指出，希望大家在以江泽民同志为核心的党中央的领导下，在以他为主席的中央军委的领导下，把我们军队建设得更好，为捍卫我们国家的独立和主权，捍卫我们国家的社会主义事业，捍卫我们党的十一届三中全会以来制定的一系列路线、方针、政策，做出更多更大的贡献。他最后说，我虽然离开了军队，并且退休了，但是我还是关注我们党的事业，关注国家的事业，关注军队的前景。②

从中共十三届四中全会到五中全会，实现了中央领导集体的顺利交接，保证了党的政策的稳定性和连续性，表明了党在政治上的成熟和组织上的坚强有力。这就为继续推进改革开放和社会主义现代化建设事业提供了重要的政治和组织保证。

---

① 《十三大以来重要文献选编》（中），中央文献出版社2011年版，第119页。
② 《邓小平文选》第3卷，人民出版社1993年版，第334—335页。

第二十四章

为恢复和发展中美关系而努力

中国政府在 1989 年 6 月 4 日采取果断措施平息政治风波后，美国政府借口中国平息反革命暴乱是所谓"违反人权的暴力镇压"，宣布对中国实施制裁。一时间，中美关系阴云密布，降到了建交以来的最低点。在中美关系出现严重危机的时刻，邓小平坚决捍卫中国的独立、主权和国家尊严，同时为缓解紧张的中美关系作了积极努力，以无产阶级革命家的气魄和胸怀，挽救了濒于破裂的中美关系，并将其推上恢复和发展的道路。

2 月 26 日，邓小平会见在中国进行工作访问的美国总统乔治·布什。邓小平指出，你在北京任联络处主任期间，就为推动中美关系的发展起了作用。我个人希望在你总统任期内，中美关系能在一种新的格局下向前发展。我不是讲战略关系，我是讲两国相互信任，相互支持，尽量减少我们之间的麻烦。中美关系的最大特点是，从 1972 年尼克松总统和基辛格博士访华，到 1989 年，17 年时间里，中美关系一直向前发展。尽管双方吵过架，也有争论，也有分歧，但总的是向前发展的。所以我们总的评价是，中美关系是稳定的。更重要的是，中美关系继续发展的潜力很大。我深信，两国领导人，包括美国两党，都希望中美关系在新的格局下，有更好的前景。① 布什总统说，他在世界发生重大变化、面临许多机遇和挑战

---

① 《邓小平年谱》第 5 卷，中央文献出版社 2020 年版，第 564—565 页。

的时刻来访华，是非常有意义的。他完全赞成邓小平对两国关系的看法。布什还说，中美关系的发展有巨大的潜力。在美国，对发展中美关系的支持从来没有像现在这样强大。①

本来顺着这样的势头，中美关系应该继续平稳地向前发展。但中国在6月初刚刚平息国内政治风波，美国政府和国会就相继发表声明，歪曲中国制止动乱的事实，对中国政府进行污蔑和攻击，并宣布采取制裁措施，包括暂停同中国的一切高级政府官员的互访，推迟考虑国际金融机构向中国提供新的贷款等，对中国内政横加干涉。7月14日至16日，法国、美国、英国、联邦德国、日本、意大利、加拿大等7国首脑和欧洲共同体委员会主席在巴黎举行会议。会议在7月15日发表的政治宣言中"谴责"中国平息反革命暴乱是所谓"违反人权的暴力镇压"，宣称要采取中止对华高层政治接触及延缓世界银行的贷款等制裁措施。这使中国同美国以及同以美国为首的西方发达国家的关系出现严重倒退。

面对美国和西方国家的压力，邓小平毫不退让，坚决捍卫中国的独立、主权和国家尊严，决不允许美国干涉中国内政，迫使美国总统布什于6月21日致信邓小平。布什在信中要求派特使访华，与邓小平进行完全坦率的谈话。22日，邓小平复信布什，表示同意他的建议，欢迎美国总统特使访华，进行真诚坦率的交谈。7月2日，邓小平会见美国总统特使布伦特·斯考克罗夫特②。会见前，邓小平同李鹏、钱其琛谈话，说，今天只谈原则，不谈具体问题。制裁措施我们不在意，吓不倒我们。邓小平在会见斯考克罗夫特时指出，现在中美关系确实处在一个很微妙、甚至可以说相当危险的地步。中国没有触犯美国，任何一个小问题都没有触犯。问题出在美国，美国在很大范围内直接触犯了中国的利益和尊严。我要明

---

① 《邓小平会见并宴请老朋友布什》，《人民日报》1989年2月27日。

② 布伦特·斯考克罗夫特，当时任美国国家总统安全事务助理。他是在中国政府平息北京政治风波后，以美国为首的西方国家宣布制裁中国的情况下秘密访问中国的。

确告诉阁下，中国的内政决不允许任何人加以干涉，不管后果如何，中国都不会让步。中国的内政要由中国来管，什么灾难到来，中国都可以承受，决不会让步。中国领导人不会轻率采取和发表处理两国关系的行动和言论，现在不会，今后也不会，但在捍卫中国的独立、主权和国家尊严方面也决不含糊。①邓小平在谈话中表达了中国政府坚决维护自身利益和尊严、决不允许任何人干涉中国内政的坚定立场。

7月28日，邓小平收到美国总统乔治·布什来信。来信感谢邓小平接见斯考克罗夫特，同时通报了在不久前召开的西方七国集团首脑会议上，美国和日本曾把一些非常令人激怒的措辞从指责中国的公报中删去；另一方面又为美国干涉中国内政进行辩护，试图把中美关系发生困难的责任推给中方。8月11日，邓小平复信布什，指出，我说过"解铃"、"系铃"的话，意思是，美国深深地卷入了中国的内政，其后又带头对中国进行制裁，在很大范围内触犯了中国的利益和尊严，由此引起的中美关系的困难，责任完全在美国方面，应由美国来解决。美国对华采取的制裁措施还在继续，干涉中国内政的事件仍时有发生。我希望这种情况早日改变，相信布什总统在这方面是可以有所作为的。②

9、10月间，邓小平密集会见国际友人，通过他们向美国转达中方立场。9月16日，邓小平会见美籍华人李政道教授，在谈到不久前发生的政治动乱时，邓小平说，现在我可以肯定，经过动乱，中国的四个现代化和改革开放事业可以搞得更好。动乱给我们上了一堂大课。多年来，我们的一些同志埋头于具体事务，对政治动态不关心，对思想工作不重视，对腐败现象警惕不足，纠正的措施也不得力。西方世界确实希望中国动乱。不但希望中国动乱，也希望苏联、东欧都乱。美国，还有西方其他一些国家，对社会主义国家搞和平演变。美国现在有一种提

① 《邓小平年谱》第5卷，中央文献出版社2020年版，第580、582页。
② 《邓小平年谱》第5卷，中央文献出版社2020年版，第583页。

法：打一场无硝烟的世界大战。我们要警惕。资本主义是想最终战胜社会主义，过去拿武器，用原子弹、氢弹，遭到世界人民的反对，现在搞和平演变。别国的事情我们管不了，中国的事情我们就得管。中国不搞社会主义不行，不坚持社会主义不行。我这里主要讲两点。第一，中国目前局势是稳定的。第二，中国人吓不倒。我们不想得罪人，我们要扎扎实实干自己的事，但谁要干涉或吓唬我们，都会落空。在判断中国局势的时候，这两点是必须看清楚的根本的两点。总之，中国一定要发展，改革开放一定要继续，生产力要以适当的速度持续增长，人民生活要在生产发展基础上一步步改善。邓小平强调，搞改革开放有两只手，不要只用一只手，改革是一只手，反对资产阶级自由化也是一只手。有时这只手重些，有时另一只手重些，要根据实际情况。同时，邓小平希望李政道转告他认识的人，包括在国外参加过游行、签名的人，请他们放下包袱，中国不在意这个问题。①

9 月 19 日，邓小平会见日本日中友好议员联盟会长伊东正义。在谈到西方七国首脑会议决定制裁中国问题时，邓小平指出，我们对西方七国首脑会议主宰一切表示怀疑。中国不怕威胁，不怕孤立，也不怕制裁。提出制裁中国的国家，其内部是否行得通还是个问题，现在事实上也没有行得通。一个国家自称为世界宪兵的时代已经过去了。"文化大革命"时，中国本身犯了那么大的错误，但也没有把中国搞垮。老实说，制裁十年二十年，中国也还是存在。②

10 月 26 日，邓小平会见泰国总理差猜·春哈旺。在谈到巴黎七国首脑会议决定制裁中国问题时，邓小平再次指出，过去两个超级大国主宰世界，现在情况变了。但是，强权政治在升级，少数几个西方发达国家想垄断世界，这点我们看得很清楚。巴黎七国首脑会议就体现出来

---

① 《邓小平文选》第 3 卷，人民出版社 1993 年版，第 325—327 页。

② 《邓小平年谱》第 5 卷，中央文献出版社 2020 年版，第 588 页。

了，就是在这个会上决定制裁中国，他们使用经济手段，也使用政治手段，如高级官员不接触。这个东西对中国有什么影响？美国也好，法国也好，他们的决策人至少有两点对中国认识不清。第一，中华人民共和国是打了二十二年仗建立起来的，建国后又进行了三年抗美援朝战争。没有广泛的群众基础，不可能取得胜利。这样一个国家随便就能打倒了？不可能。不但国内没有人有这个本领，国际上也没有人有这个本领，超级大国、富国都没有这个本领。第二，世界上最不怕孤立、最不怕封锁、最不怕制裁的就是中国。建国以后，我们处于被孤立、被封锁、被制裁的地位有几十年之久。但归根结底，没有损害我们多少。为什么？因为中国块头这么大，人口这么多，中国共产党有志气，中国人民有志气。还可以加上一点，外国的侵略、威胁，会激发起中国人民团结、爱国、爱社会主义、爱共产党的热情，同时也使我们更清醒。所以，外国的侵略、威胁这一套，在我们看来并不高明，而且使我们可以从中得到益处。事实表明，那些要制裁我们的人也开始在总结经验了。总之，中国人民不怕孤立，不信邪。不管国际风云怎么变幻，中国都是站得住的。①

在这些谈话中，邓小平针对美国搞和平演变的图谋，旗帜鲜明地指出中国坚持社会主义不动摇，同时进一步表明了中国不容许别人干涉内政、不怕制裁的强硬立场和坚强决心。

10、11月间，尼克松和基辛格先后访华。在中美关系处于低谷时，他们的访问具有特殊意义。10月31日，邓小平会见了美国前总统理查德·尼克松，对尼克松从战略角度看待两国关系再次表示赞赏。邓小平说，你是在中美关系非常严峻的时刻到中国访问的。我非常赞赏你的看法，考虑国与国之间的关系主要应该从国家自身的战略利益出发。着眼于自身长远的战略利益，同时也尊重对方的利益，而不去计较历史的恩怨，

---

① 《邓小平文选》第3卷，人民出版社1993年版，第329页。

不去计较社会制度和意识形态的差别，并且国家不分大小强弱都相互尊重，平等相待。这样，什么问题都可以妥善解决。

尼克松说，十七年来我一直关注美中关系，目前两国关系正面临着严重考验，两国的政治家应该想办法，使两国的正常关系得到恢复和继续发展。邓小平说，恢复和发展两国的正常关系也是我们的愿望。我们希望尽快解决过去几个月来中美关系的纠葛，开辟未来。邓小平点出了美国插手不久前北京发生的动乱和反革命暴乱的事实，回击了美国对中国制止动乱事实的歪曲和指责。他指出，坦率地说，北京不久前发生的动乱和反革命暴乱，首先是由国际上反共反社会主义的思潮煽动起来的。很遗憾，美国在这个问题上卷入得太深了，并且不断地责骂中国。中国是真正的受害者。中国没有做任何一件对不起美国的事。可以各有各的看法，但不能要我们接受别人的错误指责。

邓小平请尼克松告诉布什总统，结束过去，美国应该采取主动，也只能由美国采取主动。美国是可以采取一些主动行动的，中国不可能主动。因为强的是美国，弱的是中国，受害的是中国。要中国来乞求，办不到。哪怕拖一百年，中国人也不会乞求取消制裁。如果中国不尊重自己，中国就站不住，国格没有了，关系太大了。中国任何一个领导人在这个问题上犯了错误都会垮台的，中国人民不会原谅的。

邓小平指出，国家关系应该遵守一个原则，就是不要干涉别国的内政。中华人民共和国决不会容许任何国家来干涉自己的内政。外国的干涉在某个时候可以给我们造成困难，甚至造成动乱，但动摇不了中华人民共和国。西方有一些人要推翻中国的社会主义制度，这只能激起中国人民的反感，使中国人奋发图强。人们支持人权，但不要忘记还有一个国权。谈到人格，但不要忘记还有一个国格。特别是像我们这样第三世界的发展中国家，没有民族自尊心，不珍惜自己民族的独立，国家是立不起来的。

在谈到国内问题时，邓小平强调稳定压倒一切。他说，中国人这么多，底子这么薄，没有安定团结的政治环境，没有稳定的社会秩序，什么事也干不成。在谈到发展中美经贸关系时，邓小平说，中美关系有一个好的基础，就是两国在发展经济、维护经济利益方面有相互帮助的作用。中国市场毕竟还没有充分开发出来，美国利用中国市场还有很多事情能够做。我们欢迎美国商人继续进行对华商业活动，这恐怕也是结束过去的一个重要内容。①

11月10日，邓小平会见到访的美国前国务卿亨利·基辛格。这是他辞去中共中央军委主席职务后第一次会见外国来宾。在谈到中美关系问题时，邓小平提出一揽子解决中美关系纠葛的建议，请基辛格转告布什总统，美国应采取适当方式，明确宣布取消对华制裁；双方共同努力，争取在较近期内落实几项较大的中美经济合作项目；建议美方邀请江泽民总书记于第二年适当时间正式访美。并指出，中美合作的基础是有的。那种按社会制度决定国与国关系的时代过去了。不同社会制度的国家完全可以和平共处，发展友谊，找到共同的利益。中美之间肯定能够找到共同利益。②

经过中美双方的共同努力，几个月来紧张的中美关系有所缓解。11月6日， 美国总统乔治·布什致信邓小平。来信表示，美国与苏联即将举行的首脑会晤不会损害中国的利益，当初尼克松访华的地缘政治原因依然存在，今天，美中两国在许多重要领域有着相似的利益。来信建议，在同苏联领导人戈尔巴乔夫会晤后，美国将派特使访华，向邓小平通报会晤情况，探讨如何使美中关系正常化。11月15日，邓小平复布什本月6日来信，指出，我一直把你看做中国的朋友，并非常希望在你任期内中美关系得到发展，而不是倒退。在我退休的时候，改变中美关系目前恶化的局面是我的心愿。读了你的信后，我对中美两国如何共同采取步骤恢复和发

① 《邓小平文选》第3卷，人民出版社1993年版，第330—333页；《邓小平会见尼克松时指出 解决中美纠葛美国应采取主动 中国决不允许任何国家干涉自己的内政》，《人民日报》1989年11月1日。

② 《邓小平年谱》第5卷，中央文献出版社2020年版，第595页。

展友好关系问题，产生了一些想法。我已委托基辛格博士向你当面转达。我希望并相信将能得到你的积极响应。我本人和中国政府欢迎你派私人特使访华。①

11月17日，在会见美国总统特使之前，邓小平会见了美国前驻华大使伦纳德·伍德科克夫妇。伍德科克是中美关系史上的一位重要人物，在中美建交谈判的关键时刻，邓小平曾与他会谈，后任美国首任驻华大使。他的到访对中美关系的缓和与恢复具有特殊意义。邓小平在会见他时指出，中美要友好相处，这有利于世界的和平和稳定，有利于地区的和平和稳定。我们不做伤害美国的事，美国也不能做伤害中国的事。这次美国官方使用的手段太厉害，甚至连回旋余地也没留。中国是不怕孤立的，是不怕压力的，同中国闹僵没好处。要尽早结束这个纠葛，最好不要超过今年，为什么八十年代的事情要拖到九十年代？不必讲是谁占了上风，谁占先，谁胜利，也不能让世界上的人认为哪一家输了，哪一家屈服了。解决中美之间半年纠葛，不管美国使用什么语言、方式，要在实质上结束制裁。我们希望短期内解决这个纠葛。作为一条原则，将来两国之间如果发生纠纷和争执，双方都应该采取克制态度来解决纠葛。②

12月1日，邓小平再次收到美国总统布什来信。来信提出，在马耳他美苏首脑会晤后一周内，将派国家安全事务助理斯考克罗夫特作为特使公开访华，向中方领导人通报美苏首脑马耳他会晤情况。信中还要求中方对邓小平提出的结束中美关系纠葛的一揽子建议，做出进一步的澄清，表示希望并相信可以找到恢复两国关系的途径。来信还表示，他正在为"解铃"而做出努力，请中方也予以协助，共同做出努力。12月9日，中国外交部部长钱其琛向已到访中国的美国总统特使、总统国家安全事务助理

---

① 《邓小平年谱》第5卷，中央文献出版社2020年版，第593、597页。

② 《邓小平年谱》第5卷，中央文献出版社2020年版，第598页。

布伦特·斯考克罗夫特说明，邓小平提出一揽子方案的考虑是：第一，从两国的根本利益出发，尽快结束纠葛，开辟未来。第二，中美之间达成解决办法，必须同步或基本同步实现。第三，将来两国之间如果发生纠纷和争执，双方都应该采取克制的态度，保持接触，解决问题。钱其琛进一步表示，邓小平提出的一揽子方案，充分表明了中方解决中美纠葛的诚意，也充分考虑了美方的反应及布什总统来信中的想法。①

12月10日，邓小平会见了美国总统特使、总统国家安全事务助理布伦特·斯考克罗夫特。邓小平对斯考克罗夫特的来访表示欢迎。他说："你这次访问是非常重要的行动。中美两国之间尽管有些纠葛，有这样那样的问题和分歧，但归根到底中美关系是要好起来才行。这是世界和平和稳定的需要。尽快解决6月以来中美之间发生的这些问题，使中美关系得到新的发展，取得新的前进，这是我们共同的愿望。"斯考克罗夫特说："我完全赞成您的说法。"邓小平接着说："我已经退休了，本来这样的事情不是我份内的事，但是我的朋友布什总统的特使来，我不见也太不合情理了。"斯考克罗夫特转达了布什总统对邓小平的亲切问候。他说："尽管您退休了，布什总统仍把您当作朋友，永远是朋友。我代表布什总统告诉您，我非常感谢，尤其是在您已经退休了又是在星期天抽时间来见我。"

邓小平在会谈中指出："中国在国际上有特殊的重要性，关系到国际局势的稳定与安全。如果中国动乱，问题就大得很了，肯定要影响世界。这不是中国之福，也不是美国之福。"邓小平还说："中国威胁不了美国，美国不应该把中国当作威胁自己的对手。我们没有做任何一件伤害美国的事。一九七二年到现在的十七年中，世界局势总的比较稳定，中美关系的发展是形成这样好的局势的一个原因，占的分量不轻。中美不能打架，我说的打架不是打仗，而是笔头上和口头上打架，不要提倡

---

① 《邓小平年谱》第5卷，中央文献出版社2020年版，第602—603页。

这些。我多次讲过，美国的制度中国不能搬，美国制度究竟好不好，美国人自己说，我们不干预。两国相处，要彼此尊重对方，尽可能照顾对方，这样来解决纠葛。只照顾一方是不行的。双方都让点步，总能找到好的都可以接受的办法。恢复中美关系要双方努力，不要拖久了，拖久了对双方都不利。"

邓小平最后请特使转告布什总统："在东方的中国有一位退休老人，关心着中美关系的改善和发展。"斯考克罗夫特表示，将同中方一起促进两国关系的改善。邓小平说："我们都是熟人、老朋友。"他请斯考克罗夫特转达他对布什总统的亲切问候和良好祝愿。①

邓小平在谈话中从世界全局出发，强调中美关系终归要好起来才行，表达了尽快解决中美纠葛、使中美关系得到新的发展的愿望，并提出了互相尊重、照顾对方的解决思路，对于缓和与改善中美关系因半年来的纠葛所造成的紧张和恶化，产生了深远影响，发挥了重要作用。这次会见成为中美关系恢复与发展的转折点。

美国虽然决定制裁中国，但出于自身的利益以及中国在国际上的特殊重要性，也不想和中国把关系搞僵。布什总统多次致信邓小平，两次派特使访华，尼克松、基辛格、伍德科克等美国前政要先后访华，这些都释放了美方改善中美关系的善意，表达了结束纠葛、开辟未来的愿望，为"解铃"采取了主动，作出了努力。在这样的情况下，邓小平和中国政府相应地采取了缓和态度。为了维护来之不易的中美关系，在发展中美关系的过程中，邓小平始终坚持对美国要有建立在坚定立场基础上的灵活性，力主中美间不要相互伤害和刺激，保持克制，避免对抗，尽快结束纠葛，并为缓解紧张的中美关系作了积极努力。在中美两国政府的共同努力下，中美关系开始度过半年来的危机并逐步恢复和发展。

---

① 《邓小平文选》第 3 卷，人民出版社 1993 年版，第 350—351 页；《邓小平会见美国总统特使》，《人民日报》1989 年 12 月 11 日。

1990 年 8 月 31 日，邓小平收到乔治·布什总统通过美国驻华大使馆转交的来信。信中表示，美国不会缩小或降低具有重要战略性的美中关系。美国对中国就伊拉克占领科威特所采取的原则立场① 表示赞赏。② 这年 11 月 30 日至 12 月 1 日，应美国国务卿詹姆斯·贝克邀请，中国外交部部长钱其琛对美国进行了正式访问。中美两国恢复了高级官员的接触。1991 年 11 月 1 日，国务院新闻办公室发表了《中国的人权状况》白皮书，阐述了中国政府关于人权问题的立场和政策，表明了愿就此问题同包括美国在内的国际社会对话的诚意。1992 年春，邓小平视察南方并发表谈话，在国内外引起巨大反响，掀起了中国改革开放的新一轮热潮。美国大量资金涌入中国市场和中美贸易的强劲增长，为中美关系的改善提供了新的契机。到 1992 年底，中美关系因美国制裁中国而造成的紧张状况已基本上得到缓解。1993 年 11 月，亚太经合组织领导人非正式会议在美国西雅图举行。应美国总统克林顿邀请，中国国家主席江泽民前往出席，中美两国最高领导人进行了正式会晤，标志着两国关系走上了恢复和发展的道路。

---

① 1990 年 8 月 3 日凌晨，伊拉克军队入侵科威特领土。中国政府对此的原则立场是：反对伊拉克使用武力入侵和吞并科威特；反对大国军事卷入；主张在阿拉伯国家联盟和海湾合作委员会的范围内，通过和平谈判解决伊拉克与科威特的争端。

② 《邓小平年谱》第 5 卷，中央文献出版社 2020 年版，第 617 页。

第二十五章

南方谈话

　　南方谈话是邓小平于 1992 年初，面对国际国内的复杂背景、在中国改革开放面临重大考验的关键时刻发表的一次十分重要的谈话。这次谈话为随后召开的中共十四大奠定了思想和理论基础，纠正了党内外一些人的错误观念和消极思想，为中共第三代中央领导集体团结带领全国各族人民顺利迈向新世纪提供了行动指南，为坚持和发展中国特色社会主义提供了强劲动力。

　　20 世纪 80 年代末 90 年代初，国际风云突变，世界动荡不安。东欧一些社会主义国家的改革非但没有成功，反而发生了剧变。接着，世界上第一个社会主义国家苏联解体，国际共产主义运动遭遇了空前挫折，世界社会主义运动出现低潮，长期以来的东西方冷战结束。国际局势的这种急剧变化，对中国产生了巨大影响。

　　从国内来看，1989 年政治风波的发生，加上经济体制中一些深层次矛盾的显露，使中国的改革和发展遇到了某些暂时的困难。在治理整顿期间，经济发展速度有所放缓。周边一些国家经济加速发展的势头，对我国形成一定的压力。在这种形势的影响下，一些人的思想出现了困惑。有人对社会主义前途缺乏信心，对中国的改革开放产生疑虑，对坚持社会主义初级阶段的基本路线产生了动摇。有人对中国改革开放提出姓"资"还是姓"社"的问题，担心搞市场经济、创办经济特区、发展非公有制经济等会导致资本主义。还有人认为，苏东剧变是改革引起的，"和平演变"的主要危险来自经济领域，改革开放就是引进和发展资本主义。这些疑虑和担心归结起来，就是党的"一个中心、两个基本点"的基本路线还要不要坚持，中国的改革开放还要不要坚持。这是党和国家在当时首先要解决的重大方向性问题，事关中国的前途命运。

面对复杂的国际国内形势，在中国改革开放的关键时刻和重要关头，邓小平于1992年1月18日至2月21日，以88岁高龄先后视察了武昌、深圳、珠海、上海等地并发表重要谈话，为中国改革开放注入了新的生机和活力。

1月17日下午，邓小平乘专列离开北京，前往武昌、深圳、珠海、上海等地视察。18日上午，邓小平抵达武昌，在火车站听取中共湖北省委书记关广富汇报。

19日上午，邓小平抵达深圳，到住地后没有休息即提出要出去看看，在中共广东省委书记谢非、中共深圳市委书记李灏等陪同下参观深圳市容。在参观时邓小平说，八年过去了，这次来看，深圳发展得这么快，我没有想到。当时要搞几个特区，你们深圳靠近香港，珠海靠近澳门，厦门靠近台湾，汕头是侨乡，也是靠近台湾，所以先在你们这些地方搞特区。不搞改革开放，现代化不知要等到哪一年才实现。随后邓小平到皇岗口岸视察，站在深圳河大桥桥头，眺望对面的香港。

1月20日上午，邓小平由谢非、李灏陪同，登上深圳国贸大厦五十三层俯瞰深圳市容。在观看深圳经济特区总体规划图，听取关于深圳改革开放和经济建设的情况汇报后，邓小平发表谈话。他指出，苏联东欧的变化，说明我们只能走社会主义道路。中国不能乱。中国如果一乱，便是一片灾难。他还指出，我们到本世纪末达到小康，有了这一步，再赶上中等发达国家水平，才有希望。我们时间不多呀！世界市场也很紧，不容易竞争。要夹着尾巴做人。邓小平随后前往深圳先科激光公司视察，听取公司董事长叶华明关于公司情况的介绍，并参观激光视盘生产车间。他认出叶华明是叶挺将军的儿子，关切地询问了叶华明家庭的情况。在谈到有关版权问题如何解决时，邓小平说要遵守国际有关知识产权的规定。

1月21日上午，邓小平游览深圳华侨城中国民俗文化村和锦绣中华微缩景区，观看歌舞表演，在"布达拉宫"微缩景点前和家人合影留念。在回宾馆途中听取关于深圳支援相对落后地区情况的汇报时，邓小平表示赞成深圳每年按固定比例从财政划出一部分资金作为贫困地区开发"造血"型项目的基金的做法。

1月22日上午，邓小平游览深圳市仙湖公园，在公园种植一棵长青树高山榕。在有人介绍这棵树叫"发财树"时，邓小平风趣地说，让全国人民都种，让全国人民都发财。当天下午，在离开深圳前，邓小平和杨尚昆接见中共深圳市委、市政府、市人大常委会、市政协、市纪委负责人，并发表谈话。

1月23日上午，邓小平由谢非和中共珠海市委书记、市长梁广大陪同，从蛇口港乘快艇抵达珠海。离开深圳前他再次叮嘱市委负责人：你们要搞得快一点。邓小平在途中听取关于广东省改革开放和特区建设的情况汇报，并发表谈话。抵达珠海后，邓小平随即参观珠海市容。在询问广东农民收入情况后，他说，收入一千一百元人民币，在全世界来说，还是比较穷的。但可以说，现在的农民日子并不太难过。去年受了这么大的灾，没出大问题，我们承受得了，而且解决得很好。这就是社会主义的优越性。经过这十多年改革开放，基础已与过去不同了。现在乡镇企业的设备已很可观，都是全新的或半新的，过去的设备简陋得很。这十多年真是干了不少的事。深圳和你们这里就是1980年干起来的，变化真大呀！

1月24日上午，邓小平视察珠海生物化学制药厂，听取该厂总工程师迟斌元关于工厂建厂及生产情况的汇报，参观该厂的实验室和生产车间。他指出，我们应该有自己的拳头产品，创出中国自己的名牌，否则就要受人欺负。这就要靠我们的科学工作者出把力，这样才能摆脱被人欺负的局面。在科学技术方面，中国要有一席之地。你们这个厂的科技发展成果就是一席之地的一部分。中国应该每年有新的东西，每一天都有新的东西，这样才能占领阵地。尽管我岁数大了，但我感到很有希望。这十年进步很快，但今后进步会比这十年更快。全国各行各业都要通力合作，集中力量打歼灭战。每一行都要树立明确的战略目标。我们过去打仗就是用这种方法。

1月25日上午，邓小平视察珠海亚洲仿真系统工程有限公司。在听取公司总经理游景玉介绍情况时，他说，科技是第一生产力，这个论断你认为站得住脚吗？就是靠你们来回答这个问题。我相信这是正确的。邓小平在参观中对电子计算机操作人员说，我要和大家拉一拉手。我很高兴，我们有这么年轻的科技队伍。在参观结束乘车前往拱北口岸的途中，邓小平说，当年钱学森搞导弹的时候，给他一百个高中生，就这样带出来了。现在这个公司大专以上的科技人员就有一百人，学历比那时高多了。珠海这个地方就容纳了这么多高科技人才，从全国来说，就更多了。今天我们看到那么多年轻的科技工作者，有希望啊！从中国出去的科学工作者，有很多人很想念祖国，这很好啊！要把他们吸引回来。在陪同人员汇报到广东已制定政策欢迎留学生回来，也允许他们再出去时，邓小平说，这个好嘛！这要有点胆量。不是讲改革开放吗？开放嘛，进出就是要自由一点嘛。回来不适合，他可以走。事实上，绝大多数留学生回来后，只要安排妥当，是不会出去的。临近中午，邓小平来到芳园酒店二十九层旋转厅，观赏拱北新貌和澳门远景，听取谢非、梁广大关于广东、珠海经济发展情况的汇报，并发表谈话。之后，邓小平游览珠海度假村，并在途中发表谈话。

1月27日上午，邓小平视察珠海江海电子股份有限公司。在途中他说，企业要创名牌，要创出我们中国自己的牌子。要发展就需要人才，不用人才不行。要鼓励用人才，出人才。听取公司副总经理丁钦元汇报情况后，邓小平说，你讲得好。特别是不要满足现在的状况，要日日新，月月新，年年新。不断创造出新的东西出来，才能有竞争力。视察后在返回住地的途中，邓小平说，要挖掘人才，要不断造就人才，一年三百六十五天，都要做这件事。只要有人才，就可以创造出技术，事业就兴旺发达。在陪同人员汇报到个体企业的发展问题时，他指出，以后分工越来越细，工艺越来越新，一家一户办不了，最终要走上集体化的道路。不过，农民愿意怎样就怎样，不要搞运动，他们实际上会朝这个方向走，集体化也是社会主义。在谈到家庭问题时，邓小平说，欧洲发达国家的经验证明，没有家庭不行，家庭是个好东西。都搞集体性质的福利会带来社会问题，比如养老问题，可以让家庭消化。欧洲搞福利社会，由国家、社会承担，现在走不通了。老人多了，人口老化，国家承担不起，社会承担不起，问题就会越来越大。我们还要维持家庭。全国有多少老人，都是靠一家一户养活的。中国文化从孔夫子起，就提倡赡养老人。

1月29日上午，邓小平接见珠海市、佛山市、中山市负责人。下午，离开珠海前往广州。晚，乘专列离开广州前往上海。1月31日晨，邓小平抵达上海。

2月7日上午，邓小平视察新建成的南浦大桥和正在建设中的杨浦大桥。

2月8日晚，邓小平乘友好号游船游览黄浦江，观看上海夜景。他对陪同的中共上海市委书记吴邦国、市长黄菊等说，二十一世纪是年轻人的。干部要年轻化，用人也要解放思想，胆子要大一点。人无完人，年轻人有这样那样的缺点，老同志就没缺点？老同志也是这样走过来的。年轻化要从基层搞起来，现在的基层比过去更大，宝钢也算是一个基层。要提拔一批年轻人，这样才能后继有人。

2月10日上午，邓小平视察上海贝岭微电子有限公司，观看该公司简介录像，听取公司经理陆德纯汇报，在高倍显微镜下观看芯片。在参观大束流离子注入机时，邓小平说，对外开放就是要引进先进技术为我所用。

2月12日上午，邓小平视察上海闵行开发区和上海县马桥乡旗忠村，在闵行开发区紫藤宾馆听取开发区总经理鲁又鸣汇报。在谈话时，邓小平指出，到本世纪末，上海浦东和深圳要回答一个问题，姓"社"不姓"资"，两个地方都要做标兵。要回答改革开放有利于社会主义，不利于资本主义。这是个大原则。要用实践来回答。农村改革是一大创举。家庭联产承包责任制的问题是用实践来回答的，城市改革的问题也要用实践来回答。实践这个标准最硬，它不会做假。要用上百上千的事实来回答改革开放姓"社"不姓"资"，有利于社会主义，不利于资本主义。上海要回答这个问题，要靠大家努力。

2月15日下午，邓小平在住地观看筹建中的上海西郊宾馆水族馆模型和浦东开发区模型。

2月17日下午，邓小平听取吴邦国、黄菊关于浦东开发和发展规划的汇报，并审看浦东新区规划图。听完汇报后，他指出，浦东开发晚了，但可以借鉴广东的经验，可以搞得好一点，搞得现代化一点，起点可以高一点。起点高，关键是思想起点要高。后来居上，我相信这一点。

2月18日晚，邓小平视察上海市第一百货商店，为孙辈购买铅笔和橡皮。

2月20日，邓小平乘专列离开上海，21日回到北京。①

邓小平在南方谈话中提出许多重要论断，主要集中在以下几个方面：

第一，要坚持改革开放的路线、方针、政策不动摇。针对人们对中国改革开放的担心和疑虑，邓小平旗帜鲜明地指出："要坚持党的十一届三中全会以来的路线、方针、政策，关键是坚持'一个中心、两个基本点'。不坚持社会主义，不改革开放，不发展经济，不改善人民生活，只能是死路一条。基本路线要管一百年，动摇不得。只有坚持这条路线，人民才会相信你，拥护你。谁要改变三中全会以来的路线、方针、政策，老百姓不答应，谁就会被打倒。"邓小平以改革开放的成果证明基本路线的正确性

---

① 《邓小平年谱》第5卷，中央文献出版社2020年版，第632—639页。

以及坚持这条路线的必要性。他说："如果没有改革开放的成果，'六·四'这个关我们闯不过，闯不过就乱，乱就打内战，'文化大革命'就是内战。为什么'六·四'以后我们的国家能够很稳定？就是因为我们搞了改革开放，促进了经济发展，人民生活得到了改善。所以，军队、国家政权，都要维护这条道路、这个制度、这些政策。"还说："在这短短的十几年内，我们国家发展得这么快，使人民高兴，世界瞩目，这就足以证明三中全会以来路线、方针、政策的正确性，谁想变也变不了。说过去说过来，就是一句话，坚持这个路线、方针、政策不变。"①党在社会主义初级阶段的基本路线是党和国家的生命线、人民的幸福线，任何时候都不能有丝毫偏离和动摇。邓小平在南方谈话中强调要坚持基本路线一百年不动摇，这个论断直到今天仍具有重要的指导意义。

第二，改革开放胆子要大一些，敢于试验，看准了的，就要大胆地试、大胆地闯。针对人们对中国改革开放提出的姓"资"还是姓"社"的问题，邓小平一针见血地指出："改革开放迈不开步子，不敢闯，说来说去就是怕资本主义的东西多了，走了资本主义道路。要害是姓'资'还是姓'社'的问题。判断的标准，应该主要看是否有利于发展社会主义社会的生产力，是否有利于增强社会主义国家的综合国力，是否有利于提高人民的生活水平。"关于计划与市场的关系及社会主义的本质，他指出："计划多一点还是市场多一点，不是社会主义与资本主义的本质区别。计划经济不等于社会主义，资本主义也有计划；市场经济不等于资本主义，社会主义也有市场。计划和市场都是经济手段。社会主义的本质，是解放生产力，发展生产力，消灭剥削，消除两极分化，最终达到共同富裕。"②这些讲话明确回答了在什么是社会主义以及怎样建设社会主义问题上，长期困扰和束缚人们思想的许多重大理论和认识问题，对于促进人们解放思想产

---

① 《邓小平文选》第 3 卷，人民出版社 1993 年版，第 370—371 页。

② 《邓小平文选》第 3 卷，人民出版社 1993 年版，第 372—373 页。

生了深远影响。

第三，要抓住时机，加快发展，关键是发展经济。邓小平说："现在，周边一些国家和地区经济发展比我们快，如果我们不发展或发展得太慢，老百姓一比较就有问题了。所以，能发展就不要阻挡，有条件的地方要尽可能搞快点，只要是讲效益，讲质量，搞外向型经济，就没有什么可以担心的。低速度就等于停步，甚至等于后退。要抓住机会，现在就是好机会。"他主张我国的经济发展要力争隔几年上一个台阶。邓小平说："看起来我们的发展，总是要在某一个阶段，抓住时机，加速搞几年，发现问题及时加以治理，尔后继续前进。"他这样说当然不是鼓励不切实际的高速度，相反强调"还是要扎扎实实，讲求效益，稳步协调地发展"。但同时又指出："对于我们这样发展中的大国来说，经济要发展得快一点，不可能总是那么平平静静、稳稳当当。要注意经济稳定、协调地发展，但稳定和协调也是相对的，不是绝对的。发展才是硬道理。"他认为："从我们自己这些年的经验来看，经济发展隔几年上一个台阶，是能够办得到的。""从国际经验来看，一些国家在发展过程中，都曾经有过高速发展时期，或若干高速发展阶段。日本、南朝鲜、东南亚一些国家和地区，就是如此。现在，我们国内条件具备，国际环境有利，再加上发挥社会主义制度能够集中力量办大事的优势，在今后的现代化建设长过程中，出现若干个发展速度比较快、效益比较好的阶段，是必要的，也是能够办到的。我们就是要有这个雄心壮志！"①

第四，要坚持两手抓，两手都要硬。一方面，邓小平强调在抓改革开放的同时，要抓打击各种犯罪活动，建设社会主义精神文明。他指出："打击各种犯罪活动，扫除各种丑恶现象，手软不得。""开放以后，一些腐朽的东西也跟着进来了，中国的一些地方也出现了丑恶的现象，如吸毒、嫖娼、经济犯罪等。要注意很好地抓，坚决取缔和打击，决不

---

① 《邓小平文选》第3卷，人民出版社1993年版，第375—377页。

能任其发展。""在整个改革开放过程中都要反对腐败。对干部和共产党员来说，廉政建设要作为大事来抓。还是要靠法制，搞法制靠得住些。总之，只要我们的生产力发展，保持一定的经济增长速度，坚持两手抓，社会主义精神文明建设就可以搞上去。"另一方面，邓小平又强调在整个改革开放的过程中，必须始终注意坚持四项基本原则。他告诫大家："资产阶级自由化泛滥，后果极其严重。特区搞建设，花了十几年时间才有这个样子，垮起来可是一夜之间啊。垮起来容易，建设就很难。在苗头出现时不注意，就会出事。"又说："依靠无产阶级专政保卫社会主义制度，这是马克思主义的一个基本观点。""运用人民民主专政的力量，巩固人民的政权，是正义的事情，没有什么输理的地方。我们搞社会主义才几十年，还处在初级阶段。巩固和发展社会主义制度，还需要一个很长的历史阶段，需要我们几代人、十几代人，甚至几十代人坚持不懈地努力奋斗，决不能掉以轻心。"① 几十代人的提法，表明了我国巩固和发展社会主义制度的长期性，对于坚持和发展中国特色社会主义具有重要意义。

第五，正确的政治路线要靠正确的组织路线来保证。中国的事情能不能办好，社会主义和改革开放能不能坚持，经济能不能快一点发展起来，国家能不能长治久安，从一定意义上说，关键在人。为此，邓小平强调要把我们的军队教育好，把我们的专政机构教育好，把共产党员教育好，把人民和青年教育好。他指出："中国要出问题，还是出在共产党内部。对这个问题要清醒，要注意培养人，要按照'革命化、年轻化、知识化、专业化'的标准，选拔德才兼备的人进班子。我们说党的基本路线要管一百年，要长治久安，就要靠这一条。真正关系到大局的是这个事。""就是要选人民公认是坚持改革开放路线并有政绩的人，大胆地放进新的领导机构里，使人民感到我们真心诚意搞改革开放。人民，是看实践。人民一看，

———————————

① 《邓小平文选》第 3 卷，人民出版社 1993 年版，第 378—380 页。

还是社会主义好，还是改革开放好，我们的事业就会万古长青！"①

第六，要坚定对社会主义的信心。社会主义经历一个长过程发展后必然代替资本主义，这是社会历史发展不可逆转的总趋势，但道路是曲折的。针对有人对社会主义前途缺乏信心，邓小平坚信："世界上赞成马克思主义的人会多起来的，因为马克思主义是科学。"他说："资本主义代替封建主义的几百年间，发生过多少次王朝复辟？所以，从一定意义上说，某种暂时复辟也是难以完全避免的规律性现象。一些国家出现严重曲折，社会主义好像被削弱了，但人民经受锻炼，从中吸收教训，将促使社会主义向着更加健康的方向发展。因此，不要惊慌失措，不要认为马克思主义就消失了，没用了，失败了。哪有这回事！"②南方谈话后社会主义的发展证明了邓小平论断的科学性和预见性的穿透力。

邓小平南方谈话精辟地分析了国际国内形势，科学总结了中共十一届三中全会以来党的基本实践和基本经验，从理论上深刻回答了长期困扰和束缚人们思想的许多重大问题，是把我国改革开放和社会主义现代化建设推进到新阶段的又一个解放思想、实事求是的宣言书。

1992年2月28日，中共中央将邓小平南方谈话要点作为中央1992年第2号文件，正式向全党下发和传达，要求全体党员，尤其是各级领导干部，认真学习邓小平南方谈话精神，紧密结合实际，认真贯彻落实。3月9日至10日，江泽民主持召开中共中央政治局全体会议，讨论我国改革和发展的若干重大问题。会议完全赞同邓小平南方谈话，认为谈话不仅对当前的改革和建设、对开好中共十四大具有十分重要的指导作用，而且对于整个社会主义现代化建设事业都具有重大而深远的意义。会议根据邓小平南方谈话精神，讨论了我国改革开放和发展的若干重大问题，强调，当前要特别注意抓住改革和建设中牵动全局的重大问题，深入调查研究，确定

---

① 《邓小平文选》第3卷，人民出版社1993年版，第380—381页。
② 《邓小平文选》第3卷，人民出版社1993年版，第382—383页。

今后一个时期的战略思想和政策主张，并认真组织实施。会议就此作了研究和部署。会议要求，全党要认真学习邓小平关于建设有中国特色社会主义的一系列重要论述，进一步提高全面贯彻执行党的基本路线的自觉性。5月16日，中共中央政治局通过《关于加快改革，扩大开放，力争经济更好更快地上一个新台阶的意见》，就贯彻落实邓小平南方谈话精神作出部署。国务院相继作出一系列加快改革开放和经济发展的决定。

1992年10月12日至18日，中共十四大在北京召开。这次大会以邓小平南方谈话精神为指导，认真总结中共十一届三中全会以来十四年的实践经验，对动员全党和全国各族人民进一步解放思想，把握有利时机，加快改革开放和现代化建设步伐，夺取有中国特色社会主义事业的更大胜利进行了战略部署。大会作出三项具有重大历史意义的决定。

一是确立邓小平建设有中国特色社会主义理论在全党的指导地位。报告指出，改革开放以来，我们党之所以能够取得历史性成就，根本原因是在十四年的伟大实践中，坚持把马克思主义基本原理同中国具体实际和时代特征相结合，逐步形成和发展了建设有中国特色社会主义的理论。建设有中国特色社会主义的理论，是在和平与发展成为时代主题的历史条件下，在我国改革开放和社会主义现代化建设的实践过程中，在总结我国社会主义胜利和挫折的历史经验并借鉴其他国家社会主义兴衰成败历史经验的基础上，逐步形成和发展起来的。这个理论第一次比较系统地初步回答了中国这样的经济文化比较落后的国家如何建设社会主义、如何巩固和发展社会主义的一系列基本问题，是马克思列宁主义基本原理与当代中国实际和时代特征相结合的产物，是毛泽东思想的继承和发展，是全党全国人民集体智慧的结晶，是中国共产党和中国人民最可珍贵的精神财富。大会通过的党章修正案，写入建设有中国特色社会主义的理论和党在社会主义初级阶段的基本路线，确立了邓小平建设有中国特色社会主义理论在全党的指导地位。

二是将建立社会主义市场经济体制确立为我国经济体制的改革目标。

中共十四大报告明确指出，实践的发展和认识的深化，要求我们明确提出，我国经济体制改革的目标是建立社会主义市场经济体制，以利于进一步解放和发展生产力。我们要建立的社会主义市场经济体制，就是要使市场在社会主义国家宏观调控下对资源配置起基础性作用，使经济活动遵循价值规律的要求，适应供求关系的变化；通过价格杠杆和竞争机制的功能，把资源配置到效益较好的环节中去，并给企业以压力和动力，实现优胜劣汰；运用市场对各种经济信号反应比较灵敏的优点，促进生产和需求的及时协调。同时也要看到市场有其自身的弱点和消极方面，必须加强和改善国家对经济的宏观调控。①

三是要求全党抓住机遇，加快发展，集中精力把经济建设搞上去。江泽民在报告中指出，世界上许多国家特别是我们周边的一些国家和地区都在加快发展。如果我国经济发展慢了，社会主义制度的巩固和国家的长治久安都会遇到极大困难。所以，我国经济能不能加快发展，不仅是重大的经济问题，而且是重大的政治问题。90年代我国经济的发展速度，原定为国民生产总值平均每年增长百分之六，现在从国际国内形势的发展情况来看，可以更快一些。根据初步测算，增长百分之八到九是可能的，我们应该向这个目标前进。②

这些重大决定的理论基础和指导思想就是邓小平南方谈话精神。

我国经济体制改革确定什么样的目标模式，是关系整个社会主义现代化建设全局的一个重大问题，其核心是正确认识和处理计划与市场的关系。传统观念认为，市场经济是资本主义特有的东西，计划经济才是社会主义经济的基本特征。中共十一届三中全会后，随着改革的深入，我们逐步摆脱这种观念，形成新的认识，对推动改革和发展起了重要作用。中共十二大提出计划经济为主，市场调节为辅；中共十二届三中全会提出商品

---

① 《十四大以来重要文献选编》（上），中央文献出版社2011年版，第16页。
② 《十四大以来重要文献选编》（上），中央文献出版社2011年版，第14页。

经济是社会经济发展不可逾越的阶段，我国社会主义经济是公有制基础上的有计划商品经济；中共十三大提出社会主义有计划商品经济的体制应该是计划与市场内在统一的体制；中共十三届四中全会后，提出建立适应有计划商品经济发展的计划经济与市场调节相结合的经济体制和运行机制。

邓小平在南方谈话中对这个问题进行了精辟论述，为中共十四大确立我国经济体制改革的目标模式奠定了思想基础，提供了理论依据。对此，江泽民在中共十四大报告中有明确阐述。他说："邓小平同志今年初重要谈话进一步指出，计划经济不等于社会主义，资本主义也有计划；市场经济不等于资本主义，社会主义也有市场。计划和市场都是经济手段。计划多一点还是市场多一点，不是社会主义与资本主义的本质区别。这个精辟论断，从根本上解除了把计划经济和市场经济看作属于社会基本制度范畴的思想束缚，使我们在计划与市场关系问题上的认识有了新的重大突破。"①

中共十四大召开前的 6 月 9 日，江泽民在中共中央党校省部级干部进修班上作了题为《深刻领会和全面落实邓小平同志的重要谈话精神，把经济建设和改革开放搞得更快更好》的重要讲话。在这篇讲话中，针对关于建立什么样的新的经济体制的争论，江泽民明确表示比较倾向于使用"社会主义市场经济"这个提法。

讲话指出，经过学习邓小平同志的重要谈话，在对计划和市场、建立新经济体制问题的认识上，学术界、理论界又有了一些新的提法。大体上有这么几种：一是建立计划与市场相结合的社会主义商品经济体制，二是建立社会主义有计划的市场经济体制，三是建立社会主义的市场经济体制。讲话强调，上述这几种提法，究竟哪一种更切合我国的经济实际，更易于为大多数同志所接受，更有利于促进我国经济建设的发展，还可以继续研究，眼下不必忙于作出定论。不过，我想在党的十四大报告中，总得

---

① 《江泽民文选》第 1 卷，人民出版社 2006 年版，第 226 页。

最后确定一种大多数同志都赞同的有关经济体制的比较科学的提法，以利于进一步统一全党同志的认识和行动，以利于加快我国社会主义的新经济体制的建立。我个人的看法，比较倾向于使用"社会主义市场经济体制"这个提法。① 这篇重要讲话进一步统一了全党的思想，为中共十四大确立社会主义市场经济体制的改革目标做了充分准备。

6月12日，江泽民征求邓小平对使用"社会主义市场经济体制"这一提法的意见。邓小平赞成使用这个提法，还说："在党校的讲话可以先发内部文件，反映好的话，就可以讲。这样十四大也就有了一个主题了。"② 经过这样的酝酿和准备，社会主义市场经济体制的改革目标在中共十四大上正式确立下来。

社会主义市场经济体制是同我国社会主义基本制度结合在一起的。在所有制结构上，以公有制包括全民所有制和集体所有制经济为主体，个体经济、私营经济、外资经济为补充，多种经济成分长期共同发展，不同经济成分还可以自愿实行多种形式的联合经营。国有企业、集体企业和其他企业都进入市场，通过平等竞争发挥国有企业的主导作用。在分配制度上，以按劳分配为主体，其他分配方式为补充，兼顾效率与公平。运用包括市场在内的各种调节手段，既鼓励先进，促进效率，合理拉开收入差距，又防止两极分化，逐步实现共同富裕。在宏观调控上，我们社会主义国家能够把人民的当前利益与长远利益、局部利益与整体利益结合起来，更好地发挥计划和市场两种手段的长处。国家计划是宏观调控的重要手段之一。要更新计划观念，改进计划方法，重点是合理确定国民经济和社会发展的战略目标，搞好经济发展预测、总量调控、重大结构与生产力布局规划，集中必要的财力物力进行重点建设，综合运用经济杠杆，促进经济更好更快地发展。把社会主义制度与市场经济结合起来，是前无古人的伟

---

① 《江泽民文选》第1卷，人民出版社2006年版，第200—202页。
② 《邓小平年谱》第5卷，中央文献出版社2020年版，第645—646页。

大创举，是中国共产党人对马克思主义的重大发展，是社会主义发展史上的重大突破。

社会主义市场经济目标的确立，使中国经济体制改革和社会主义现代化建设的方向更加明确，对我国改革开放和社会主义现代化建设事业产生了重大而深远的影响。这是中共十四大的重大历史贡献，是中国共产党人在社会主义理论上的认识飞跃，对我国的经济体制改革具有重大指导意义。

以邓小平南方谈话和中共十四大为标志，中国改革开放和社会主义现代化建设进入新的发展阶段，并由此打开了我国经济、政治、文化发展的新局面。在邓小平的倡导和支持下，改革大潮汇聚成时代洪流，使中国人民的面貌、社会主义中国的面貌、中国共产党的面貌发生了历史性变化。

第二十六章

晚年岁月

中共十四大后，邓小平不再管问中央的日常事务 ①，开始安享晚年，过着离休的生活。这一年，他88岁。

邓小平在晚年岁月，仍关注着改革开放和社会主义现代化建设事业。每次有中共中央领导同志去看望他，邓小平总是利用这个机会，表达他对有关问题的看法。中共中央领导同志也总是认真听取他的意见。邓小平晚年生活的另一项重要内容就是审阅自己的文选，为后人留下一份宝贵的精神财富。

晚年的邓小平喜欢到上海过春节，1988年至1994年的春节他都是在上海度过的。邓小平喜欢到上海过年，这既有气候的原因，也体现了他对上海这个改革开放前沿地区的特别感情。

1993年的春节，邓小平是在上海度过的。在去上海前，他先到杭州休息了二十天。在杭州期间，邓小平对浙江省党政军负责人反复强调要抓住机遇，加快发展。1992年12月17日，他在同浙江省委书记李泽民、省长葛洪升谈话中指出，要抓住机遇，发展自己，不断提高综合国力。一

---

① 1993年9月16日，邓小平在同他弟弟邓垦谈话时说，走这一步（指邓小平从领导岗位上退下来——笔者注），我是跟中央的同志讲清楚了的，日常的事情少管、不管，现在一点也不管，让他们放手去搞。现在我比较放心。《邓小平年谱》第5卷，中央文献出版社2020年版，第662页。

定要把经济建设搞上去，以经济建设为中心不能动摇。在搞好物质文明建设的同时，要搞好精神文明的建设。面对风云变幻的国际形势，我们要冷静观察，沉着应付，少说多做，要努力把自己的事办好，这样在处理复杂多变的国际事务中才有更多的发言权。这些讲话和他年初南方谈话的精神是完全一致的。1993 年 1 月 4 日，邓小平在接见浙江省党政军负责人和老同志代表时，再次强调，我很关注浙江的发展。浙江的发展势头是不错的。要珍惜这个好的发展机遇，保持好的发展势头。①

1 月 22 日是大年三十，邓小平同吴邦国、黄菊等上海市党政军负责人和各界人士共度除夕。在交谈中，邓小平强调的还是要抓住机遇。他说，我向大家拜年，并通过你们向全体上海人民，首先是上海工人阶级拜年。上海工人阶级长期以来一直是中国工人阶级的带头羊。希望你们不要丧失机遇。对中国来说，大发展的机遇并不多。中国与世界各国不同，有着自己独特的机遇，比如我们有几千万爱国同胞在海外，他们对祖国做出了很多贡献。邓小平对上海市过去一年的工作予以充分肯定。他说，上海人民在 1992 年做出了别人不能做到的事情。当然走一步，回头看一下是必要的。要注意稳妥，避免损失，特别要避免大的损失。有一点小的损失不要紧，回头总结经验，改正缺点就是了。乘风破浪，脚步扎实，克服困难更上一层楼。邓小平特别强调，实践证明，以江泽民同志为核心的党中央领导集体工作做得是好的，是可以信任的。2 月 8 日，邓小平离开上海前，再次对吴邦国、黄菊说，从现在开始到 2010 是难得的机会，不要丧失了。② 殷殷之情，溢于言表。

1993 年，中共中央决定采取措施，抑制经济过热势头，加强宏观调控。邓小平予以积极支持，并提出重要意见。

中共十四大后，在深化改革、扩大开放的过程中，由于一些地方和部

---

① 《邓小平年谱》第 5 卷，中央文献出版社 2020 年版，第 654、656 页。

② 《邓小平年谱》第 5 卷，中央文献出版社 2020 年版，第 657 页。

门片面追求高速度，也由于旧的宏观调控机制逐渐失效，新的调控机制尚未健全，以致出现了经济过热现象。具体表现为：货币投放过量，金融秩序混乱；投资需求和消费需求出现膨胀趋势；财政困难状况加剧；工业增长速度过快，基础设施和基础工业的瓶颈制约进一步加大；出口增长乏力，进口增长过快，国家外汇结存基本无增长；物价上涨过快，通货膨胀呈加速之势。针对这些问题，6 月 24 日，中共中央、国务院制定了《关于当前经济情况和加强宏观调控的意见》，提出了十六条加强宏观调控的措施，其中包括严格控制货币发行，灵活运用利率杠杆，坚决制止各种乱集资，限期完成国库券发行任务，加强房地产市场的宏观管理，严格控制新开工项目等。① 这十六条措施主要是实行适度从紧的财政政策和货币政策，整顿金融秩序和流通环节，控制投资规模，加强价格监督。

6 月 22 日，在《意见》出台前夕，江泽民去住地看望邓小平，听取他对加强宏观调控的意见。邓小平在谈话中赞同江泽民提出的加强宏观调控，突出抓金融工作的建议，并指出，什么时候政府都要管住金融。通货膨胀，人民受损失。人民币不能贬值太多，市场物价要控制住。②

在关心和支持中央加强宏观调控的同时，邓小平 1993 年主持完成了《邓小平文选》第三卷的编辑工作，并与其弟弟邓垦进行了一次内容重要的谈话。

中共十四大确立了邓小平建设有中国特色社会主义理论在全党的指导地位。会后，编辑出版《邓小平文选》第三卷、为全党进行思想理论武装提供教材的战略任务随之提上日程。1992 年 12 月 8 日，邓小平同志办公室通知中共中央文献研究室，同意编辑出版《邓小平文选》第三卷，同时确定了编辑组组成人员和具体负责人。③

从 1993 年 5 月起，编辑组将拟收入《邓小平文选》第三卷的全部文

---

① 《十四大以来重要文献选编》（上），中央文献出版社 2011 年版，第 273—280 页。
② 《邓小平年谱》第 5 卷，中央文献出版社 2020 年版，第 659—660 页。
③ 《邓小平年谱》第 5 卷，中央文献出版社 2020 年版，第 654 页。

稿整理稿，分十四批陆续报送邓小平逐篇审定。在审定文稿的过程中，邓小平发表了一系列谈话，对《邓小平文选》第三卷的编辑工作提出指导性意见。

5月4日，邓小平初审编辑组报送的第一批文稿。初审后，邓小平指出：这部分内容不少，可以编一本好书出来。但要加工，要仔细推敲。现在有些东西没有理清楚，看起来费劲，那本《建设有中国特色的社会主义》小本本，大概占三分之一，文字上要下功夫。不成熟的东西，连贯得不好的东西，解释得不清楚的东西，宁可不要。① 这次谈话对编辑《邓小平文选》第三卷在文字加工、内容取舍、逻辑连贯等方面提出了明确要求，成为编辑工作的指导方针。

根据邓小平5月4日的意见，编辑组对第一批报送的三篇文稿（代表三种类型）重新进行了整理，于5月17日报送邓小平。编辑组在给邓小平写的报告中提出，对1982年9月13日邓小平在中央顾问委员会第一次全体会议上的讲话稿，比较5月初邓小平看过的那个稿子有两方面改进，"一是删去了一些枝节的东西，二是推敲和完善了一些文句和逻辑。篇幅由四千字压到二千字。"报告提出："这样加工整理，讲话中的重要思想比较突出了，行文比较明快了。"对《一心一意搞建设》，这是1982年9月18日邓小平同朝鲜劳动党中央总书记金日成的谈话，报告提出，"这是记录稿，没有发表过，这次也是删去枝节，推敲文字，比您上次看过的整理稿由二千五百字压到一千五百字。"对收入《建设有中国特色的社会主义》的一篇文章（1984年6月30日邓小平会见第二次中日民间人士会议日方委员会代表时谈话的一部分），报告提出，这一篇原来的文字整理确有一些逻辑不连贯、表达不清楚的地方，这次作了较大的加工。报告还提出："改动都是在文字和条理分明，没有改变原来的观点，更没有添加当时没有讲过的观点。"5月26日，邓小平看完三篇整理稿后说："这三篇都整理

---

① 《邓小平年谱》第5卷，中央文献出版社2020年版，第658页。

得很好，文字、内容、逻辑都很好。顾委会的讲话很好。第二篇（同金日成的谈话）改得重点突出了。第三篇（《建设有中国特色的社会主义》）也很好，历史情况讲清楚了。"邓小平鼓励：还可以放手一点嘛！6月11日，邓小平一口气读完编辑组报来的八篇文稿，又满意地表示："可以，就这么干。"①

在6月11日的这次谈话中，邓小平还提出了一条具体编辑意见。他说，《我们对香港问题的基本立场》这篇文章要加一个长一点的、详细一点的注释。注释要把中英关于香港问题谈判的过程、谈判的主要点都反映出来，要写明中国的意见是撒切尔夫人及英方参加会谈的人表示接受了的。当时谈判谈得很细，谈到驻军的问题。我说，中国对香港行使主权，表现的形式主要是驻军。后来又为一个很小的问题争了起来，就是双方今后在什么地方进行磋商。我说，可以在伦敦、北京、香港三个地方轮流进行。这些问题英方后来都表示接受了。所以，外国人说我敏锐。基本法也是在双方达成谅解和几个协议的基础上才搞成的，英国也同意了。可以把整个中英谈判的过程搞个备忘录，写啰嗦一点不要紧，找个合适的时机发表，配合当前的斗争。要让大家知道，是英方不守信义，我们是守信用的。在这个问题上，可以做一篇好文章。根据邓小平的意见，《邓小平文选》第三卷对香港问题做了一个详细的注释。②

关于《邓小平文选》第三卷的起止篇目，编辑组提出，把1983年出版的《邓小平文选》（一九七五——一九八二年）终卷篇（1982年9月1日邓小平在中国共产党第十二次全国代表大会上所作的开幕词）移过来作为新一卷的开篇卷，"就按原来的发表稿，不作改动"。邓小平同意。编辑组提出以南方谈话为终卷篇，邓小平也同意了。7月7日，他说："编到南

---

① 张曙：《邓小平亲自指导编辑〈邓小平文选〉第三卷》，《党史博采》2014年第10期。
② 《邓小平年谱》第5卷，中央文献出版社2020年版，第659页。

方谈话为止，这样好，段落比较清楚。"①

从 7 月起，邓小平加快了审阅文稿的速度。他说，我主要看能不能连贯起来。在审阅过几批文稿后，邓小平对文字整理工作比较满意了，就提出争取早出的要求。7 月 7 日，他在审阅几篇文稿整理稿时说："希望编辑人员要加加班，速度快点，争取早点出。"8 月 7 日，他在审阅完编辑组报送的第七次报告和 8 篇整理稿后说："工作还要加快些。"8 月 17 日，他在审阅完编辑组报送的第十次报告和九篇整理稿后说："这是一本比较好的书，没有空话，要快出。"②

9 月 3 日，邓小平审阅编辑组报送的最后一批文稿。在审阅完最后一篇整理稿后，邓小平高兴地说，大功告成！对南方谈话的最后一段："……如果从建国起，用一百年时间把我国建设成中等水平的发达国家，那就很了不起！从现在起到下世纪中叶，将是很要紧的时期，我们要埋头苦干。我们肩膀上的担子重，责任大啊！"邓小平表示满意，称赞说，这个结尾不错。③

9 月 27 日，邓小平审阅编辑组报送的《邓小平文选》第三卷编辑工作总结报告。编辑组在报告中汇报了《邓小平文选》第三卷在编辑过程中征求有关方面意见的情况，以及作了哪些修改等，同时提出准备在 1994 年，对已出版的《邓小平文选（一九三八——一九六五年）》《邓小平文选（一九七五——一九八二年）》两卷重新修订出版。邓小平阅后作出批示："我都同意"，并欣慰地同有关负责人说，算完成了一件事。④ 自此，《邓小平文选》第三卷在邓小平的亲自主持下编辑完成。这部文选共收入邓小平 1982 年至 1992 年间的著作 119 篇。

---

① 张曙：《邓小平亲自指导编辑〈邓小平文选〉第三卷》，《党史博采》2014 年第 10 期；《邓小平年谱》第 5 卷，中央文献出版社 2020 年版，第 660 页。

② 张曙：《邓小平亲自指导编辑〈邓小平文选〉第三卷》，《党史博采》2014 年第 10 期；《邓小平年谱》第 5 卷，中央文献出版社 2020 年版，第 660 页。

③ 《邓小平年谱》第 5 卷，中央文献出版社 2020 年版，第 661 页。

④ 《邓小平年谱》第 5 卷，中央文献出版社 2020 年版，第 663 页。

邓小平之所以如此重视《邓小平文选》第三卷，全程亲自指导编辑审定，是有自己的深层思考的。这从他的几次谈话中就能反映出来。7月7日，邓小平在审阅几篇文稿整理稿时指出："这本书有针对性，教育人民，现在正用得着。不管对现在还是对未来，我讲的东西都不是从小角度讲的，而是从大局讲的。"8月24日，他在审阅部分文稿整理稿时，向有关负责人提出："文选印成清样后，发一二十位同志看看，请他们提意见。""实际上，这是个政治交代的东西。"9月27日，他同有关负责人说："我的文选第三卷为什么要严肃地多找点人看看，就是因为其中讲到的事都是我们一直在做的事，不能动摇。就是要坚持，不能改变这条路线，特别是不能使之不知不觉地动摇，变为事实。"①从这些谈话中，可以看出邓小平是将自己的文选第三卷作为政治交代留给后人的，目的是以此教育全党和全国人民，坚持基本路线不动摇，沿着他亲自开创的中国特色社会主义道路继续前进。这是邓小平对后辈的殷切期望和谆谆嘱托。

11月2日，《邓小平文选》第三卷由人民出版社出版。同日，中共中央作出《关于学习〈邓小平文选〉第三卷的决定》。《决定》指出，《邓小平文选》第三卷的出版，为落实用邓小平建设有中国特色社会主义的理论武装全党，统一全党思想，教育干部和人民，提供了最好的教材和最有力的武器。同日，中共中央举行学习《邓小平文选》第三卷学习报告会，江泽民在会上发表重要讲话。随后，中共中央举办了四期省部级主要领导干部学习《邓小平文选》第三卷的理论研讨班。学习《邓小平文选》第三卷随即掀起高潮。

12月9日，邓小平在住地接见参加编辑《邓小平文选》第三卷的部分工作人员，并合影留念。在合影前，为郑必坚、逄先知、龚育之题词，肯定他们在编辑《邓小平文选》第三卷中所做的工作。②

---

① 《邓小平年谱》第5卷，中央文献出版社2020年版，第660、660—661、663页。

② 《邓小平年谱》第5卷，中央文献出版社2020年版，第665页。

在主持编辑《邓小平文选》第三卷期间，这年 9 月 16 日，邓小平同他弟弟邓垦进行了一次内容重要的谈话，涉及坚持四项基本原则、建立退休制度、实现共同富裕等问题。

关于坚持四项基本原则，邓小平说，我们在改革开放初期就提出"四个坚持"。没有这"四个坚持"，特别是党的领导，什么事情也搞不好，会出问题。出问题就不是小问题。社会主义市场经济优越性在哪里？就在四个坚持。四个坚持集中表现在党的领导。这个问题可以敞开来说，我那个讲话①没有什么输理的地方，没有什么见不得人的地方。当时我讲的无产阶级专政，就是人民民主专政，讲人民民主专政，比较容易为人所接受。现在经济发展这么快，没有四个坚持，究竟会是个什么局面？提出四个坚持，以后怎么做，还有文章，还有一大堆的事情，还有没有理清楚的东西。党的领导是个优越性。没有人民民主专政，党的领导怎么实现啊？四个坚持是"成套设备"。在改革开放的同时，搞好四个坚持，我是打下个基础，这个话不是空的。

关于建立退休制度，邓小平说，我退休是党中央全会认可和批准的。我的意思是建立退休制度。没有退休制度，我们的事业难以为继。长久下去，会背起一个大包袱，一堆老人。不仅是数量问题，更重要的是活力没有了，战斗力没有了。国家发展了，我当一个富裕国家的公民就行了。现在证明，我退休以后，江泽民他们搞得不错。我算是比较活泼的人，不走死路的人，但毕竟年龄到这个时候了，没有精力搞了。我在旁边看到成功，在旁边鼓掌，不也是很好的一件事情嘛！要创造一种风气，一代一代传下去，让国家逐步兴旺起来。走这一步，我是跟中央的同志讲清楚了的，日常的事情少管、不管，现在一点也不管，让他们放手去搞。现在我比较放心，我看我们的事业有希望，我们国家大有希望，我们民族大有希望。

---

① 指邓小平 1979 年 3 月在党的理论工作务虚会上的讲话《坚持四项基本原则》。

关于实现共同富裕，邓小平说，十二亿人口怎样实现富裕，富裕起来以后财富怎样分配，这都是大问题。题目已经出来了，解决这个问题比解决发展起来的问题还困难。分配的问题大得很。我们讲要防止两极分化，实际上两极分化自然出现。要利用各种手段、各种方法、各种方案来解决这些问题。解决这些问题需要一些年富力强的同志。中国人能干，但是问题也会越来越多，越来越复杂，随时都会出现新问题。比如刚才讲的分配问题。少部分人获得那么多财富，大多数人没有，这样发展下去总有一天会出问题。分配不公，会导致两极分化，到一定时候问题就会出来。这个问题要解决。过去我们讲先发展起来。现在看，发展起来以后的问题不比不发展时少。所以，我们退休以后也不是无事可做。观察社会问题，出点主意，原则上要掌握几条。①

这是邓小平晚年的一次重要谈话。虽然是与他弟弟谈的，是同家人的一次谈话，但谈的都是关系改革开放和社会主义现代化建设的前途命运、关系党和国家长治久安的重大政治问题。中国的改革开放和社会主义现代化建设是一项系统工程，涉及方方面面的事情，但邓小平在晚年与他弟弟回顾他开创的改革开放伟大事业时，突出谈到的是坚持四项基本原则、建立退休制度、实现共同富裕这三个问题，足见这些问题在他心目中的位置和分量。

改革开放是强国之路，四项基本原则是立国之本，它们保证我国改革开放的正确方向。如果离开四项基本原则来谈改革开放，就会造成社会动乱，改革开放就搞不下去。邓小平在改革开放之初就提出了"四个坚持"，特别是反复强调要坚持党的领导，坚持人民民主专政，从而保证了改革开放的顺利进行。这是邓小平为中国特色社会主义事业打下的坚实基础，是留给我们后人的宝贵精神财富，需要我们继续坚持和发展。

邓小平为中国改革开放和社会主义现代化建设事业作出的另一个重大贡

---

① 《邓小平年谱》第 5 卷，中央文献出版社 2020 年版，第 661—662 页。

献就是废除了干部领导职务终身制，建立起了退休制度，并身体力行地作出了表率，为中共中央领导集体的顺利交替发挥了决定性作用。这是关系党和国家长治久安的重大战略问题，是邓小平为中国特色社会主义事业的坚持和发展奠定的重要制度基础，具有重大的政治意义和深远的历史意义。

共同富裕一直是邓小平重点关注的问题。1992 年 12 月 18 日，他在阅《参考消息》上刊登的《中国将成为最大的经济国》和《马克思主义新挑战更加令人生畏》两篇文章时就指出，中国发展到一定的程度后，一定要考虑分配问题。也就是说，要考虑落后地区和发达地区的差距问题。不同地区总会有一定的差距。这种差距太小不行，太大也不行。如果仅仅是少数人富有，那就会落到资本主义去了。要研究提出分配这个问题和它的意义。到本世纪末就应该考虑这个问题了。我们的政策应该是既不能鼓励懒汉，又不能造成打"内仗"。① 鉴于分配问题在当时已开始突出起来，邓小平在和他弟弟的这次谈话中又专门讲到共同富裕问题，指出解决这个问题比解决发展起来的问题还困难，发展起来以后的问题不比不发展时少。事实证明，邓小平当时的预见是准确的，提醒是及时的，认识是深刻的，为我们后来解决这个问题提供了重要的思想指导。

1994 年的春节，邓小平照例是在上海度过的。这是他最后一次在上海过春节。2 月 9 日是大年除夕。这天，吴邦国、黄菊等上海市党政军负责人看望了在上海过年的邓小平。

邓小平和吴邦国、黄菊等同部分老同志互致新春的祝贺和问候。他说，祝以江泽民同志为核心的中央领导同志春节愉快，身体健康。祝全国人民春节愉快，家庭幸福，人民团结，在新的一年里取得更大的胜利。我一年来你们上海一次，祝上海人民春节愉快。②

春节过后，邓小平 2 月 19 日离开上海。临行前，他在火车上对吴邦

---

① 《邓小平年谱》第 5 卷，中央文献出版社 2020 年版，第 654—655 页。

② 《邓小平年谱》第 5 卷，中央文献出版社 2020 年版，第 666 页。

国、黄菊说，你们要抓住二十世纪的尾巴，这是上海的最后一次机遇。上海有特殊的素质，上海完全有条件上得快一点。下午，邓小平途经南京同陈焕友、固辉、方祖岐等江苏省党政军负责人谈话时，仍然强调的是抓住机遇，加快发展。他指出，现在是机会啊，这个机会很难得呀！中国人这种机会有过多次，但是错过了一些，很可惜！你们要很好抓住。你们要发奋，把群众的积极性调动起来，聚精会神地搞建设。邓小平还指出，你们发展经济，能快则快，不要搞快呀慢呀的争论。不搞争论是我的一大发明。① 这些话语重心长，体现了邓小平对上海和江苏等东部沿海省份加快发展的殷切期望和谆谆嘱托。

1994 年 12 月 22 日，邓小平因肺部感染住进中国人民解放军总医院，于次年 2 月 7 日病愈出院。

1994 年 11 月 2 日，《邓小平文选（一九三八——一九六五年）》和《邓小平文选（一九七五——一九八二年）》经过增补和修订，由人民出版社出版第二版，分别改称《邓小平文选》第一卷、第二卷。第一卷增补了 4 篇著作，主要是邓小平担任中共中央总书记期间的讲话。第二卷增补了 14 篇著作，其中绝大部分是第一次公开发表。这次增补，对邓小平在 20 世纪 70 年代中至 80 年代初已经提出的关于建设有中国特色社会主义理论的某些重要思想，作了比较充分的反映。全书共收入 60 篇著作。经增补修订后出版的《邓小平文选》第一卷、第二卷，连同 1993 年出版的第三卷，集中了邓小平的主要著作。这些著作反映了从 20 世纪 30 年代末到 90 年代初长达半个多世纪中，邓小平把马克思列宁主义的基本原理同中国革命和建设的具体实践相结合，同时代特征相结合，形成的基本理论观点和政策策略思想，是对马克思列宁主义、毛泽东思想的继承和发展。《邓小平文选》第二卷同第三卷在内容上前后衔接、相互贯通，形成一个科学体系，这两卷成为建设有中国特色社会主义理论的奠基之作。同日，中共中央办

---

① 《邓小平年谱》第 5 卷，中央文献出版社 2020 年版，第 666—667 页。

公厅转发中共中央宣传部、中共中央组织部《关于学习〈邓小平文选〉第一、二卷的通知》。《通知》要求各级党委要把第一、第二、第三卷作为一个整体来学习。在学习中，要围绕什么是社会主义、怎样建设社会主义这个基本问题，深刻理解邓小平建设有中国特色社会主义理论的由来、形成和发展。要认真研读原著，掌握精神实质，把握理论的科学体系，理论联系实际，统一全党思想，坚持党的基本路线一百年不动摇。①

1995 年的春节，邓小平是在医院度过的。1 月，春节前夕，江泽民、李鹏等中共中央领导人前往医院看望了邓小平。邓小平在与江泽民等的谈话中，对全国人民在以江泽民为核心的党中央领导下，在改革开放和建设有中国特色社会主义事业中取得巨大成绩表示由衷高兴，并请江泽民等转达他对全国各族人民的节日祝贺。②

自 1995 年 2 月 7 日病愈出院后，邓小平一直在家休养。1996 年 12 月 12 日，邓小平因患病再次住进中国人民解放军总医院。在此后直至逝世的 2 个多月时间里，邓小平是在医院里度过的。

从 1997 年 1 月 1 日起，十二集电视文献纪录片《邓小平》，在中央电视台第一套节目开始播出。这是一部全面反映邓小平光辉业绩和伟大理论，真实再现邓小平革命生涯和伟人风采的电视文献纪录片。这部文献纪录片由中共中央文献研究室和中央电视台联合摄制。邓小平在医院病房观看了这部电视文献纪录片。

1997 年的春节，邓小平是在医院度过的。这是他度过的最后一个春节。2 月初，春节前夕，江泽民等中共中央领导人到医院看望邓小平。在谈话中，邓小平请江泽民等转达他对全国各族人民的节日祝贺，并希望在以江泽民为核心的党中央领导下，把今年恢复对香港行使主权和召开党的十五大这两件大事办好。③ 邓小平在最后的日子里，关心的仍是党和国家

① 《邓小平年谱》第 5 卷，中央文献出版社 2020 年版，第 668 页。
② 《邓小平年谱》第 5 卷，中央文献出版社 2020 年版，第 669 页。
③ 《邓小平年谱》第 5 卷，中央文献出版社 2020 年版，第 672 页。

的大事。

鉴于邓小平的病情不断恶化，2月15日，邓小平夫人卓琳暨子女邓林、邓朴方、邓楠、邓榕、邓质方致信江泽民并中共中央，就邓小平的后事安排提出意见。信中写道：近来小平同志病重，作为他的亲人，我们的心情十分沉重。我们知道，中央的同志们都很关心小平同志，也与我们一样，已开始考虑有关后事安排。小平同志是彻底的唯物主义者，对于生死问题的看法向来达观，关于他的后事，近年来曾对我们多有交代。为了体现小平同志一生的追求和信念，完美地完成他人生的最后一个篇章，根据他的嘱托，我们提出如下意见：一、不搞遗体告别仪式。小平同志历来主张丧事从简，不搞遗体告别仪式符合他的看法。二、追悼会在火化后举行。骨灰盒以中国共产党党旗覆盖，上方悬挂体现小平同志精神面貌的彩色照片，以表达庄重肃穆的气氛。三、家中不设灵堂。四、捐献角膜。解剖遗体供医学研究。五、不留骨灰。根据小平同志本人的意愿，把骨灰撒入大海。小平同志毫无保留地把毕生奉献给了祖国和人民，我们希望，我们为小平同志所做的最后一件事，既能体现小平同志的精神本质，又能以最朴素和最庄严的方式表达我们的哀思。① 意见是根据邓小平的嘱托提出的，中共中央尊重了邓小平亲属提出的这些意见。

2月19日21时08分，邓小平在北京逝世，终年93岁。在邓小平生病住院及病重期间，江泽民、李鹏、乔石、李瑞环、朱镕基、刘华清、胡锦涛、荣毅仁等党和国家领导人前往医院看望。②

2月19日，邓小平逝世当日，中共中央、全国人大常委会、国务院、全国政协、中央军委发布《告全党全军全国各族人民书》，宣告：邓小平患帕金森病晚期，并发肺部感染，因呼吸循环功能衰竭，抢救无效，在北京逝世。《告全党全军全国各族人民书》高度评价：邓小平是我党我军我国各

---

① 《邓小平年谱》第 5 卷，中央文献出版社 2020 年版，第 672—673 页。

② 《邓小平年谱》第 5 卷，中央文献出版社 2020 年版，第 673 页。

族人民公认的享有崇高威望的卓越领导人，伟大的马克思主义者，伟大的无产阶级革命家、政治家、军事家、外交家，久经考验的共产主义战士，我国社会主义改革开放和现代化建设的总设计师，建设有中国特色社会主义理论的创立者。同日，江泽民任主任委员的邓小平同志治丧委员会成立。21日，新华社播发《邓小平伟大光辉的一生》的长文，介绍邓小平的生平与贡献。24日，江泽民、李鹏、乔石、李瑞环、朱镕基、刘华清、胡锦涛、荣毅仁等党和国家领导人到中国人民解放军总医院送别邓小平，并护送邓小平的遗体到北京八宝山革命公墓火化。在灵车前往八宝山的道路两旁，有十多万各界人士和从各地赶来的人民群众为邓小平送别。①

2月25日，江泽民、李鹏、乔石、李瑞环、朱镕基、刘华清、胡锦涛、荣毅仁等党和国家领导人以及中央党政军群机关各部门和首都各界代表，家乡代表，生前友好等共一万人，在人民大会堂举行隆重追悼大会，沉痛悼念邓小平。江泽民致悼词，高度评价邓小平光辉、战斗的一生和建立的丰功伟绩。

江泽民指出，中国人民爱戴邓小平同志，感谢邓小平同志，哀悼邓小平同志，怀念邓小平同志，是因为他把毕生心血和精力都献给了中国人民，他为中华民族的独立和解放、为中国的社会主义现代化事业建立了不朽的功勋。在中国共产党历史上，党领导中国人民进行了一场把半殖民地半封建的旧中国变成社会主义新中国的伟大革命，十一届三中全会以来又领导人民开始了一场新的革命，要把中国由不发达的社会主义国家变成富强民主文明的社会主义现代化国家。在这两次伟大革命的进程中，实现了马克思主义同中国实际相结合的两次历史性飞跃，形成了两大理论成果，这就是毛泽东思想和邓小平建设有中国特色社会主义理论。两次伟大革命，两次历史性飞跃，造就了两个伟大人物，这就是毛泽东同志和作为毛泽东同志的战友、事业继承者的邓小平同志。

---

① 《邓小平年谱》第5卷，中央文献出版社2020年版，第673、674、674—675页。

江泽民指出，邓小平同志留给我们的最可宝贵的财富就是他创立的建设有中国特色社会主义理论和在这个理论指导下制定的党在社会主义初级阶段的基本路线。这个理论，科学地把握社会主义的本质，第一次比较系统地初步地回答了中国这样的经济文化比较落后的国家如何建设社会主义、如何巩固和发展社会主义的一系列基本问题。它是马克思列宁主义基本原理与当代中国实际和时代特征相结合的产物，是毛泽东思想的继承和发展，是当代中国的马克思主义。它是全党全国人民集体智慧的结晶，是中国共产党的指导思想和中华民族的精神支柱。

江泽民指出，邓小平同志不仅以他创立的光辉的革命理论指引着我们，而且以他在长期革命实践中锤炼出来的鲜明的革命风格感召着我们。他的英名、业绩、思想、风范将永载史册，世世代代铭刻在人民的心中。

江泽民最后说，更高地举起邓小平建设有中国特色社会主义理论的伟大旗帜，更好地贯彻执行党的基本路线，是我们党中央领导集体坚定不移的决心和信念，也是全党全军全国各族人民的共识和愿望。全党全军全国各族人民一定能够继承邓小平同志的遗志，坚定不移，满怀信心，把邓小平同志开创的建设有中国特色社会主义的伟大事业推向前进，把我国建设成为富强、民主、文明的社会主义现代化国家。①

3月2日，胡锦涛等受中共中央委托和邓小平夫人卓琳等乘专机将邓小平骨灰撒入东海。

7月1日凌晨，中英两国香港政权交接仪式在香港举行。江泽民庄严宣告，根据中英关于香港问题的联合声明，两国政府如期举行了香港交接仪式，宣告中国对香港恢复行使主权。中华人民共和国香港特别行政区正式成立。经历了百年沧桑的香港回归祖国，标志着香港同胞从此成为祖国这块土地上的真正主人，香港的发展从此进入一个崭新的时代。历史将会记住提出"一国两制"创造性构想的邓小平先生。我们正是按照"一国两制"

---

① 《十四大以来重要文献选编》（下），中央文献出版社 2011 年版，第 364—375 页。

伟大构想指明的方向，通过外交谈判成功地解决了香港问题，终于实现了香港回归祖国。① 此时此刻，人们更加怀念不久前刚刚去世的邓小平。他在生前曾多次表示愿意活到 1997 年，亲眼看到中国对香港恢复行使主权，还想到自己的国土香港去走走，哪怕一个小时。但邓小平的这个愿望最终还是没能实现，留下了无尽的遗憾。为表达对邓小平为香港回归作出的历史贡献的敬意，也为实现邓小平未竟的心愿，交接仪式特邀邓小平夫人卓琳出席。

邓小平去世七个月后，9 月 12 日至 18 日，中国共产党第十五次全国代表大会在北京举行。12 日，江泽民代表中共第十四届中央委员会向大会作题为《高举邓小平理论伟大旗帜，把建设有中国特色社会主义事业全面推向二十一世纪》的报告。

报告指出，一个世纪以来，中国人民在前进道路上经历了三次历史性的巨大变化，产生了三位站在时代前列的伟大人物：孙中山、毛泽东、邓小平。第一次是辛亥革命，推翻统治中国几千年的君主专制制度。这是孙中山领导的。第二次是中华人民共和国的成立和社会主义制度的建立。这是中国共产党成立后，在以毛泽东为核心的第一代领导集体的领导下完成的。第三次是改革开放，为实现社会主义现代化而奋斗。这是在以邓小平为核心的第二代领导集体的领导下开始的新的革命。

报告着重阐述了邓小平理论的历史地位和指导意义，指出，邓小平理论是当代中国的马克思主义，是马克思主义在中国发展的新阶段。邓小平理论坚持解放思想、实事求是，在新的实践基础上继承前人又突破陈规，开拓了马克思主义的新境界。邓小平理论抓住"什么是社会主义、怎样建设社会主义"这个根本问题，深刻地揭示社会主义的本质，把对社会主义的认识提高到新的科学水平。邓小平理论坚持用马克思主义的宽广眼界观察世界，对当今时代特征和总体国际形势，对世界上其他社会主义国家的

---

① 《江泽民文选》第 1 卷，人民出版社 2006 年版，第 651 页。

成败，发展中国家谋求发展的得失，发达国家发展的态势和矛盾，进行正确分析，作出了新的科学判断。邓小平理论是贯通哲学、政治经济学、科学社会主义等领域，涵盖经济、政治、科技、教育、文化、民族、军事、外交、统一战线、党的建设等方面比较完备的科学体系，又是需要从各方面进一步丰富发展的科学体系。

报告强调，马克思列宁主义、毛泽东思想一定不能丢，丢了就丧失根本。同时一定要以我国改革开放和现代化建设的实际问题、以我们正在做的事情为中心，着眼于马克思主义理论的运用，着眼于对实际问题的理论思考，着眼于新的实践和新的发展。在当代中国，马克思列宁主义、毛泽东思想、邓小平理论，是一脉相承的统一的科学体系。坚持邓小平理论，就是真正坚持马克思列宁主义、毛泽东思想；高举邓小平理论的旗帜，就是真正高举马克思列宁主义、毛泽东思想的旗帜；坚持中共十一届三中全会以来的路线不动摇，就是高举邓小平理论的旗帜不动摇。

大会确立邓小平理论为党的指导思想，并在党章中明确规定中国共产党以马克思列宁主义、毛泽东思想、邓小平理论作为自己的行动指南。规定党员和党的干部要认真学习马克思列宁主义、毛泽东思想、邓小平理论。① 这是对邓小平历史地位的正式确立。

中国的历史又翻开了新的一页。

---

① 《十五大以来重要文献选编》（上），中央文献出版社 2011 年版，第 1—12、45—46 页。

参考文献

1.《邓小平文选》第 2 卷，人民出版社 1994 年版。

2.《邓小平文选》第 3 卷，人民出版社 1993 年版。

3.《邓小平年谱》第 4 卷，中央文献出版社 2020 年版。

4.《邓小平年谱》第 5 卷，中央文献出版社 2020 年版。

5.《邓小平画传》上、下卷，中央文献出版社 2014 年版。

6.《三中全会以来重要文献选编》（上、下），中央文献出版社 2011 年版。

7.《十二大以来重要文献选编》（上、中、下），中央文献出版社 2011 年版。

8.《十三大以来重要文献选编》（上、中、下），中央文献出版社 2011 年版。

9.《十四大以来重要文献选编》（上、中、下），中央文献出版社 2011 年版。

后　记

　　本书为纪念邓小平诞辰 120 周年而作。

　　为纪念邓小平诞辰 110 周年，我曾在河北人民出版社出版个人学术专著《从中央委员到领导核心——1945—1978 年间的邓小平》。此后，我一直在为续写 1978—1997 年的邓小平做准备。其间出版了个人学术专著《邓小平与中美关系》《邓小平与陈云的世纪历程》，发表了一些学术论文，为本书的写作创造了条件。

　　本书的出版，得到了人民出版社领导的支持。责任编辑吴广庆同志为本书的编辑和出版付出了辛劳，在此表示衷心的感谢！

　　由于水平所限，书中难免有不足或不当之处，敬请读者批评指正。

张金才

2024 年 6 月于北京

责任编辑：吴广庆

装帧设计：王欢欢

图书在版编目（CIP）数据

改革开放的总设计师 ： 1978—1997 年的邓小平 ／ 张
金才著 . -- 北京 ： 人民出版社，2024. 10. -- ISBN 978 - 7
- 01 - 026830 - 9

Ⅰ . A762

中国国家版本馆 CIP 数据核字第 20243QT677 号

改革开放的总设计师
GAIGE KAIFANG DE ZONG SHEJISHI
——1978—1997 年的邓小平

张金才　著

人 民 出 版 社 出版发行
（100706　北京市东城区隆福寺街 99 号）

中煤（北京）印务有限公司印刷　新华书店经销

2024 年 10 月第 1 版　2024 年 10 月北京第 1 次印刷
开本：710 毫米 ×1000 毫米 1/16　印张：21.75
字数：315 千字

ISBN 978 - 7 - 01 - 026830 - 9　定价：79.00 元

邮购地址 100706　北京市东城区隆福寺街 99 号
人民东方图书销售中心　电话（010）65250042　65289539